Por los ojos de mi padre

Franklin Graham

con

Donna Lee Toney

GRUPO NELSON
Una división de Thomas Nelson Publishers
Desde 1798

NASHVILLE   MÉXICO DF.   RÍO DE JANEIRO

© 2018 por Grupo Nelson®
Publicado en Nashville, Tennessee, Estados Unidos de América.
Grupo Nelson es una marca registrada de Thomas Nelson, Inc.
www.gruponelson.com

Título en inglés: *Through My Father's Eyes*
© 2018 por Franklin Graham
Publicado por W Publishing Group, un sello de Thomas Nelson.

El autor está representado por Alive Literary Agency, 7680 Goddard Street, Suite 200, Colorado Springs, Colorado 800920. www.aliveliterary.com.

El retrato de Billy Graham que aparece en la portada y en la inserción de fotos es de John Howard Sanden y se ha usado con permiso.

A menos que se indique lo contrario, todas las citas bíblicas han sido tomadas de la Santa Biblia, Versión Reina-Valera 1960 © 1960 por Sociedades Bíblicas en América Latina, © renovado 1988 por Sociedades Bíblicas Unidas. Usada con permiso. Reina-Valera 1960® es una marca registrada de la American Bible Society y puede ser usada solamente bajo licencia.

Citas bíblicas marcadas «DHH» son de La Biblia Dios Habla Hoy, Tercera edición © Sociedades Bíblicas Unidas, 1966, 1970, 1979, 1983, 1996. Usada con permiso.

Citas bíblicas marcadas «NVI» son de Nueva Versión Internacional® NVI® © 1999 por Biblica, Inc.® Usada con permiso. Todos los derechos reservados mundialmente.

Cursivas que aparecen en citas bíblicas han sido añadidas por el autor a manera de énfasis.

Los sitios web, números telefónicos y datos de compañías y productos mencionados en este libro se ofrecen solo como un recurso para el lector. De ninguna manera representan ni implican aprobación ni apoyo de parte de Grupo Nelson, ni responde la editorial por la existencia, el contenido o los servicios de estos sitios, números, compañías o productos más allá de la vida de este libro.

Editora en Jefe: *Graciela Lelli*
Traducción: *Miguel Mesías*
Diseño de página: *Walter Petrie*
Adaptación del diseño al español: *Grupo Nivel Uno, Inc.*

ISBN: 978-0-71801-4-025

Impreso en Estados Unidos de América

18 19 20 21 LSC 9 8 7 6 5 4 3 2 1

Contenido

Prólogo
de las palabras de Billy Graham

Por tanto, guárdate, y guarda tu alma con diligencia, para que no te olvides de las cosas que tus ojos han visto, [...] antes bien, las enseñarás a tus hijos, y a los hijos de tus hijos.

—DEUTERONOMIO 4.9

Algún día espero escribir un libro sobre el tema «El fin».[1] Cuando todos lleguemos al fin de nuestra jornada terrenal, apenas habremos empezado.[2]

La palabra *partida* literalmente significa «alzar el ancla e izar las velas». Todo lo que sucede antes de la muerte es una preparación para el viaje final. La muerte marca el principio, no el fin. Es nuestra ida a Dios.[3]

Por siglos, la humanidad ha estado en un peregrinaje increíble que le ha llevado a través de toda generación y por toda experiencia concebible en su búsqueda de Dios.[4]

Como cualquier otro viaje, este tiene un punto de partida... tiene un final... Su intención [de Dios] fue que estuviera lleno de gozo y de propósito. El Señor nos invita a cambiar de sendero y a seguir el resto de nuestro viaje con él.[5]

El mundo entero está en conflicto. Vivimos en una época de enormes conflictos y transformación cultural. Las revoluciones políticas y sociales de nuestra época nos dejan perplejos.[6]

Hemos visto los resultados de la codicia, la corrupción y la manipulación desenfrenadas en Wall Street, malversaciones financieras en los salones del gobierno, fraudes y perversión en los niveles más altos tanto de la iglesia como del estado. Muchos perciben la posibilidad de un deshilvanarse incluso mayor en el mundo. Constantemente nos vemos confrontados por las realidades de nuevos problemas en esta edad de crisis.[7]

Tenemos al alcance de nuestros dedos todo el placer que el hombre es capaz de disfrutar, y hemos abusado de todo don que Dios jamás le dio.[8]

Los promotores de cambio brindan una visión grandiosa de unidad mundial. Mientras que los mundialistas y los especialistas en asuntos internacionales continúan con su cantaleta de «paz, paz», debemos recordar que la Biblia dice que no puede haber paz duradera hasta el retorno de Cristo. Así que el mundo sigue siendo un lugar caracterizado por la agitación y la incertidumbre.[9]

Nos preocupamos por las cosas materiales. Nuestro dios supremo es la tecnología; nuestra diosa es el sexo. La mayoría de nosotros estamos más interesados en conquistar el espacio que en conquistarnos a nosotros mismos. Estamos más dedicados a la seguridad material que a la pureza interna. Damos mucho más pensamiento a lo que nos ponemos, a lo que comemos, a lo que bebemos, y a lo que podemos hacer para relajarnos que el que le damos a lo que somos. Esta preocupación por las cosas periféricas se aplica a todo aspecto de nuestras vidas.[10]

Sin que importe cuánto ejercicio haga usted, sin que importe cuántas vitaminas y alimentos sanos coma, sin que importe cuán bajo sea su colesterol, con todo se morirá, algún día. Si usted supiera de antemano el momento y la manera de su muerte, ¿ordenaría su vida de una manera diferente?[11]

Todos los días leemos de ricos, famosos y talentosos que desilusionan. Muchos de ellos están acudiendo al ocultismo y a las religiones orientales. Otros, al crimen. Las preguntas para las que buscaban respuestas siguen pendientes: ¿qué es el hombre? ¿De dónde vino? ¿Cuál es su propósito en este planeta? ¿A dónde va? ¿Hay un Dios que se interesa por él y si lo hay se ha revelado a sí mismo al hombre?[12]

A nuestro sistema educativo se le ha lavado el cerebro para que piense que su tarea es educar la mente y desarrollar el cuerpo pero sin tocar las cuestiones más profundas que son esencialmente espirituales.[13]

Pero la verdad es que el alma exige tanta atención como el cuerpo. Porque el alma fue hecha para Dios, y sin Dios está intranquila y en tormento secreto.[14]

Necesitamos el liderazgo moral que enseña la diferencia entre lo bueno y lo malo, que nos enseña a perdonarnos los unos a los otros, así como nuestro Padre en el cielo nos perdona a nosotros. No nos hace falta un nuevo orden moral. El mundo necesita urgentemente el orden moral ya probado que Dios dio.[15]

Lo bueno es que en esto no estamos solos. Dios no solo ha abierto la senda para nosotros, sino que quiere acompañarnos en la jornada; ayudarnos con los retos en el camino, y a la larga llevarnos al hogar.[16]

La decisión más importante que usted jamás tomará es en cuanto a la eternidad. Cristo quiere darle esperanza para el futuro. Él quiere que aprenda lo que significa andar con él todos los días. Cuando usted acude a Cristo, Dios le da vida eterna; vida que empieza en el momento mismo en que le abre su corazón a él.[17]

Dios exige algo de nosotros. Debemos confesar nuestra pobreza espiritual, renunciar a nuestros pecados, y acudir por fe a su Hijo, Jesucristo. Cuando hacemos eso, nacemos de nuevo. Él nos da una nueva naturaleza. Él pone en nuestras almas un poquito del cielo.[18]

El tema central del universo es el propósito y destino de todo individuo. Toda persona es importante a los ojos de Dios.[19]

El hombre tiene dos grandes necesidades espirituales. Una es de perdón. La otra es de bondad.[20]

Me gusta anunciar las buenas noticias, pero no puedo decir solo las buenas noticias.[21]

El mundo parece estar girando a mayor velocidad cada día. La tecnología y el tiempo mismo se alejan de nosotros a una velocidad vertiginosa. ¿Quién puede mantenerse al mismo paso? ¿Cuándo terminará todo esto? Tenemos que preguntarnos si existen respuestas para las crisis a que nos enfrentamos en nuestra época. Pero también debemos preguntarnos si todavía hay esperanza para nosotros, si las cosas están tan malas como a menudo nos tememos.[22]

Dios emprendió la más dramática operación de rescate en la historia cósmica. Decidió salvar a la raza humana de la autodestrucción, y envió a su Hijo Jesucristo para salvarla y redimirla. La obra de la redención del hombre se logró en la cruz.[23]

Cuando me imagino a Cristo colgando en la cruz, los clavos en sus manos, la corona de espinas en su frente, derramando su sangre por nuestros pecados, veo el cuadro de la gracia de Dios para los hombres. Nada puede igualar el amor infinito de Dios por los pecadores.[24]

En última instancia, todo ser humano debe enfrentar esta pregunta: ¿qué piensas de Cristo? ¿De quién es Hijo él? Debemos responder a esta pregunta con fe y acción. Debemos no solo *creer* algo en cuanto a Jesús; debemos *hacer* algo en cuanto a él. Tenemos que recibirle o rechazarle.[25]

Tenemos que comprender lo que implica la palabra *creer*. Significa «comprometerse» y «rendirse». En toda verdadera conversión la voluntad del hombre se pone en línea con la voluntad de Dios.[26]

Cuando era muchacho oí a un prominente predicador decir que después de varios miles de años de sufrimientos los perversos tendrán una segunda oportunidad de salvación. Eso me pareció muy bien a mí. Yo podía vivir como se me antojara, y si rechazaba la salvación todavía tendría otra oportunidad. Pero al estudiar la Palabra de Dios con cuidado, no hallé ni un solo versículo de la Biblia que siquiera sugiriera o indicara que habrá una segunda oportunidad después de la muerte. Voltaire, el ateo francés, dijo mientras yacía en su lecho de muerte: «Estoy dando un salto aterrador a la oscuridad». Pero la Biblia dice: «He aquí ahora el tiempo aceptable; he aquí ahora el día de salvación» (2 Corintios 6.2). Lo que usted haga con Cristo aquí y ahora decide donde pasará la eternidad. ¿Ha hecho usted los preparativos?[27]

El viaje más fabuloso y emocionante que usted podría experimentar alguna vez… no siempre es un viaje fácil, pero aun en medio de problemas, tentaciones y tristezas, la vida puede ser distinta. Más que nada, se trata de un viaje de esperanza, porque nos lleva al cielo.[28]

El privilegio de estar en contacto con el cielo ahora mismo mejora grandemente nuestro tiempo en la tierra. El saber que el cielo es real, y que algún día estaremos allí, hace una gran diferencia en la manera en que vivimos. En primer lugar, el cielo nos da esperanza, esperanza para hoy y esperanza para el futuro. No importa lo que estemos enfrentando, sabemos que es solo pasajero, y por delante nos espera el cielo.[29]

Aunque las culturas difieren y los tiempos cambian, la palabra de nuestro Dios permanece para siempre como una fuente inmutable de respuestas para todos los problemas de la vida. Todo problema que la humanidad ha conocido tiene un origen espiritual. Todavía no he hallado una fuente de información, consejo práctico y esperanza que se comparen a la sabiduría que se halla en la Biblia.[30]

Yo soy un evangelista, no un erudito.[31] El apóstol Pablo escribió: «Así que, hermanos, cuando fui a vosotros para anunciaros el testimonio de Dios, no fui con excelencia de palabras o de sabiduría. Pues me propuse no saber entre vosotros cosa alguna sino a Jesucristo, y a éste crucificado» (1 Corintios 2.1, 2).

Si algo se ha logrado mediante mi vida, ha sido solo la obra de Dios, no mía, y él, y no yo, debe recibir el crédito.[32]

El mismo mensaje del evangelio que Dios Padre le dio a Jesús, lo dio él a sus discípulos. Este es el mismo mensaje que yo he tratado de proclamar y pasar a las generaciones que vienen después de mí, tal como la Biblia ha ordenado.[33] El único aspecto positivo en el horizonte hoy es el retorno de Cristo otra vez. Este es el mensaje de Dios. ¿Cree usted que él viene otra vez? Yo no lo creo: yo *sé* que él viene… y pronto. Esta es mi esperanza.[34] El cielo es glorioso, el cielo es perfecto, el cielo es gozoso y el cielo es activo; pero, ¿cómo podemos saber, saber en realidad, también que es cierto? ¿Podemos saber *con certeza* que iremos allá cuando muramos y que será nuestro hogar eterno? ¡La Biblia dice que sí![35]

Lo más emocionante para mí en cuanto al cielo es que Jesucristo estará allí. Le veré cara a cara… Le encontraré al fin del peregrinaje de la vida.[36] Así que cuando usted lea u oiga que Billy Graham ha muerto, ¡no se lo crea en lo más mínimo! Estaré más vivo entonces de lo que estoy ahora. Simplemente habré cambiado de dirección. Habré ido a la presencia de Dios.[37] Esta es la razón de mi esperanza: salvación.

Uno de los mayores dones que Dios le da al hombre en la tierra es el gozo de la familia. Mi esposa Ruth y yo fuimos bendecidos con cinco maravillosos hijos. En 1952 recibimos con brazos abiertos a nuestro primer hijo en el mundo. Su certificado de nacimiento lo registra como William Franklin Graham III, pero nosotros le llamamos Franklin.

Con cuatro mujeres en la casa, Franklin especialmente puede haber anhelado mi compañía. Ruth tenía razón. Yo echaba de menos a los hijos cuando crecían. Pero he tenido el gozo de trabajar con todos ellos en algún aspecto del ministerio desde que ellos llegaron a ser adultos.

Vi a Franklin huir de Cristo en su adolescencia, le presenté el reto de arreglar las cosas con Dios en su juventud en 1974, y me regocijé al ordenarle al ministerio del evangelio en 1982. En los extraños caminos de la Providencia, Dios dirigió a Franklin a un ministerio mundial a los que sufren de enfermedades y desastres mediante su liderazgo en la Samaritan's Purse, y ahora, también, la Asociación Evangelística Billy Graham (AEBG). La sensibilidad a las necesidades de otros es su pasión consumidora. Le impulsa no solo su generosidad humanitaria y disciplinado sentido de negocios, sino, sobre todo, tiene un anhelo real de ver que las personas lleguen a conocer a Cristo.

Con el correr de los años me entusiasmé cuando me acompañó en muchos viajes, a Europa Oriental, China y el Medio Oriente, lugares que nunca soñé que Dios abriría puertas para que se predicara el evangelio. Ahora en su calidad de evangelista eficiente por derecho propio, y presidente y gerente ejecutivo en jefe de la AEBG, su elección a estos cargos no solo asegura la continuidad de nuestro ministerio, sino también señala un compromiso renovado de parte de la junta de directores a la visión de la evangelización mundial. Estamos agradecidos por nuestro pasado, y expectantes por nuestro futuro.

Cuando Franklin era muchacho y yo podía estar en casa, le llevaba a un lugar especial en las montañas en donde pasábamos tiempo juntos. Años más tarde, cuando quedé confinado a casa, esperaba la visita de Franklin los fines de semana cuando él no estaba viajando por el mundo. Dábamos caminatas juntos los domingos por la tarde y hablábamos de los gozos y retos de la familia y el ministerio.

Franklin está ahora llevando adelante mucho de mi propia visión mientras que la amplía para incluir lo que el Señor ha puesto en su corazón. Nuestras visiones de esperanza están incluidas en estas páginas, y digo con el apóstol Pablo: «No mirando nosotros las cosas que se ven, sino las que no se ven» (2 Corintios 4.18).

Le invito a embarcarse en una jornada emocionante, llena de aventura, que testifica de la obra del Señor. Es mi oración que usted vea por los ojos de nuestro Padre celestial. A él todos los corazones se volverán y sobre él todos los ojos se posarán.[38]

—Billy Graham

Montreat, Carolina del Norte

Junio de 2009

Este prólogo ha sido compilado de los escritos de Billy Graham que abarcan siete décadas (1947–2013). Sea que él haya escrito estas pepitas de verdad a mediados del siglo xx o a principios del nuevo milenio, sus palabras son tan relevantes para nuestra nación y el mundo hoy como lo fueron cuando empezó a proclamar el evangelio en la década de los cuarenta. Estos son fragmentos selectos que, combinados, pintan un cuadro de la más grande necesidad del hombre satisfecha por la salvación que el Salvador ofrece libremente por la asombrosa gracia de Dios.

Prefacio

Karl Rove, que sirvió como subjefe de personal del presidente George W. Bush, me llamó a mi celular una noche y dijo: «Franklin, el presidente me ha pedido que te llame por teléfono. Él quiere honrar a tu padre de alguna manera. ¿Se acerca el cumpleaños de él?».

Yo había hablado con Karl en otras ocasiones, pero esta llamada me sorprendió. Habían pasado apenas cuatro semanas desde el ataque terrorista y colapso fatal de las torres gemelas el 11 de septiembre y, con todo lo que el presidente tenía en su mente, pensaba en mi padre.

Se hicieron los arreglos, y en vísperas del día cuando mi padre cumplía ochenta y tres años, el 6 de noviembre del 2001, el presidente y la señora Bush recibieron a la familia Graham en la Casa Blanca para una pequeña cena privada. Cuando el presidente le estrechó la mano a mi padre y sus miradas se encontraron, hubo una conexión entre los dos que revelaba los hitos que ambos habían compartido.

El presidente Bush nos dio la bienvenida y nos animó a que disfrutáramos de «la Casa del Pueblo». Nos llevó por los salones relatando amablemente anécdotas históricas. Como preludio a la cena, la Primera Pareja sirvió refrescos y extendió su hospitalidad más allá de toda descripción, asegurándose de que nos sintiéramos cómodos y adecuadamente atendidos.

Yo estaba preocupado especialmente por mi madre, porque su salud no andaba bien. Había dudado, incluso, de que pudiera hacer el viaje a Washington D. C. En un momento, vi al presidente sosteniendo la mano de mi madre y con la otra en el hombro de mi padre. Los guio a sillones con altos espaldares atendiéndolos hasta cerciorarse de que estuvieran cómodos. Cuando observé la cariñosa atención que recibían mis padres del presidente Bush, decidí que su hijo mayor se mantuviera en las sombras. Mi mente tomó una fotografía de aquel momento tan tierno. El líder del mundo tomando el papel de un hijo. Tal vez el presidente de alguna manera se sentía como si fuera un hijo espiritual, puesto que, en 1985, él y mi padre habían participado de un momento muy especial cuando dieron una caminata juntos por la playa de Maine. De acuerdo con el presidente, las palabras de mi padre ese día plantaron en su alma una semilla de mostaza de fe.

No había otro personal de la Casa Blanca a la vista. El presidente se había encargado de la velada y nos había reunido en el comedor, en donde las mesas estaban hermosamente preparadas. El presidente escoltó a mi madre a una de las mesas, y Laura Bush escoltó a mi padre a otra.

«Franklin, por favor toma asiento», dijo el presidente Bush con una sonrisita. Le había preguntado a la secretaria de mi padre, Stephanie Wills, quién podría bendecir los alimentos, y le gustó su sugerencia. «Estoy mirando a todos los predicadores, preguntándome quién podría dar las gracias, pero he decidido hacerlo yo mismo».

Nos pidió que inclináramos las cabezas, y él empezó a orar. No era una oración escrita, sino que salía del corazón. Recordarla palabra por palabra sería imposible, pero fue memorable. Con humildad que se sintió en todo el salón, oró por los ciudadanos de nuestra gran nación y agradeció al Señor por cuidarnos en un momento tan crítico. Luego pidió que Dios bendijera la velada y agradeció «al Todopoderoso» por el impacto que el Padre celestial había hecho en su propia vida por medio de Billy Graham.

Una vez finalizada la cena, la primera dama dio una señal, y el chef de la Casa Blanca entró al comedor con un pastel de cumpleaños hermosamente decorado. El presidente pidió a Cliff Barrows que dirigiera a todos en el «Cumpleaños feliz».

Habiéndose tomado las fotografías de rigor, el presidente nos recordó que «toda la gente buena debe estar en la cama pronto». Así fue como, con apretones de manos y abrazos, partimos de 1600 Pennsylvania Avenue. Alguien del personal de la Casa Blanca nos dijo al salir que la velada había sido un descanso muy bienvenido para el presidente, que había estado llevando la pesada carga de aquella inolvidable mañana de septiembre.

Un mes más tarde nuestra familia fue invitada de nuevo a la capital de la nación. La reina Isabel II le había escrito a mi padre meses antes manifestándole su interés en otorgarle el título de Comandante de la Orden del Imperio Británico en grado de Caballero. Debido a la salud inestable de mi padre, no podía viajar a Inglaterra para recibir el galardón en el Palacio de Buckingham. Su majestad la Reina pidió entonces que la ceremonia la realizara el embajador británico, sir Christopher Meyer, en la Embajada Británica en Washington.

Al recibir este alto honor, mi padre dijo:

Con humildad y sin merecerlo, recibo [este alto honor] como símbolo de los lazos históricos que han unido a nuestras dos naciones en la guerra y en la paz. Leí una cita que apareció en *The Daily News* en 1903 en cuanto a la reina Victoria. Después de oír un sermón sobre el retorno de Cristo a la tierra, la reina Victoria dijo: «Oh, cómo quisiera que el Señor viniera durante mi vida». Cuando se le preguntó por qué, respondió: «Me gustaría poner a sus pies mi corona». Y esa es la forma en que me siento esta noche en cuanto a cualquier honor que me pudiera venir. Me gustaría poner esto a los pies del Señor [...] y a mi edad, no pasará mucho tiempo para eso. Esta noche me gustaría decir, Dios bendiga el Reino Unido, y que Dios bendiga a su Majestad la Reina.[1]

Mi padre sería el primero en decir que su vida no se debería definir por honores, galardones y logros. En sus últimos años de vida me dijo muchas veces: «Un evangelista es llamado a hacer una cosa: proclamar el evangelio. Cualquier otra cosa diluye el impacto del evangelista y compromete su mensaje». Es una de las grandes lecciones que él me enseñó por su ejemplo. He aprendido mucho de un hombre que ha sido muchas cosas para muchos.

Mientras compartía algunas de mis reflexiones con mi amigo y gigante del mundo editorial Sam Moore durante un almuerzo hace varios años, él se apartó de la mesa con un empujón y dijo: «Franklin, te animo a empezar a anotar ahora mismo estas lecciones porque otros pueden beneficiarse de lo que hayas aprendido de tu padre». Sus palabras empezaron a echar raíces en mis pensamientos, tal como las lecciones de mi padre habían echado raíces en mi vida.

Este libro no solo refleja las lecciones de mi padre terrenal, sino mientras la obra progresaba en los últimos años, se hizo evidente que las lecciones eran fidedignas porque se basaban en la verdad de las Escrituras.

Mi padre deja detrás una senda de victorias y, sí, algunos lamentos. Sospecho que continuaré aprendiendo de mi padre incluso en su muerte y pido en oración que el Señor me conceda la gracia de terminar como él: fuerte en el poder y la verdad de Dios. En su autobiografía escribió: «Más que cualquier otra cosa, anhelo que las personas entiendan el mensaje de Cristo y lo acepten como propio».[2]

Ese mismo mensaje es el tema de este libro, escrito en la forma como yo lo he visto, por los ojos de mi padre.

—FRANKLIN GRAHAM

Boone, Carolina del Norte

Introducción

Con la sombra de mi mano te cubrí.

—Isaías 51.16

Billy Graham vivió una vida asombrosa en la presencia de su familia y a la vista del mundo. La gente sacará sus propias conclusiones respecto a él, pero nadie puede hablar más penetrantemente que un hijo que creció a la sombra de su amor.

El *Diccionario de la lengua española* define *sombra* como: «Persona que sigue a otra por todas partes».[1] Cuando mi padre andaba de viaje, Mamá era esa sombra de influencia del hombre a quien yo siempre me refería como Papá. A mis ojos, ellos eran la verdadera representación de lo que la Biblia quiere decir por esposo y esposa llegando a ser uno.

Durante mi niñez, lo veía venir e irse, empacar de nuevo, y luego salir corriendo por la puerta del frente a un coche que le esperaba, mientras con besos se despedía de mi madre y de nosotros los hijos. A veces su ausencia duraba dos semanas, dos meses, y en ocasiones incluso más. Sin que importara la duración del viaje, a su despedida siempre seguía una promesa: «Volveré». La seguridad iba alojada dentro del bolsillo de su sobretodo, junto a su corazón: un boleto de ida y vuelta.

Mi padre visitó prácticamente todos los continentes de la tierra múltiples veces. Pero hubo un viaje que siempre anheló hacer: un viaje para *salir* de este mundo. Cuando viajó al cielo, lo hizo con un boleto solo de ida, comprado hace más de dos mil años con la sangre derramada del

1

Señor Jesucristo. Para este viaje no requirió de equipaje ni boleto de regreso. Su destino era cierto.

Cuando miraba al cielo, le temía al proceso de morir. Por años sufrió, junto con varias otras dolencias, de presión normal hidrocéfala, con síntomas parecidos a Parkinson y causada por una acumulación de fluido en el cerebro. Sin embargo, con cada cumpleaños que pasaba, el proceso se hacía menos agobiante, particularmente después de ver a mi madre dejar su casa aquí por el hogar eterno el 14 de junio del 2007. Parecía que parte de él se había ido con ella.

Aunque durante su vida tan atareada había pasado incontables semanas lejos de ella, la súbita soledad provocada por su ausencia le indujo a profundas reflexiones. Darse cuenta de que ella no volvería hizo más urgente su deseo de dejar su casa de troncos en Little Piney Cove y emprender el viaje final que le habría de reunir con ella en el cielo para siempre.

Mientras esperaba esa reunión, su mayor esperanza era mirar a su Salvador y fijar sus ojos en Aquel a quien él predicó por casi siete décadas. Hablaba de eso a menudo. Decía: «Lo que más me entusiasma en cuanto al cielo es que Jesucristo estará allí y le veré cara a cara».

Llamado de Dios

Billy Graham vivía concentrado en el llamado que había recibido de Dios.

Era un hombre consciente de sus limitaciones y se aferró a la autoridad de Dios.

Se sintió convicto por el mensaje que Dios puso en su corazón.

Entendió claramente el contenido de su llamamiento y la guía de Dios.

Aplicó sus manos a una tarea celestial y plantó firmemente ambos pies en el camino angosto, el que va en sentido opuesto a la gran autopista global, y siguió los pasos del Señor dondequiera que lo guiaron.

Lo que Dios hizo por medio de su vida es más de lo que se puede decir en palabras.

Durante una campaña de carpa en Los Ángeles en 1949, un clérigo presentó una queja contra mi padre, acusándole de hacer retroceder cien años la causa de la religión. Cuando mi padre oyó esto replicó: «En efecto, quiero hacer retroceder la religión no solamente cien años, sino mil novecientos años, al Libro de Hechos, cuando a los seguidores de Cristo les acusaban de trastornar el imperio romano».[2]

A nadie le gustan las críticas, pero mi padre resolvió no permitir que lo distrajeran de la tarea que Dios le había dado: servir al Señor Jesucristo con su vida, y «hacer lo recto ante los ojos de Jehová tu Dios» (Deuteronomio 13.18).

Las grandes ligas

Durante su adolescencia, antes de su conversión, mi padre se propuso dejar su marca en las grandes ligas del béisbol estadounidense. Su sueño no era diferente del de muchos otros muchachos de su edad: jugar para los Yanquis de Nueva York. Su héroe era Babe Ruth. De hecho, mi abuelo hizo arreglos para que conociera al «rey del bate» cuando este participó en un juego de exhibición en Charlotte, Carolina Norte, lugar natal de mi padre.

No era de sorprenderse cuando en otra ocasión algunos años más tarde, mis abuelos llevaron a mi papá para que oyera a Billy Sunday predicar en Charlotte que mi padre fuera cautivado. Cuando Billy Sunday, tremendo atleta convertido en evangelista, se inclinó sobre el borde de la plataforma y alzando dramáticamente su Biblia proclamó: «La Biblia dice», eso causó un gran impacto en aquel muchacho joven, campesino e impresionable.

Después de esa experiencia, mi abuela, a quien siempre llamábamos Madre Graham, dijo: «Fue la predicación de Billy Sunday lo que mantuvo a Billy Frank al borde de su asiento. Su vida después de eso nunca fue la misma».[3]

La reunión de avivamiento, realizada en un gigantesco tabernáculo de madera en las afueras de la ciudad, también tuvo un impacto en mi abuelo y en otros veintinueve hombres de Charlotte, incluyendo a

T. Walter Wilson Sr. (padre de los amigos de mi papá, Grady y T. W. Wilson). En un libro escrito por Edward E. Ham, sobrino de Mordecai Ham, cuenta de esta «banda de hombres» que oraban pidiendo a Dios «que envíe un avivamiento a Charlotte y que pueda extenderse por el estado, ¡y luego hasta los confines del mundo!».[4] Mi abuelo ni siquiera soñó que Dios contestaría esta oración llamando a su hijo mayor a un ministerio mundial.

En 1934, el evangelista Mordecai Ham llevó a cabo una cruzada de avivamiento en Charlotte. «Un gigante de hombre [predicó] como nunca había oído», recordaba mi padre. «A mitad de su mensaje señaló derecho en mi dirección y dijo: "Joven, tú eres un pecador". Me pareció que me estaba hablando a mí, así que me agazapé detrás de la persona que estaba delante, escondí la cara a la vez que pensaba: *¿por qué? Yo soy tan bueno como cualquiera.* Pero entonces él empezó a citar las Escrituras: "No hay justo, ni aun uno". Por primera vez en mi vida me di cuenta de que era pecador, que mi alma estaba camino al infierno y que necesitaba un Salvador».[5]

A la noche siguiente mi padre pasó al frente, se arrepintió de sus pecados, y recibió el perdón de Dios y el amor del Salvador. Fue en esa reunión que le rindió su vida a Jesucristo. ¡Qué legado!

Un ministerio innovador

Mi padre creció durante la Gran Depresión por lo que entendía la adversidad que produjo la Segunda Guerra Mundial. Por toda la nación los hogares sufrieron cuando los hombres tuvieron que ir a la guerra y las mujeres a trabajar. Este cambio en la fuerza laboral alteró la cultura estadounidense y produjo problemas que cambiaron la vida de familia. Cuando la guerra terminó y Estados Unidos empezó a resurgir, los vuelos comerciales permitieron que las personas se movieran rápidamente y las familias empezaron a esparcirse.

Mi padre percibió la urgencia del llamado de Dios en su vida y utilizó la más reciente tecnología como plataforma de lanzamiento para la evangelización masiva, lo que le permitió comunicar un mensaje que nunca cambia mediante formas tecnológicas siempre cambiantes. Fue pionero en el uso del poder de la radio y la televisión para esparcir las buenas noticias.

Aunque el hombre puede arrogarse el crédito de la tecnología moderna, fue Dios Creador quien abrió el camino. Incluso hoy, es Dios quien pone espíritus innovadores en las mentes y corazones de su creación. Y es Dios quien puso en el corazón de mi padre una pasión por las almas.

Vi por sus ojos lo que el Señor puede hacer con una vida rendida a él. Me enseñó cómo vivir por el ejemplo. La Biblia dice: «Hijo mío [...] miren tus ojos por mis caminos» (Proverbios 23.26).

Mi padre dejó un testimonio y un legado que no quedó enterrado en una tumba, sino que sigue dirigiendo a las personas a un destino celestial. El Señor le dirá a él y a todos los que le sirven obedientemente: «Bien, buen siervo y fiel» (Mateo 25.21).

Alza *tus ojos*

Durante toda su vida mi padre disfrutó retirándose a una mecedora que mantenía en el porche de su casa. Allí respiraba el aire fresco de las montañas, escuchaba la suave brisa del verano y observaba las hojas ponerse doradas en el otoño.

No hace mucho visité la casa de mis padres en Little Piney Cove. Ellos tenían un gran cariño por esa casa de troncos que se levanta en la falda de un risco a más de mil metros de altura sobre el nivel del mar, frente a la cordillera Blue Ridge y desde donde se ve una parte del parque Pisgah National Forest. Sentado en ese portal, abrí mi Biblia y leí: «Sube a la cumbre del Pisga y alza tus ojos al oeste, y al norte, y al sur, y al este, *y mira con tus propios ojos*» (Deuteronomio 3.27).

Aunque mi padre anhelaba pasar más tiempo con su familia en casa, cuando alzaba sus ojos y miraba al norte, al sur, al este y al oeste, se daba cuenta de los rincones del mundo que todavía están en tinieblas; y después de un poco de descanso, empacaba y seguía su marcha.

No se atascaba en el pasado. Tenía una capacidad inusual de enfocar lo que tenía por delante. Derivaba fuerza al saber que Dios le guiaría para hacer su parte a fin de alcanzar para Cristo a un mundo perdido y moribundo.

La Biblia dice: «Porque los ojos de Jehová contemplan toda la tierra, para mostrar su poder a favor de los que tienen corazón perfecto para con él» (2 Crónicas 16.9).

Por los ojos de mi padre

Mi padre dejó un legado que continuará por generaciones; mientras tanto, el Padre celestial sigue llamando a otros con las palabras de Proverbios 4.26: «Examina la senda de tus pies, y todos tus caminos sean rectos».

La Biblia dice: «Hijo mío, está atento a mis palabras; inclina tu oído a mis razones. No se aparten de tus ojos; guárdalas en medio de tu corazón; porque son vida a los que las hallan» (Proverbios 4.20–22).

Mis primeros recuerdos de mis padres están sumergidos en el amor incondicional que demostraron en el hogar, pero este amor no careció de dirección y corrección. Mi esposa, Jane Austin, y yo hemos procurado seguir su ejemplo. Como mi padre en multiples ocasiones le dio crédito a su esposa por ejercer la tarea de madre y padre por sus largas ausencias, yo, también, expreso mi amor por Jane por proporcionar un hogar entrañable para nuestros hijos y por su presencia constante. Mientras trabajaba en este libro, reflexionaba sobre la relación que he disfrutado con mi padre durante sesenta y cinco años. Aunque me pesaba pensar en el día en el que mi padre ya no estaría a corta distancia de mí, quería terminar este libro con su viaje al cielo porque este era su gran deseo, ver finalmente la vida por los ojos de su Padre en el cielo.

I

Mi Padre celestial

Pero anhelaban una [patria] [...] celestial; por lo cual Dios [...]
les ha preparado una ciudad.

—Hebreos 11.16

Mi hogar está en el cielo. Simplemente estoy de paso por este mundo.

BILLY GRAHAM

«Viajaré a cualquier parte del mundo para predicar», dijo mi padre una
vez, «en donde no se me impongan condiciones a lo que tengo que
decir». ¡Y vaya que viajó! En transatlánticos y en automóviles después
de la guerra, antes de que las autopistas interestatales cruzaran Estados
Unidos. Luego, a mitad del siglo xx la edad de los reactores rugió, y a
mi padre se le llegó a conocer como el trotamundos de Dios; pero sus
viajes no carecieron de turbulencias. Él determinó temprano en su jornada que la Palabra de Dios era el único mapa de ruta que necesitaba
para guiarse por las carreteras de la vida repletas de baches.

«Ruth y yo nos hemos despedido muchas veces en nuestra vida
juntos», escribió. «Algunas veces nos separaban océanos y husos

horarios; pero las largas ausencias hacían mucho más dulce mi regreso a casa».[1]

Puede parecer algo extraño, entonces, decir que cuando muchacho viví muchos momentos emocionantes por los ojos de mi padre, puesto que él estaba ausente tanto tiempo. Pero es que mi madre nos contaba lo que él estaba haciendo donde quiera que se hallara, captando nuestra atención con los más ligeros detalles. De manera que cuando volvía a casa parecía que de alguna manera, nosotros volvíamos con él.

Cuando nos describió un viaje en el vapor *United States*, su mano se deslizaba por el aire para ilustrar cómo la nave luchaba por abrirse paso entre las tempestades del Atlántico hasta atracar en Southampton, Inglaterra. Era muy gráfico para sus relatos. Cada escena que describía yo la veía claramente por sus ojos penetrantes, tan azules como el cielo de Carolina del Norte en donde vivíamos.

Por los ojos de mi padre conocí los cinco continentes: Asia, África, América del Norte y del Sur, Europa y Australia. Mi aprendizaje de culturas diferentes y lugares exóticos inspiró mi imaginación infantil. Mi padre y mi madre me expusieron a las posibilidades de servir a Dios con mi vida, y su ejemplo me moldeó y me forjó para seguir al paso a donde el Señor dirigiera. Al aprender acerca del mundo por los ojos de mi padre terrenal, ni siquiera me daba cuenta de que un día yo experimentaría por mí mismo la diversidad del mundo por los ojos de mi Padre celestial.

El *perdón de un padre*

La parábola del hijo pródigo en Lucas 15 es un mensaje que mi padre y yo hemos predicado muchas veces. Hay mucho en el relato con lo cual podía identificarme cuando me acercaba a los veinte. No es que me rebelé contra él como lo hizo el hijo pródigo, sino que en ese tiempo de mi vida por cierto yo no compartía su dedicación para servir al Señor con todo mi corazón, alma y cuerpo. Respetaba todo lo que él creía, predicaba y vivía, pero no tenía la más mínima intención de seguir en sus pasos. Dejé de interesarme en ver el mundo por sus ojos. Quería halagar mis ojos con lo que el mundo pudiera ofrecerme; y lo hice por un tiempo.

Nunca olvidaré el día en que regresé a casa en Carolina del Norte después de que me expulsaron de la Universidad LeTourneau College en Texas. El terror crecía conforme me acercaba a la casa de troncos de mis padres en las montañas Blue Ridge. Me imaginaba su mirada de desaprobación cuando fijara sus ojos en su hijo mayor y tocayo, que había hecho todo excepto hacer que se sintiera orgulloso.

Pero cuando di vuelta en la última curva, vi cómo mi padre salía al portal y, con sus largas piernas y los brazos abiertos, caminaba hacia mí. Después de un fuerte abrazo y cuando me atreví a mirarle a los ojos, vi el perdón reflejado en ellos.

A menudo pienso en ese momento cuando estoy en el púlpito y contemplo a hombres, mujeres y niños respondiendo al llamado de Dios al arrepentimiento. Cuando inclinan la cabeza en actitud de oración, confesando sus pecados a Dios y reciben la salvación, no dudo que ven los ojos perdonadores del Salvador, que los ama incondicionalmente y está listo para proveerles de todo lo que necesitan para empezar a andar de una manera nueva tras sus pasos.

Aunque no tenía la intención de seguir los pasos de mi padre, sus viajes por el mundo me parecían emocionantes. Recuerdo haber oído a un amigo suyo hablarle de dos misioneras que necesitaban un vehículo con transmisión en las cuatro ruedas para su obra en un hospital en el norte de Jordania. Cuando mi padre aceptó comprarles uno, de inmediato yo fragüé un plan para recogerlo en Inglaterra, cruzar Europa y entregarlo en el Medio Oriente. Cuando le expuse la idea a mi padre, pensaba que podría engañarlo usando una excusa que sonaba espiritual para no volver a la universidad. «Si tú compras el vehículo», le propuse, «yo lo entrego en Jordania y me quedo para ayudar a esas misioneras a terminar la construcción del hospital».

Sus ojos brillaron. Los míos se quedaron fijos, esperando su respuesta. Después de que él y mi madre analizaron los pros y los contras, la conclusión fue que tal vez una experiencia como esa era justo lo que Dios tenía en mente para mi alma atormentada. En su sabiduría, mi padre sospechaba que probablemente yo iba a hacer unas cuantas de las mías. Él era suficientemente inteligente como para darse cuenta de que alguna semilla bien pudiera tal vez caer en arena fértil del desierto, abriendo la puerta para que el Espíritu Santo pusiera una semilla de fe en mi encallecido corazón.

Mi padre era un verdadero caballero del sur de Estados Unidos. Cuando no estaba en el púlpito, hablaba con voz suave. Sus palabras eran tiernas, llenas de gracia y bondad. En contraste, cuando predicaba, sus ojos brillaban con pasión y estaban fijos en solo una cosa: la proclamación del evangelio del Señor Jesucristo. Su corazón estaba anclado en su llamamiento a predicar la Palabra de Dios.

Mi padre fue amigo de presidentes, consejero de líderes mundiales y confidente de la realeza. En sus primeras entrevistas con los medios de comunicación, estos lo ridiculizaron y lo aclamaron. Aprendí por los ojos de mi padre que lo más importante es aferrarse en las buenas y en las malas al Ancla que es Jesucristo. Creo que la firmeza de mi padre halló gracia en los ojos del Padre celestial, porque Dios le concedió más de setenta años al servicio del Rey de reyes.

El mensaje fundamental que mi padre predicó se convirtió en estandarte para sus reuniones. En Juan 14.6 Jesús dijo:

Yo soy el camino, y la verdad, y la vida.

En enormes letras, este versículo se desplegaba a lo ancho de la plataforma, simbolizando la esencia de lo que se oía desde el púlpito: «Nadie viene al Padre, sino por mí» (el Señor Jesucristo). Billy Graham jamás se desvió de este mensaje singular. Eso no fue, sin embargo, sin críticas. Sus acerados ojos azules miraban más allá y se aferraban con seguridad al Autor, quien hoy penetra los corazones de los hombres con el mismo mensaje.

Andraé Crouch compuso la letra de un canto con el cual se pueden identificar la mayoría de los cristianos:

Agradezco a Dios por las montañas,
Y le agradezco por los valles;
Le agradezco por las tempestades que me hizo atravesar;
Porque si nunca hubiera tenido un problema,
No hubiera sabido que él puede resolverlos,
Nunca hubiera sabido lo que la fe en Dios puede hacer.
A través de todo eso, a través de todo eso,
Oh, aprendí a confiar en Jesús,
He aprendido a confiar en Dios,
A través de todo eso, a través de todo eso,
Oh, he aprendido a depender en su Palabra.[2]

Esto es, por cierto, verdad en cuanto a mi padre. Hubo muchas ocasiones cuando luchaba por entender la verdad de Dios, pero el resultado era siempre el mismo: aprendió a depender en la Palabra de Dios. Su viaje por todo el mundo hizo proliferar una conciencia global del mensaje que predicaba: el evangelio del Señor Jesucristo.

Hasta el día en que murió, mi padre se aferró fuertemente a las afirmaciones de Cristo que confrontan a la raza humana en cuanto a la decisión última: dónde pasar la eternidad. Predicó muchas veces sobre el cielo, advirtiendo a los oyentes que se prepararan para encontrarse con el Dios Todopoderoso. Toda alma algún día se encontrará con él, bien sea en el cielo en donde Cristo reina, o en el trono de juicio en donde todos los que no tienen a Cristo serán condenados.

Proclamar las verdades del cielo es emocionante. La realidad del infierno es espeluznante, pero también hay que predicarla. Mi amigo, el doctor John MacArthur intrépidamente ha dicho: «El mensaje de mayor amor que un predicador del evangelio puede proclamar es la realidad del infierno, porque hace sonar la alarma —advirtiendo a los pecadores que se arrepientan y se vuelvan al Salvador— la esperanza del cielo».[3] La Biblia dice: «¿Cómo escaparemos nosotros, si descuidamos una salvación tan grande?» (Hebreos 2.3).

La trampa

Hay muchas cosas que he aprendido en mi propio ministerio observando a mi padre a través de los años. He echado mano de su ejemplo y he aprendido importantes lecciones sobre cómo manejar lo bueno que viene e, incluso a veces, las trampas. Los creyentes en Jesucristo enfrentarán trampas toda la vida; este es el método astuto de Satanás para robarle al cristiano el gozo y la victoria.

Una de las últimas entrevistas para los medios impresos que mi padre concedió fue a Jon Meacham, editor gerente de *Newsweek*. En su crónica de cubierta, Jon fue derecho a la médula de la evangelización cuando le preguntó a mi padre si «el cielo estará cerrado para los buenos judíos, musulmanes, budistas, hindúes o personas seculares». La respuesta impresa de mi padre dice: «Sería necio que yo especule sobre quién estará [en el cielo] y quién no estará».[4]

WorldNetDaily diseccionó esta entrevista con una crítica explosiva, diciendo que «Meacham describe el universalismo que abraza Graham en términos brillantes» y «llama a Graham "un cristiano resuelto que declina pronunciar veredictos absolutos en cuanto a quién llegará al cielo y quién no" y como alguien que "rehúsa emitir un juicio"».[5]

Mi padre se desilusionó cuando vio su declaración en forma impresa. Le desalentó profundamente que después de toda una vida de predicar la verdad de Dios, *pareciera* como que no hubiera logrado completar su respuesta.

La evaluación de parte de Jon Meacham es, en parte, en realidad verdadera. Billy Graham no puede dictar veredictos absolutos acerca de quién estará en el cielo y quién no, pero él predicó y escribió acerca de Aquel que dicta esos juicios, basado en el corazón y alma del evangelio: todo el que recibe vida eterna debe arrepentirse de sus pecados, recibir a Jesucristo como Señor y Salvador, y seguirle en obediencia. Si hubiera alguna otra manera, no habría habido necesidad del sacrificio supremo de Cristo en la cruz y no habría evangelio. Esto es lo que mi padre predicó toda su vida.

La verdad

Jesús dijo: «No todo el que me dice: Señor, Señor, entrará en el reino de los cielos, sino el que hace la voluntad de mi Padre que está en los cielos» (Mateo 7.21).

¿Cuál es la voluntad del Padre? «Jesucristo […] se dio a sí mismo por nuestros pecados para librarnos del presente siglo malo, conforme a la voluntad de nuestro Dios y Padre» (Gálatas 1.3, 4). «Porque de tal manera amó Dios al mundo, que ha dado a su Hijo unigénito, para que todo aquel que en él cree, no se pierda, mas tenga vida eterna» (Juan 3.16).

Así que, ¿perecerán algunos? «El Señor […] es paciente para con nosotros, no queriendo que ninguno perezca, sino que todos procedan al arrepentimiento» (2 Pedro 3.9).

¿Qué pasa con los que no se arrepienten? «Pero por tu dureza y por tu corazón no arrepentido, atesoras para ti mismo ira para el día de la ira y de la revelación del justo juicio de Dios, el cual *pagará a cada uno conforme a sus obras*» (Romanos 2.5, 6).

Así que, entonces, a la pregunta, ¿pueden ser salvos los que rechazan a Cristo como Salvador? La respuesta se halla en las Escrituras: «Y esta es la condenación: que la luz vino al mundo, y los hombres amaron más las tinieblas que la luz, porque sus obras eran malas» (Juan 3.19). «Yo soy la luz del mundo; el que me sigue, no andará en tinieblas, sino que tendrá la luz de la vida» (Juan 8.12). «Yo soy el camino, y la verdad, y la vida; nadie viene al Padre, sino por mí» (Juan 14.6).

Es importante señalar que las religiones no rechazan a Cristo; las personas lo rechazan. La religión es un sistema de creencias edificado sobre las ideas del hombre. En ninguna parte de la Biblia los sistemas religiosos aducen derechos sobre el cielo. Las almas de los hombres se dirigen al cielo o al infierno. Los cristianos no siguen una religión; siguen a su Padre celestial en obediencia y absoluta fe en su Hijo Jesucristo de acuerdo con la Palabra de Dios; este es nuestro mapa de ruta para vivir la vida en su nombre.

Estas verdades están contenidas en el cuerpo de la obra, en forma hablada y escrita, compilada por mi padre que responde a cabalidad a estas preguntas que conmueven las fibras del corazón de toda persona. Desde el púlpito de cruzadas al podio de la conferencia de prensa, mi padre claramente indicó su posición a través de los años. En su libro *Facing Death— And the Life After* (*Enfrentando la muerte y la vida en el más allá*), escribió:

Algunos enseñan el «universalismo» que postula que a la larga todos se salvarán y que el Dios de amor nunca enviará a nadie al infierno. Piensan que las palabras «eterna» y «para siempre» en realidad no quieren decir eso. Sin embargo, la misma palabra que habla de separación eterna de Dios también se usa para la eternidad del cielo.

La persona que se presenta para entrar al cielo será admitida con base en la sola gracia de Dios, no por alguna obra buena o noble que haya hecho en la tierra. Nuestro único derecho de admisión al cielo está en la provisión que Dios hizo para nuestros pecados: su Hijo Jesucristo.

¿Enviará un Dios de amor a un hombre al infierno? La respuesta de Jesús y de las enseñanzas de la Biblia es, claramente: «¡Sí!». Dios no envía al hombre expresamente, sino que el hombre se condena a sí mismo al infierno eterno debido a su ceguera, terquedad, egoísmo y amor al placer del pecado. Rechaza el camino divino de salvación y la esperanza de vida eterna con Dios.

Algunos creen que Dios da una segunda oportunidad; pero la Biblia dice: «He aquí ahora el día de salvación» (2 Corintios 6.2). La Biblia enseña que hay un infierno para todo el que rechaza a Cristo como Señor y Salvador. «Enviará el Hijo del Hombre a sus ángeles, y recogerán de su reino a todos los que sirven de tropiezo, y a los que hacen iniquidad, y los echarán en el horno de fuego; allí será el lloro y el crujir de dientes» (Mateo 13.41–42).[6]

El rótulo manchado de sangre

En respuesta a la pregunta de Jon Meacham, en el cielo no habrá ni religiones ni sectas; sino solo redimidos, los que fueron lavados en la sangre del Cordero. «Fuisteis rescatados [...] con la sangre preciosa de Cristo, como de un cordero sin mancha y sin contaminación» (1 Pedro 1.18–19).

Muchos han seguido filosofías en lugar de seguir la verdad, atrapados por «otro evangelio», pensando que irán al cielo al creer en medias verdades. El apóstol Pablo le dijo a Timoteo:

> Que mandases a algunos que no enseñen diferente doctrina, ni presten atención a fábulas [...] que acarrean disputas más bien que edificación de Dios que es por fe [...] de las cuales cosas desviándose algunos, se apartaron a vana palabrería [...] y para cuanto se oponga a la sana doctrina, según el glorioso evangelio del Dios bendito, que a mí me ha sido encomendado. (1 Timoteo 1.3, 4, 6, 10, 11)

Este fue un tema continuo en la predicación de Pablo, indicando la confusión que producía la predicación de «otro evangelio»:

> Mirad que nadie os engañe por medio de filosofías y huecas sutilezas, según las tradiciones de los hombres, conforme a los rudimentos del mundo, y no según Cristo. Porque en él habita corporalmente toda la plenitud de la Deidad, y vosotros estáis completos en él, que es la cabeza de todo principado y potestad. (Colosenses 2.8–10)

Cuando los hombres y mujeres son salvados de la oscuridad, ya no se identifican con sus anteriores sistemas de creencias. Recibir a Cristo quiere decir alejarse por completo de la herejía y volverse a la verdad absoluta.

En su libro *Hope for the Troubled Heart* (*Esperanza para el corazón afligido*), mi padre escribió: «Estoy convencido de que si las personas prestaran más atención a la muerte, a la eternidad y al juicio, habría más vida santa en la tierra».[7] La Biblia dice: «De modo que si alguno está en Cristo, nueva criatura es; las cosas viejas pasaron; he aquí todas son hechas nuevas» (2 Corintios 5.17).

El amigo de mi padre y mío

En mi juventud, un amigo íntimo y muy querido de mi padre, Roy Gustafson, se convirtió en una figura paterna para mí. Mi padre me animaba a que viajara y pasara tiempo con él.

Roy ejerció un profundo impacto en mi vida. Mi esposa y yo le pusimos su nombre a nuestro segundo hijo. Tuve el honor de predicar en su memorial en el 2002. Le echo de menos incluso hoy.

Roy fue un viajero incansable. Predicador talentoso, se convirtió en embajador a la tierra de la Biblia para la Asociación Evangelística Billy Graham (AEBG). No solo tenía una comprensión profunda de la historia judía, sino que también podía diseccionar los arreos de las religiones del mundo y deshilvanar sus afirmaciones.

En un mensaje que Roy a menudo predicaba, decía:

> Hay miles de religiones, pero hay solo un evangelio. Como ven, las religiones brotan como producto del razonamiento de la mente humana. El evangelio es la revelación de la mente de Dios. Las religiones se originan en la tierra. El evangelio se originó en el cielo. Las religiones son fabricación del hombre. El evangelio es don de Dios. Las religiones, todas ellas, son el relato de lo que los pecadores tratan de hacer por un Dios santo. El evangelio es el relato maravilloso de lo que un Dios santo ya ha hecho por los pecadores. La religión es la búsqueda de Dios por parte de la humanidad. El evangelio es el Dios Salvador buscando a hombres y mujeres perdidos. La religión son las opiniones de pecadores; el evangelio son las buenas noticias [de Dios].[8]

Mi padre y Roy ya están en el cielo. Ya no viajan de ciudad en ciudad. Ahora son residentes permanentes en la ciudad de Dios.

Bienes raíces celestiales

Uno de los asuntos más importantes que enfrentamos en la vida es en dónde vivir, trabajar y criar nuestras familias. Recurrimos al mercado de bienes raíces en busca del lugar ideal; consideramos el costo de la casa mejor construida y luego estamos dispuestos a llegar al límite para obtener un préstamo bancario, todo con el propósito de proveer el mejor ambiente para la familia. Sin embargo, la selección más importante que las personas jamás harán en la vida es en dónde pasarán la eternidad.

Mi padre decía: «Estamos tan cautivados por los asuntos de esta vida que le damos poca atención a la eternidad».[9] Pocos se ponen a pensar en lo que sucede después de la muerte. Raras veces una decisión tan monumental con implicaciones eternas alcanza el nivel de prioridad. Dios ni toma esa decisión por nosotros ni obliga a nadie a escoger el cielo. Los que aceptan su perdón y misericordia depositan allí sus riquezas, en «la ciudad que tiene fundamentos, cuyo arquitecto y constructor es Dios» (Hebreos 11.10).

La pregunta que a menudo se hace es: «¿Cómo sé que me recibirán en el cielo?». Yo respondo como mi padre respondía. Pertenezco, en cuerpo y alma, no a mí mismo, sino a mi Salvador fiel, que pagó por todos mis pecados de todo corazón. Eso me hace querer vivir con él ahora y para siempre.

El cuadro mental que tengo de mi padre terrenal adorando a los pies de mi Padre celestial despierta en mí un anhelo por el hogar eterno. Los verdaderos seguidores de Jesucristo no se sienten cómodos en este mundo porque no somos de aquí. Como decía mi padre, aquí simplemente estamos de paso.

La Biblia dice: «Porque sabemos que si nuestra morada terrestre, este tabernáculo, se deshiciere, tenemos de Dios un edificio, una casa no hecha de manos, eterna, en los cielos» (2 Corintios 5.1). Alguien dijo: «Lo que nosotros llamamos vida es una viaje a la muerte. Lo que nosotros llamamos muerte es la entrada a la vida».

Billy Graham entendió el dilema del que el apóstol Pablo escribió en Filipenses, si vivir la vida en la tierra o partir de la tierra para vivir en la presencia de Dios. Pablo dijo: «Ahora también será magnificado Cristo en mi cuerpo, o por vida o por muerte. Porque para mí el vivir es Cristo, y el morir es ganancia. Mas si el vivir en la carne resulta para mí en beneficio de la obra, no sé entonces qué escoger. Porque de ambas cosas estoy puesto en estrecho, teniendo deseo de partir y estar con Cristo, lo cual es muchísimo mejor» (Filipenses 1.20–23).

En su libro *Enfrentando la muerte y la vida en el más allá*, mi padre escribió: «No tengo miedo de morir, porque sé que los gozos del cielo me esperan. Mi gran deseo es vivir hoy con la expectativa de mañana y estar listo para ser recibido en el hogar de Dios por toda la eternidad. ¿Me acompañará usted en este viaje?».[10]

En otras palabras, ¿está usted listo para comparecer ante el Dios Todopoderoso? Esta era la pregunta que subrayaba el ministerio de predicación de mi padre. Llegué a entender su pasión impulsora que afectó mi vida de manera significativa. Mi padre se interesaba por las almas de los seres humanos y anhelaba llevar al mundo consigo en el viaje interminable de la vida eterna con Cristo.

Herbert Lockyer, autor y educador, dijo: «¿Dónde hay un país sin pecado, crimen, maldad, derramamiento de sangre, enfermedad, muerte, aflicción y corazones rotos? […] En el país de Dios […] no hay enterradores porque no hay tumbas […] ¿Quién no va a anhelar este país mejor y más deseable en el cual no hay separaciones, ni hogares rotos, ni borrachos, ni cárceles, ni hospitales, ni mendigos? […] ¿Acaso no añoras el cielo?».[11]

Ahora añoro el cielo más que nunca. ¿Por qué? Debido a que las dos personas de la tierra que más influyeron en mi vida están juntas de nuevo en el país de Dios.

Aunque se me ha confiado el manto de dirigir la AEBG y tengo el privilegio de predicar en cruzadas por todo el mundo, no me he puesto los zapatos de Billy Graham. Lo que sí pido en oración es que mis ojos siempre estén fijos en mi Padre celestial al proclamar sus grandes verdades, tal como mi padre señaló a multitudes de personas al Salvador que está esperando con brazos abiertos para perdonar.

El alma de mi padre está muy viva, y algún día me reuniré de nuevo con él en el cielo. Entonces veré claramente las cosas por los ojos de mi Padre celestial.

2

Hecha en China

Mujer virtuosa, ¿quién la hallará? Porque su estima sobrepasa
largamente a la de las piedras preciosas.
El corazón de su marido está en ella confiado [...]
Y extiende sus manos al menesteroso [...]
Fuerza y honor son su vestidura [...]
Se levantan sus hijos y la llaman bienaventurada [...]
La mujer que teme a Jehová, ésa será alabada.

—PROVERBIOS 31.10, 11, 20, 25, 28, 30

*Fuimos llamados por Dios como equipo. Mi trabajo a través de los años hubiera
sido imposible sin el estímulo y respaldo de Ruth.*

BILLY GRAHAM

Mientras el avión carreteaba por la pista yo pensaba en mi madre. Acababa de predicar en una cruzada en Nueva York, y estaba regresando a Carolina del Norte. Era el domingo 10 de junio de 2007, día en que mi madre cumplía ochenta y siete años. Yo la había llamado temprano para saludarla por su cumpleaños. Me había acostumbrado a oír su voz débil.

Habiendo padecido de mala salud por meses, le quedaban pocos días en la tierra. En ese momento, sin embargo, yo no me di cuenta de que aquella sería mi última conversación telefónica con ella.

Temprano a la mañana siguiente, mi hermana Gigi me llamó y dijo: «Franklin, el doctor Rice dice que debes volver a casa para ver a mamá».

Yo había caído con un fuerte resfrío, así que le dije: «Gigi, no pienso que es buena idea que venga ahora mismo. Pues, mamá podría contagiar mi resfrío».

Pero Gigi insistió y dijo: «Franklin, no importa. Mamá no vivirá más de una semana».

Así es que me puse en camino.

El Señor fue bondadoso y nos concedió a mis hermanas y a mí cuatro días memorables. Nos turnamos para estar a solas con ella. Mamá podía conversar por breves períodos, pero conversaciones profundas ya eran cosa del pasado. Al estar sentado allí y contemplar su debilitado cuerpo soltarse de las cadenas de la vida, mi mente divagaba, como sucedía cuando yo era niño. Su voz era real para mí al recordar tantas cosas: sus bromas, su amor por la vida, su increíble manera de saber todos los problemas en que yo me metía cuando estaba fuera de su vista. El método único en la clase de mi madre hacía de la disciplina toda una aventura. Rememorando episodio tras episodio, mi memoria retrocedió a los años cincuenta, cuando yo era un niño.

Me fascinaban los trabajadores que estaban construyendo nuestra casa de troncos. Fumaban un cigarrillo tras otro. Mi madre estaba asustada a más no poder, pensando que eso influiría en mí; y así fue. Me reí, recordando el día en que ella me hizo fumar, de una vez, toda una cajetilla de cigarrillos y soplar el humo por la chimenea. Ella pensaba que aquello haría que yo nunca más quisiera volver a fumar. No fue así, pero sí me enfermó.

Sus aventuras al perseguir una culebra cascabel con un tenedor de malvaviscos y empujar petardos por debajo de la puerta de mi dormitorio cerrada con llave para despertarme aumentaban el atractivo de mis años de crecimiento.

Miré su cuerpo frágil y recordé todas las noches cuando, en ese mismo cuarto siendo un muchacho, me metía en la cama con ella para escuchar los relatos de su vida en China cuando niña. Hablábamos de hallar antiguas destilerías cuando compramos la propiedad en la montaña. Antes de que me arropara leía relatos bíblicos, los explicaba, se arrodillaba y oraba.

Y luego están las noches en mi adolescencia. Sin que importara cuán tarde yo me quedaba fuera, mi madre no se iba a la cama, sino hasta que yo volvía a casa. Cuando detenía el auto frente a la casa veía que la luz de su dormitorio estaba encendida, pero tan pronto como entraba y miraba por el corredor, la luz se apagaba. Otras veces estaba sentada junto a la chimenea y me decía: «Me alegro de que estés bien», me daba el beso de las buenas noches y se iba a la cama.

Los recuerdos de mi niñez son ricos, pero también lo son mis recuerdos como adulto. En mis pensamientos retrocedo a la primavera de 1992.

El limpiapié de bienvenida

Estaba sentado en mi oficina en Boone, aturdido por acusaciones sin base. Como presidente y gerente general de la Samaritan's Purse, una organización cristiana de auxilio y evangelización que se me había confiado desde 1979, yo había trabajado duro para moldearla según la AEBG que mi padre había empezado en 1950.

La Samaritan's Purse había llegado a ser miembro voluntario de un grupo de exigencia de cuentas, sujetándose a sus estándares. Un día, la junta de directores de la Samaritan's Purse me animó a que pidiera al grupo que revisara las normas de procedimiento de nuestra organización y sus procedimientos y nos aconsejara qué era lo que podía mejorarse. Puesto que este era un servicio provisto para todos los miembros, lo hice con entusiasmo, sabiendo que apegarnos a los estándares más altos nos daría credibilidad continua ante nuestros donantes. Nunca soñé que los estándares estarían abiertos a interpretación personal y a otras agendas personales.

Mientras me encontraba en un viaje para evaluar nuestro trabajo en varios países, un reportero me abordó con la pregunta: «Señor Graham,

¿quiere usted comentar en cuanto a la suspensión de su membresía?».
Quedé estupefacto.

Cuando volví a casa varios días más tarde, un concilio integrado por
miembros del grupo de exigencia de cuentas, de la Samaritan's Purse y
la AEBG se reunió en mi oficina en Boone para presentar una lista de
asuntos que aducían que violaban los estándares. Todos resultaron ser
una acusación falsa. La razón subyacente para este intento de masacre
empezó a cristalizarse en mi mente. Se trataba de poner en tela de duda
mi liderazgo a fin de que mi padre y su junta de directores no consideraran confiarme la AEBG cuando llegara el tiempo de pasar la responsabilidad de este ministerio evangelizador mundial a la próxima generación. Lo que se proponían era hacer de Franklin Graham el chivo
expiatorio.

Esto se hizo evidente incluso para mi madre. En la víspera de la
última reunión de revisión, mi madre se asomó por la oficina con los
ojos brillando traviesos. Ella era dada a usar técnicas divertidas para
expresarse. Al entrar por la puerta del vestíbulo, extendió un limpiapié
de bienvenida para el grupo de responsabilidad que se reuniría a la
mañana siguiente. Decía:

¡Ay no! ¿Ustedes de nuevo?

Firmado sencillamente: «Ruth».

Eso pareció romper el hielo, por lo menos para mí, porque cuando
los miembros de la junta de revisión llegaron no se rieron al ver aquella
bienvenida en tan enormes letras. Fue incluso más divertido verlos
esquivar el limpiapié. Me pregunté si habrían captado el mensaje sin
palabras de mi madre; que estaban tratando de hacer de su hijo un limpiapié. O tal vez el mensaje pretendía que revisaran sus motivos.

La broma de mi madre no los ablandó; sin embargo, después de que
la reunión hubo concluido y pasaron las semanas, las acusaciones
demostraron ser infundadas restaurándoseme la membresía.

La tempestad que aquello produjo en los medios de comunicación
puso mi nombre en tela de duda e hizo que mi ministerio se viera como

algo poco confiable. No pude hacer otra cosa que pensar en el reproche que eso llevaría a los buenos nombres de mis padres y, más importante aun, al nombre del Señor Jesucristo.

Las falsas acusaciones a menudo hallan su manera de abrirse camino a los titulares, pero rara vez se publican retractaciones. En tanto que la Samaritan's Purse fue exonerada, aquel siguió siendo un período oscuro para mí. Me di cuenta de que hay fuerzas agazapadas en las sombras que tal vez las exoneraciones no las desvanecen.

Mi padre me dijo solo una cosa durante este tiempo difícil: «Franklin, no pelees. Sonríe y haz lo que Dios te ha llamado a hacer. Haz que el mundo conozca la obra que se hace en el nombre del Señor».

Mi madre, por otro lado y desde lejos, mantuvo un ojo vigilante sobre el asunto. Casi no pasaba un día sin que ella no hiciera contacto conmigo. Me recordaba las veces cuando mi padre había sufrido el ridículo público y me animaba a responder como él lo hizo frente a cuentos que no tenían ninguna verdad como base.

Pocas semanas más tarde, yo estaba sentado en mi oficina, recostado en mi silla y con los pies sobre una esquina del escritorio. Incapaz de concentrarme en el trabajo que tenía delante, le pedí al Señor que me diera la fuerza para obtener la victoria sobre la percepción negativa y hacerlo de manera que le diera honor a él.

Temprano esa mañana, mi madre había llamado terminando la breve conversación con un: «Papá y yo estamos orando por ti». Me la imaginé en casa, como a unas dos horas de distancia. Pero no era así. Estaba justo fuera de mi oficina atisbando a su perplejo hijo. Cuando vio la mirada de sorpresa en mi cara, supo que había logrado una de sus mejores sorpresas.

De un salto me levanté para saludarla. «¿Qué estás haciendo aquí, mamá?».

Ella se quedó apenas lo suficiente para decir: «Simplemente quería venir y darte un abrazo, mirarte a los ojos, y decirte que te quiero». Entonces se subió a su coche y regresó a su casa.

Esa visita de cinco minutos, viendo su sonrisa y sintiendo su respaldo, me ayudó a avanzar con la confianza renovada derivada del amor de una madre. Ella me animó con las Escrituras y me recordó cómo mi padre enfrentaba la crítica: «Concéntrate en lo que Dios está haciendo, y no en lo que el hombre intenta hacer».

Con consejo sabio de colegas y la dirección de Dios volvimos nuestra atención al trabajo de la Samaritan's Purse, y el Señor nos concedió su favor.

Diferentes medios de comunicación empezaron a imprimir relatos positivos que destacaban nuestro trabajo en el país y el extranjero. Para mí fue una lección poderosa de cómo Dios puede tomar la mala intención de alguien y convertirla en algo bueno.

A veces, lo más difícil es quedarse quieto. Sin embargo, la Biblia nos instruye a que hagamos precisamente eso en tiempos de conflicto, recordando que «Jehová hace nulo el consejo de las naciones» (Salmos 33.10).

Unos pocos años más tarde, la junta de directores de la AEBG me dio su voto de confianza y me eligió presidente. Esto me permitió fortalecer el ministerio de mi padre cuando su salud empezó a declinar. También dio un sentido de renovación al trabajo que él había empezado años antes.

No fue fácil seguir el consejo de mis padres, pero con su ejemplo me enseñaron a ver las cosas por los ojos de mi Padre celestial. La lección que aprendí fue que Dios a veces usa los dardos de fuego de Satanás para dar gloria a su nombre.

«Y allí seré sepultada»

Ahora, de pie junto al lecho de mi madre, echaba de menos la chispa de sus ojos que siempre me habían dado alegría. Observando su mirada fija, me preguntaba si ella recordaría algunas de las mismas incidencias que recordaba yo. Algunas provocaban risa; otras, lágrimas.

Meses antes de que falleciera mi madre, una controversia llegó a las noticias nacionales, implicando una tempestad de disensión dentro de la familia respecto al lugar dónde serían sepultados mis padres. Algunos intentaron producir una brecha entre mi madre y yo, de poner hermanos contra hermanos, y de insertar una cuña entre mis padres en cuanto a una decisión muy personal respecto al sitio de su sepultura.

Años antes, mi madre había expresado su deseo de que se la enterrara en Little Piney Cove; el nombre que ella le dio al lugar en que escogió construir la casa de troncos de nuestra familia. Teníamos un pequeño cementerio en la propiedad en donde estaban sepultados algunos amigos íntimos y la hermana de mi madre.

Sin embargo, se hicieron planes para que mis padres fueran enterrados en el Billy Graham Training Center (Centro Billy Graham de Capacitación), en The Cove. A mi madre la idea no la entusiasmaba, pero con el tiempo convino en que se la pusiera allí para su reposo final, apenas a unos pocos kilómetros de su casa. Con el paso de los años, mi padre manifestó el deseo de volver a sus raíces.

La Biblioteca Billy Graham en Charlotte fue abierta oficialmente en junio de 2007. Conforme mi madre y mi padre envejecían y se debilitaban, algunos de los miembros de nuestra junta y amigos de toda una vida de mi padre propusieron que mis padres consideraran ser sepultados en el jardín de oración detrás de la biblioteca, no lejos de donde mi padre había nacido y se crio. Al caminar por la hilera de árboles de la propiedad junto a la autopista Billy Graham Parkway y escuchar la brisa soplando en calma por entre los pinos, me pareció un lugar tranquilo de reposo.

Cuando se le presentó la idea a mi padre, él nos dijo a sus colegas y a mí: «¿Saben? He estado orando por eso. Todos mis antepasados, incluso mis padres, están sepultados cerca. Me gustaría volver a Charlotte cuando llegue el momento».

Sabiendo cuánto mi madre quería sus montañas, le dije: «Papá, tienes que decidir esto con mamá. Tú sabes que ella siempre quiso que se la enterrara en la montaña».

Mi padre me pidió que le explicara el plan a mi madre en cuanto a la Biblioteca Billy Graham y cómo esto honraría el trabajo que se había hecho en el nombre del Señor Jesucristo. Gente vendría de todo el mundo y oiría el evangelio.

Mi madre escuchó con paciencia pero todavía no estaba segura de que quisiera que la enterraran allí. Cuando surgió el rumor de que la familia estaba dividida en cuanto al sitio de sepultura de mis padres, mi padre rápidamente detuvo el flujo de especulación y anunció públicamente que él y mi madre tomarían la decisión juntos, sin influencias de familiares y amigos. Mis padres resolvieron buscarle una solución a esta decisión juntos.

Temprano en su matrimonio, mi madre siempre había estado agradecida porque mi padre le dejaba escoger el lugar en donde vivirían, puesto que él estaría viajando mucho. Por eso, parecía nada más apropiado que mi padre escogiera en dónde serían sepultados a su muerte.

Mi madre había escogido vivir en un pequeño pueblito presbiteriano llamado Montreat, en donde residían sus padres. Para mi madre, era el lugar ideal para criar hijos y le permitiría el privilegio de estar cerca de su madre y padre, a quienes ella necesitaba, puesto que mi padre estaría ausente tanto tiempo.

Antes de que mi madre quedara demasiado débil como para conversar, me senté junto a su cama y le dije que no quería una división en la familia sobre este asunto, ni tampoco quería interferir entre ella y mi padre. Ella siempre creía que los hijos debían honrar y respetar a su padre, y nunca vaciló en eso.

«Mamá, dime, ¿en dónde quieres que se te entierre?», le pregunté.

Sin dudar un segundo, contestó: «¡Junto a tu padre, por supuesto!».

Pocos meses antes de la muerte de mi madre, mis padres llegaron a la decisión de que se les sepultara en Charlotte, pero no lo habían anunciado a nadie sino dos días antes de su partida. Esa decisión había sido puesta por escrito y atestiguada por su abogado, amigos de confianza y el médico de la familia, el doctor Rice.

Los hijos considerábamos a Montreat como nuestra casa pues allí fue donde crecimos y donde nuestros padres se quedaron, de modo que era solo natural pensar en sepultarlos cerca. De la misma manera, mi padre se había criado en Charlotte y anhelaba volver a sus raíces, aun después de su muerte, con su esposa a su lado. Puedo entender por qué la decisión alteró a algunos familiares.

Cuando mi madre se casó con mi padre y dijo: «Sí, quiero», casi sesenta años atrás, ella se alineó con las palabras del libro de Rut, de donde tomaron su nombre: «A dondequiera que tú fueres, iré yo […] Donde tú murieres, moriré yo, y allí seré sepultada» (Rut 1.16–17).

Varias semanas más tarde, literalmente reposó en esa promesa.

Y *cuando yo muera*

A mi madre le encantaban las visitas de familiares y amigos. En las últimas horas de su vida terrenal yo esperaba que la llegada de la tía Peggy desde Dallas, Texas, de alguna manera la reviviera.

Pocos años antes, la tía Peggy había perdido a su esposo, el único hermano de mi madre, el doctor Clayton Bell, a causa de un ataque cardíaco masivo. Hasta su jubilación, el tío Clayton sirvió como pastor principal de la iglesia Highland Park Presbyterian Church en Dallas. Él, la tía Peggy y mi madre habían pasado juntos muchos y maravillosos tiempos.

La hermana mayor de mi madre, Rosa Montgomery, con sus dinámicos ochenta y nueve años, había venido desde el estado de Washington meses antes para estar junto a mi madre. Le hacía los mandados y la ayudaba con la correspondencia.

Cuando la tía Rosa era joven contrajo tuberculosis. Fue enviada a un sanatorio en Albuquerque, Nuevo México, para recibir tratamiento. Mi madre dejó la universidad para estar con ella por meses. Ahora la tía Rosa estaba devolviendo el favor lo que fue invaluable para nuestra familia. Ella fue la única persona de la familia, aparte de mi padre, que estuvo con mi madre todos los días en sus últimos seis meses de vida.

Se sentaba junto a la cama de mi madre y pasaba los días y las noches recordando sus experiencias en China, en donde ella y mamá habían solidificado sus creencias fundamentales. Su presencia, junto con la de la tía Peggy, parecía darnos consuelo a todos mientras contaban las experiencias de la familia.

Desde niña, mi madre tuvo una profunda reverencia por el Señor. Su gran deseo en la vida fue servir a Jesucristo tanto que como hija de misioneros de China oraba que pudiera llegar a ser mártir por el Señor, creyendo que eso llevaría a las personas al Salvador. Su oración no fue contestada de esa manera, pero el Espíritu Santo cultivó su espíritu servidor para responder a otros necesitados. Su expectativa en la muerte era ver al Señor Jesucristo en toda su gloria. Toda su vida expresó este deseo ardiente. Es la esperanza que todos los seguidores de Jesucristo tienen en la vida, y en la muerte.

El dormitorio de mi madre era un maravilloso lugar de reflexión, una especie de estantería llena de retratos, libros y toda una colección de cachivaches. Pero el más memorable colgaba de un clavo oxidado sobre su escritorio: una corona de espinas.

En los últimos días de su vida, cuando el dolor se intensificaba, ella pedía que se la colocara mirando hacia el escritorio para poder ver la corona de espinas. Vivir una vida de dolor físico le recordaba el dolor más atroz que su Salvador sufrió en la cruz.

En la última hora de su vida en la tierra, los ojos de mi madre estaban alerta, si no a todos los que estábamos en el cuarto, a algo más allá de nuestro ámbito.

Fue una particularmente hermosa tarde de verano. El frescor de las montañas entraba por las ventanas abiertas, trayendo el aroma de las flores en los maceteros y el sonido del canto de las aves. Mi madre siempre se había enorgullecido de sus jardines y sus flores. Todavía puedo verla a gatas o arrodillaba hundiendo un azadón en la tierra. Desde niña había tenido buena mano y disfrutaba del fruto de su trabajo.

Esa tarde, mi padre se había ido a su cuarto para descansar, pero antes, había animado a la tía Rosa y a la tía Peggy que se nos unieran a Gigi, Anne, Bunny, Ned y a mí alrededor de la cama de mi madre. Sosteniendo sus manos y acariciándole la frente, queríamos creer que estaba mirando las caras de los que la amaban profundamente. Sospecho, sin embargo, que los ojos de ella estaban más allá de este mundo.

Conforme su respiración se fue haciendo más laboriosa, llamamos de nuevo a mi padre. Justo cuando él se acercó a la cama sus ojos se encontraron. Mientras él le oprimía la mano, ella exhaló su último suspiro.

El día anterior mi padre había oído las últimas palabras de mi madre cuando ella le miró y le susurró: «Te amo». Él le acarició la mano y le susurró lo mismo.

Mi madre empezó a componer poesía cuando era niña. Más tarde en su vida, se publicaron muchos de sus poemas. Mientras mi padre oía las últimas palabras que ella pronunció audiblemente, nosotros siempre atesoraremos un poema que nos dejó, describiendo lo que esperaba que la muerte fuera para ella.

> Y cuando yo muera
> espero que mi alma ascienda
> lentamente, a fin de que yo
> pueda contemplar la tierra retrocediendo
> hasta perderse de vista,
> con su vastedad empequeñeciéndose conforme yo asciendo,
> saboreando su retroceso
> con deleite.
> La espera del gozo
> es en sí misma una alegría.
> Y gozo indecible
> y lleno de gloria
> necesita más que «en un abrir y cerrar de ojos»,
> más que «en un momento»,*
> Señor: ¿quién soy yo para discrepar?
> Es solo
> cuando tenemos mucho
> para dejar detrás;
> tanto… Antes,
> Estos momentos
> de transición
> serán, para mí,
> tiempo para adorar.[1]

Siempre recordaré los ojos de mi madre llenos de alegría por la vida. Pero en ese día sus ojos estaban fijos con esperanza en algo mucho

---

* 1 Corintios 15.52.

mayor: estaban fijos en el Salvador de su alma. Su espíritu parecía decir que ella no estaba perdiéndose ni un solo momento de su ascensión de este mundo para ocupar el gozo de su hogar celestial.

Mi madre hizo lo que la mayoría de las madres hacen tan magistralmente: nos consoló incluso en su muerte. El 14 de junio de 2007, a las 5:05 p.m., cerró sus ojos en la tierra y los abrió en el cielo.

Madreperla

Los últimos diez años de la vida de mi madre fueron todo un desafío físicamente, pero nunca he observado a nadie disfrutar de un reto más que ella. El resplandor de su sonrisa superaba la agonía del dolor.

Cuando mi agenda me permitía pasar en casa un fin de semana, los domingos por la tarde recorría los ciento cuarenta kilómetros por las sinuosas carreteras montañosas desde mi casa en Boone, Carolina del Norte, a Little Piney Cove. Acunado entre los álamos y cornejos de Carolina, estaba un lugar de calor y diversión alegre para sus hijos, incluso cuando adultos, y un lugar de refugio para mi padre. Nada alentaba más el corazón de mi madre que reunir a la familia alrededor de su chimenea chisporroteante.

A Bárbara Bush, ex primera dama, que era amiga íntima de mi madre, se la conocía por llevar un collar de perlas. Tal vez es cuestión de la generación, pero a mi madre también le encantaban las perlas. Incluso cuando su salud falló y quedó confinada a la cama, siempre podía decir cuando ella esperaba mi visita. Sea que estuviera sentada en una silla de ruedas, o entre almohadones en la cama, su atractiva sonrisa me saludaba, y había perlas colgándole del cuello. Pienso que mi corazón se hubiera desinflado un poco si hubiera entrado y no hubiera visto lo que llegó a ser un símbolo de expectativa.

El propio sentido de expectativa de mi madre era evidente. En la vida ella sabía que Aquel que un día la llamaría al hogar nunca la decepcionaría. La Biblia dice: «Cosas que ojo no vio, ni oído oyó, […] son las que Dios ha preparado para los que le aman» (1 Corintios 2.9).

No puedo evitar el imaginarme a mi madre pisando las playas del cielo, colocando su mano nudosa en la mano del Salvador perforada por los clavos, y oyendo las largamente esperadas palabras: «Bienvenida a casa, hija mía».

Perla de China

Cuando dos mil colegas, amigos y vecinos se unieron a nuestra familia para honrar la vida de mi madre, la tía Rosa hizo sonreír y reír al Auditorio Anderson en Montreat, en donde se realizó el funeral de mi madre cuando dijo, en sus comentarios iniciales: «Ruth y yo fuimos hechas en China».

Según la antigua historia china, algo más hecho allí fue descubierto hace unos cuatro mil años. Una piedra delicada, que asombra al ojo con su lustre suave, fue descubierta durante una búsqueda de alimentos en el suelo del océano. Esta preciosa joya llegó a conocerse como la Perla de China. Los chinos han estado recogiendo perlas desde entonces, jactándose de «la más antigua tradición de producción de perlas en cualquier parte del mundo», y también desarrollando las «primeras perlas cultivadas, alrededor del año 1082 d. C.».[2]

Cuando mi padre estudiaba en Wheaton College, también descubrió una perla de China. Se llamaba Ruth Bell. Cuando se conocieron, mi padre sabía que había hallado una joya rara y preciosa. La niñez singular de ella le abrió los ojos a mi padre a todo un nuevo mundo más allá del alcance del suyo.

Mi madre me pasó a mí, así como también a mis hermanas, su pasión por buscar algo mejor que perlas de China. Compartimos su anhelo de ver una gran cosecha de almas ganadas para el reino de Cristo en la vasta nación de China y en las regiones más allá.

Nacida de padres misioneros médicos en China, a más de 300 kilómetros al norte de Shanghai, mi madre siempre estuvo agradecida por sus raíces misioneras, que añadieron una buena dosis de aventura a su niñez. Décadas antes, el cristianismo había hecho poco impacto en China, una de las civilizaciones más antiguas del mundo. Pero por medio de siervos obedientes del Señor, la verdad de la Palabra de Dios empezó a derribar barreras y muchos hombres, mujeres y niños de China se convirtieron al Señor.

Con el tiempo, la iglesia en China empezó a ser perseguida y misioneros como mis abuelos, el doctor Nelson Bell y su esposa, fueron obligados a salir de China antes de que Estados Unidos entrara en la Segunda Guerra Mundial. Dejaron detrás un remanente que muchos consideran hoy que suman entre cincuenta y cien millones de cristianos. Pero con una población desbordante de 1,3 mil millones, todavía hay una gran oscuridad espiritual que envuelve a esta misteriosa cultura.

En su juventud, mi madre soñaba con servir como misionera en el Tíbet. Aunque su vida tomó un rumbo diferente después de que conoció a mi padre, su amor por China nunca se enfrió. Después de que mis padres se casaron, mi madre oraba para que mi padre tuviera la oportunidad de predicar en lo que ella consideraba su tierra natal. Unos cincuenta años después de salir, el Señor contestó esa oración. Juntos, volvieron a su amada China.

En 1988 disfruté de un viaje de toda una vida al unirme a ellos para visitar el lugar de la infancia de mi madre en Tsingkiangpu y el hospital Love and Mercy. Yo crecí oyendo todas las experiencias que contaban mi madre y mis abuelos. Todo aquello me parecía casi fantasía. Andar en donde mi madre había jugado y en donde mi abuelo había servido como médico desde 1916 hasta el principio de la guerra para mí fue un sueño hecho realidad.

Aunque el gobierno comunista no permitió que mi padre predicara en estadios o plazas al aire libre, la oración de mi madre había sido contestada cuando los oficiales concedieron permiso para que mi padre «dictara conferencias» en universidades y predicara puertas adentro en los edificios de iglesias. En diecisiete días recorrió más de tres mil kilómetros por toda China territorial predicando el evangelio.

Mi madre veía mucho del ministerio de mi padre por los ojos de él, pero en este viaje memorable, él vio el ministerio por los ojos de mi madre y comprendió mucho más el impacto que China había hecho en el corazón de ella.

China es una tierra fascinante, con su historia rica en cultura pero estéril en la fe verdadera. A menudo me pregunto qué perlas todavía están por cultivarse en esta tierra en donde se desalienta la fe en Dios y, a veces, se persigue a los fieles.

La perla de gran precio

Las perlas de mi madre siempre me hicieron recordar la parábola que nuestro Señor contó al comparar el cielo a una perla de gran precio (Mateo 13.45–46). Así que pareció apropiado cuando Richard Bewes, rector jubilado de All Souls en Londres, Inglaterra, y amigo íntimo de mis padres, leyera el siguiente pasaje de Malaquías (el último libro del Antiguo Testamento) junto a la tumba de mi madre:

> Entonces los que temían a Jehová hablaron cada uno a su compañero; y Jehová escuchó y oyó, y fue escrito libro de memoria delante de él para los que temen a Jehová, y para los que piensan en su nombre. Y serán para mí *especial tesoro*, ha dicho Jehová de los ejércitos, en el día en que yo actúe. (Malaquías 3.16, 17)

No pude dejar de pensar en cómo mi madre hubiera recibido consuelo al oír la elocuente oración del reverendo Bewes:

> Amado Señor, otra de tus santas preciosas ha sido añadida a tu tesoro de gloria. En este Día del Padre, todos somos testigos de este evento singular con los santos ángeles del cielo como testigos invisibles alrededor nuestro.
>
> En los días por venir, Padre nuestro, tal vez de aquí a cien años, hombres, mujeres, niñas y niños vendrán a este lugar en donde estamos reunidos, hablando entre sí con gratitud por las cosas de Cristo. Algunos tal vez buscando consuelo, algunos buscando solaz, otros buscando significado e inspiración. Algunos como peregrinos, algunos como forasteros, azotados por las tormentas de la vida y tal vez representantes de esos muchos a quienes Ruth, tu sierva, ministró toda su vida.

Que todos los que vengan se detengan junto a esta tumba y oigan tu voz hablando por el testimonio victorioso y vida de Ruth Bell Graham, cuyos restos mortales estamos a punto de entregar a la tierra. Que muchos que visitan este lugar tengan el gozo de tener sus nombres añadidos a tu libro de recordación a fin de que ellos mismos lleguen a ser una joya salvada comprada en el Calvario de quien verdaderamente puedas decir: «Ellos serán para mí».

Oh Dios, no podemos decir cuánto esperamos el día cuando las estrellas caigan del cielo, cuando el sol se vuelva negro como la noche, cuando los cielos se replieguen y se desvanezcan, y el Hijo del hombre como brillante Lucero de la mañana vuelva para recogernos. Fortifícanos para ese día. Prepáranos para el momento cuando veamos al Señor en gloria. Te pedimos estas cosas por amor a tu santo nombre, amén.[3]

Mi padre estaba en reflexión silenciosa al pie del ataúd de mi madre. Una cascada de recuerdos gratos llenaba sus pensamientos. En un momento sentimental, le dijo su último adiós a la mujer que lealmente estuvo a su lado proveyéndole alegría, consuelo y amor.

Besando una rosa roja, débilmente la colocó encima de la cubierta lila, que cubría el cofre de pino que contenía su tesoro terrenal. Mi madre fue colocada en su reposo al pie de una vereda de forma de cruz en el jardín de oración detrás de la Biblioteca Billy Graham. Cuando mi padre concluyó sus breves comentarios, dijo: «Tal vez la próxima vez que esté aquí, me volveré a unir con Ruth en la muerte».

Aunque él pudo visitar el sitio varias veces después, mi padre a la larga fue colocado en este hermoso escenario, con Madre a su lado.

De los barrotes de la cárcel a las Puertas de perlas

Mientras visitaba a mi madre un día, le conté que había predicado en la Penitenciaría Estatal de Louisiana conocida como «la Granja» en Angola. Muchos amigos me contaron lo difícil que era hablar con los padres en cuanto a planes para funerales, pero puesto que mi madre se inclinaba a ser un poco o nada ortodoxa, sabía que ella apreciaría cuando le dije: «Mamá, te compré algo».

Ella estaba en cama pero se las arregló para levantar la cabeza de la almohada.

«Ah, qué bien», dijo. «¿Qué es?».

«Te compré un ataúd hecho por asesinos, hombres que le han entregado su vida a Cristo en Angola. También compré uno para papá. Está hecho de madera terciada sencilla de pino con una cruz encima… ¡te va a encantar!».

Mamá esbozó una sonrisita.

Ella quería saber todo en cuanto a mi visita a Angola. A esta granja prisión de como siete mil hectáreas de extensión se le puso el nombre de la nación africana de la cual en otro tiempo se trajeron esclavos. Se me invitó a predicar a los presos en ese notorio sitio. A fines de los 60, Angola llegó a ser conocida como «la prisión más sangrienta del Sur» debido al número de ataques entre los presos.

Mi madre se interesó particularmente en esta oportunidad por el evangelio. Ella siempre se había interesado en los que estaban derrotados en la vida debido a malas decisiones que tomaron. Sabía que en Cristo podían hallar verdadera libertad más allá de los barrotes de hierro que los tenían cautivos, si tan solo pudieran oír la proclamación del mensaje de salvación.

Entonces le conté de la gira por la prisión con Burl Cain, el guardián en ese momento, que había sido responsable por una transformación en la población de Angola. El Seminario Teológico Bautista de Nueva Orleans había establecido una extensión educativa en la cárcel, proveyendo una manera para que los presos que habían sido salvados obtuvieran un título bíblico durante su encarcelamiento. Estos hombres entonces llegarían a ser capellanes detrás de «los alambres».

Mi madre escuchó con toda atención. Ella había visitado a presos toda su vida. De hecho, durante la cruzada de mi padre en 1977 en Asheville, Carolina del Norte, mi madre me persuadió a que la acompañara a las cárceles por todo el occidente de Carolina del Norte y que llevara a mi querido amigo Dennis Agajanian, el guitarrista de rasgado más rápido según

Johnny Cash. La cárcel del condado nos permitió ir de celda en celda. Los presos aplaudieron mientras Dennis tocaba. Luego mi madre oró por cada uno de ellos. Con frecuencia, ella daba seguimiento a sus visitas con cartas y libros. Le encantaba oír las historias de redención de ellos.

En su poema «Prayer for the Murderer» [Oración por el asesino], escribió:

> Lo dejó a él en tus manos, oh Dios, que son a la vez misericordiosas y justas.
> Anestesiada por el horror de esta obra,
> Su horroroso hedor, una ciertamente debe saber cómo orar.[4]

El guardián Cain me habló de uno de tales hombres. Richard «Saltamontes» Liggett había sido declarado convicto de asesinato en segundo grado. Se arrepintió en la cárcel, halló salvación en Jesucristo, y vivió sus últimos días como residente en Angola.

El guardián me llevó al museo de Angola, que tiene artefactos memorables que cuentan la historia del famoso campamento de prisioneros. Le pregunté por un ataúd de madera terciada que estaba contra la pared.

El guardián Cain me contó que cuando los hombres entraban en el sistema de prisiones con una sentencia de cadena perpetua, sus esposas a menudo los visitaban los primeros meses, pero después de algo así como un año, nunca volvían. Las madres, por otro lado, eran visitantes fieles; hasta que quedaban incapacitadas o morían. Decía que no era raro que algunos vivieran en la cárcel veinte años o más sin recibir ninguna visita. En consecuencia, cuando los prisioneros morían, nadie reclamaba sus cuerpos; entonces los sepultaban en la granja prisión en ataúdes de cartón; sin ninguna dignidad ni recuerdo.

El guardián me contó cuánto peso sintió por esa situación. Así que instruyó al taller de carpintería que empezara a hacer ataúdes. Le seguí a una carroza negra en exhibición mientras describía un funeral en la cárcel.

«Franklin», me dijo, «uno de los presos apodado "Huesos" se viste con un sombrero negro y un smoking del mismo color estilo Nueva

Orleans. Él y los demás presos siguen detrás de esta carroza negra tirada por caballos, cantando himnos en una marcha lenta, solemne, todo el camino hasta el cementerio. Se lee una porción de las Escrituras y se entierra con dignidad al preso muerto».

Mi madre se bebía cada palabra mientras yo repetía el episodio. Luego le conté lo que le había pedido al guardia. Si ella hubiera estado conmigo ese día, me hubiera ganado en llegar a la línea de gracia.

«Guardián, ¿podrían los hombres hacer dos de estos ataúdes para mis padres?».

Se quedó perplejo. Cuando se dio cuenta de que yo hablaba en serio, dijo: «Absolutamente».

Y los presos no desperdiciaron tiempo. Hicieron su trabajo con precisión, con el acabado impecable de buen gusto con sencillas bisagras de bronce, y una sencilla cruz de madera clavada encima. Los nombres de los que fabricaron los ataúdes fueron tallados con fuego en la madera.

Menos de dos años más tarde, pusieron a Saltamontes en uno de los últimos ataúdes que él hizo con sus propias manos, después de perder la batalla con el cáncer, habiendo cumplido treinta y un años de una cadena perpetua.

Los ojos de mi madre se llenaron de lágrimas. Ella había orado por tantos detrás de las rejas. Le conmovió profundamente saber que su vaso terrenal sería enterrado en un ataúd hecho por las manos de presos cuyos corazones habían sido perdonados y sus almas libertadas de la culpa.

Mark Twain dijo una vez de su madre: «Ella tenía un cuerpo delgado, pequeño, pero un corazón grande; un corazón tan grande que el dolor de todos y el gozo de todos halló allí bienvenida, y alojamiento hospitalario».[5]

Esto describe también a mi madre. Ella fue obediente a la instrucción bíblica: «Acordaos de los presos, como si estuvierais presos juntamente con ellos» (Hebreos 13.3).

La visita a los presos hacía que mi madre reflexionara en el Salvador, que murió en una vieja cruz entre dos ladrones alcanzando a uno de ellos mientras sus manos eran violentamente clavadas a la cruz. Su amor se extendía más allá del pecado de aquellos hombres. En la muerte, les ofreció perdón. Ellos representaban al mundo por el que estaba a punto de morir. Un ladrón recibió su redención, y el otro rechazó su sacrificio. Este es un cuadro de nuestro mundo actual: los que reciben y los que rechazan.

En cierto sentido, todos somos ladrones. Le robamos a Dios su gloria cuando rechazamos su sacrificio máximo: perdón, redención y salvación, envuelto en la más grande expresión de amor: sus brazos extendidos que derramaron sangre que da vida.

Mi madre se regocijó al saber que los presos de Angola habían oído la verdad del evangelio y que muchos habían llegado a conocer a Cristo como su Salvador personal.

El día de su funeral pensé en los que le darían la bienvenida a mi madre en el cielo: sus padres, una hermana, un hermano, muchos parientes políticos, amigos, convertidos chinos por el ministerio de su propio padre, y «Saltamontes» Liggett. Mi madre sería la primera en decir que todos éramos prisioneros hechos libres por la misericordia y gracia de Dios. En el cielo, el Señor los verá a todos ellos como sus joyas, dándoles la bienvenida, junto con mi madre y ahora mi padre, dentro de las puertas de perlas.

«Vi un cielo nuevo y una tierra nueva; [...] Las doce puertas eran doce perlas; cada una de las puertas era una perla» (Apocalipsis 21.1, 21).

Perlas cultivadas

Todos los que disfrutan del amor y devoción de una madre a la larga sienten el vacío de su ausencia cuando muere. Así me pasa a mí, y supongo que siempre será así. Hasta el día en que mi padre murió, él también echaba de menos a su propia madre y anhelaba sentarse a conversar con la mujer a quien todos llamábamos madre Graham.

A mí me costó comprender esto por completo. Las semanas se convirtieron en meses. Hasta que un día me di cuenta de sopetón: nunca más volvería a andar en mi hogar de mi niñez y ver a mi madre sentada allí con perlas de expectativa. Ella había puesto en práctica magistralmente su papel ante sus hijos y siempre estuvo lista con una palabra de estímulo, una palabra de precaución y un pensamiento de la Biblia. Muchas veces habló como madre, y como padre (en la ausencia de él), representando sus sentimientos más sentidos. Nunca dudamos que las palabras de mi madre brotaban de su corazón.

Una sarta de recuerdos cultivados trae a mi madre más cerca en mi pensamiento. Su devoción a mi padre era rara, particularmente en la sociedad actual. Su meta era ser su ayuda idónea, pero mi padre la llamaba su alma gemela. Y no hay duda de que ella pasó su vida enseñando a sus hijos a ver la vida por los ojos de nuestro Padre celestial.

Cuando se puso en mis manos el liderazgo de la AEBG, mi meta número uno fue ayudar a mi padre a terminar bien, y no podía haberlo hecho sin el sabio consejo de mi madre.

Finalmente en casa

El 17 de junio de 2007 los rayos del sol centelleaban sobre la exuberante vegetación que cubría el lugar de reposo final de mi madre. El vaso terrenal que ella ocupaba ya estaba en el mismo suelo rico que tiene las raíces espirituales del hombre con quien ella pasó su vida. Sus almas descansan en la presencia de Dios.

El apóstol Pablo hablaba de la muerte con esperanza victoriosa:

La carne y la sangre no pueden heredar el reino de Dios, [...] No todos dormiremos; pero todos seremos transformados, en un momento, en un abrir y cerrar de ojos, a la final trompeta; porque se tocará la trompeta, y los muertos serán resucitados incorruptibles, y nosotros seremos transformados [...] *Sorbida es la muerte en victoria* [...] Así que [...] estad firmes y constantes, creciendo en la obra del Señor siempre, sabiendo que vuestro trabajo en el Señor no es en vano. (1 Corintios 15.50–52, 54, 58)

Mi madre se fue fuera de mi alcance, pero su alma voló a la gloria. El cielo me parece un poquito más cerca ahora, y cada rico recuerdo es más precioso que una perla de China.

3

La Biblia dice...

Guarda las palabras de este libro.
—Apocalipsis 22.9

Dios «diseñó» la Biblia para atender las necesidades de toda persona en toda época. Descubre la Biblia por ti mismo.
BILLY GRAHAM

Busque en Google la frase «la Biblia dice», y le llevará a lugares a los que usted probablemente no quiera ir. ¿Le sorprende eso? A mí me sorprendió. Llevaría horas examinar las más de diez millones de entradas. Apenas en las primeras 150, «la Biblia dice» algo sobre asuntos de la A a la Z, de acuerdo a solo una de las megamáquinas de búsqueda. Las inagotables burbujas hacen referencia a todo, desde la realidad a lo inimaginable. Capte un vislumbre abreviado en cuanto a:

- Qué dice la Biblia en cuanto a ángeles y demonios
- Qué dice la Biblia en cuanto al matrimonio y la homosexualidad
- Qué dice la Biblia en cuanto a criar hijos y el aborto

- Qué dice la Biblia en cuanto al dinero y la codicia
- Qué dice la Biblia en cuanto a *software* y blogueo
- Qué dice la Biblia en cuanto a exámenes a medio año y analfabetismo
- Qué dice la Biblia en cuanto a meteoritos y zoología

No deja de llamar la atención que la mayoría de las entradas se concentran en temas orientados a asuntos en lugar de a lo que la Biblia dice en realidad. Pocas mencionan a Dios de quien la Biblia *es* la palabra inspirada, hablada e inmutable. Por eso, es muy posible que si una persona se toma el tiempo para buscar en los asuntos de la A a la Z, resulte vacía en cuanto a la verdad. ¿Por qué? Porque estas entradas documentan los puntos de vista de las personas en cuanto a lo que ellas piensan que la Biblia dice, y no a lo que la Biblia en realidad dice.

Quien haya escuchado los sermones o entrevistas de mi padre le habrá oído decir con firmeza y vez tras vez: «La Biblia dice…». Sus sermones estaban llenos de pasajes y versículos bíblicos tomados directamente de la Palabra de Dios.

En los últimos años de su ministerio mi padre a menudo hablaba de la explosión de información pese a lo cual hay muchos hoy que conocen menos en cuanto a la Palabra de Dios que nunca antes. La Biblia dice que en los últimos días hombres que tendrán apariencia de piedad pero que niegan el poder de la Palabra de Dios estarán siempre aprendiendo pero nunca llegarán al conocimiento de la verdad (2 Timoteo 3.5, 7).

Aquí es cuando nos metemos en problemas. Cuando escuchamos a lo que otros dicen en lugar de a lo que Dios dice. Más alarmante aun es cuando entramos a la Internet, buscamos la frase «La Biblia dice» respecto de Jesucristo, del pecado, o en cuanto a vivir la vida en obediencia a él y encontramos escasas referencias a tales tópicos.

Mi padre animaba a las personas a explorar la autenticidad de la Biblia. Para hacer eso, tenemos que ir a la Fuente: lo que Dios dice en la Biblia en cuanto a sí mismo. Sin entender esta verdad básica, no tenemos cimiento. ¿Qué dice Dios en cuanto a sí mismo, y qué dice Dios en cuanto a su palabra, la Biblia?

La opinión del ser humano, en el mejor de los casos, es vacilante. La Palabra de Dios es auténtica, bona fide y genuina. Mi padre una vez dijo: «La palabra hablada de Dios [la Biblia] ha sobrevivido a todo rasgo de la pluma humana».[1]

Deje que sus dedos recorran la Internet, y puede ver lo que los blogueros están diciendo a quienquiera que quiera leer, escuchar o responder en la blogósfera. Algunos blogueros preguntan: «¿Cómo sabemos lo que la Biblia dice?». Otros insertan lo que la Biblia no dice. Eso le da un eslabón a un bloguero escéptico que exclama: «¡No me importa lo que la Biblia dice!». Si lee una o dos páginas más, hallará a otro que protesta: «¡A quién le importa lo que la Biblia dice!».

Un amigo mío entró en línea y escribió en la respuesta: «A Dios le importa». Fue una manera de introducir en el proceso del pensamiento a Aquel que habla desde las páginas de la Biblia: «Así será mi palabra que sale de mi boca; no volverá a mí vacía, sino que hará lo que yo quiero, y será prosperada en aquello para que la envié» (Isaías 55.11).

La Palabra de Dios, en efecto, salió cuando él envió a su Hijo unigénito hace dos mil años a un mundo oscurecido para salvar al hombre de su pecado y miseria. Y su Palabra no volvió vacía. Después de su muerte en la cruz y su resurrección de los muertos, Cristo Jesús ascendió a su Padre en el cielo y el Salvador del mundo le presentó a los redimidos (Apocalipsis 5.9).

Hoy, su palabra todavía sale y arrebata a los hombres de las garras de la «pecadósfera». Dios no proclama perdón y redención en el ciberespacio. El mojó su dedo en la sangre derramada de su Hijo precioso y escribió en los corazones de su creatura: *te amo*.

El apóstol Pablo les dijo a los seguidores de Cristo que sus vidas reflejan el poder de la Palabra de Dios en sus corazones transformados.

La Biblia no simplemente *contiene* la Palabra de Dios; la Biblia *es* la Palabra de Dios. Su misericordia, gracia y amor fueron demostrados ante la humanidad cuando envió del cielo a su Hijo para que comunicara su palabra infalible mediante el sacrificio supremo en la cruz.

Durante una entrevista con la cadena CNN, mi padre dijo: «Este es el libro de todas las edades. El Antiguo Testamento mira hacia adelante a [Cristo]. El Nuevo Testamento mira hacia atrás a [Cristo], pero el centro de las Escrituras es Cristo».[2]

La Palabra de Dios ilumina las mentes y los corazones de los que le siguen. Del Antiguo al Nuevo Testamento, de Génesis (que quiere decir «principio») a Apocalipsis (que quiere decir «revelación divina»), la Biblia dice:

- «En el principio creó Dios los cielos y la tierra» (Génesis 1.1).
- «En el principio era el Verbo, y el Verbo era con Dios, y el Verbo era Dios. Éste era en el principio con Dios» (Juan 1.1, 2).
- «Y aquel Verbo fue hecho carne, y habitó entre nosotros (y vimos su gloria, gloria como del unigénito del Padre), lleno de gracia y de verdad» (Juan 1.14).
- «Bienaventurado el que guarda las palabras de la profecía de este libro» (Apocalipsis 22.7).

Conclusión: la Biblia es la Palabra de Dios

El diccionario *Webster* define a la palabra *Biblia* como «las sagradas escrituras de los cristianos que constan del Antiguo Testamento y el Nuevo Testamento [...] una publicación que es preeminente especialmente en autoridad».[3]

Pero Dios no define la Biblia como una publicación ni que sea solo para el cristiano. Jesús dijo: «Ellas son las [Escrituras] que dan testimonio de mí» (Juan 5.39). Tal como fue escrita, la Biblia tiene el propósito de convencer tanto al corazón impenitente como para instruir a los que se han arrepentido.

La Palabra de Dios es para el mundo entero, como vemos en los escritos del apóstol Pablo, que, respecto del misterio de la predicación, dijo que «ha sido manifestado ahora, y que por las Escrituras de los profetas, según el mandamiento del Dios eterno, se ha dado a conocer a todas las gentes para que obedezcan a la fe [...] mediante Jesucristo para siempre» (Romanos 16.26, 27).

Note lo que Dios dice en cuanto a su Palabra: «Nunca se apartará de tu boca este libro de la ley, sino que de día y de noche meditarás en él, para que guardes y hagas conforme a todo lo que en él está escrito; porque entonces harás prosperar tu camino, y todo te saldrá bien» (Josué 1.8).

El apóstol Santiago, que llegó a ser un miembro prominente del concilio de la iglesia en Jerusalén, dijo: «Pero sed hacedores de la palabra, y no tan solamente oidores» (Santiago 1.22).

La Palabra de Dios existió antes del comienzo del tiempo y vivirá para siempre. Como lo afirma el salmista cuando dice: «Para siempre, oh Jehová, permanece tu palabra en los cielos» (Salmos 119.89).

No es lo que yo pienso

En la década de los 40, Charles Templeton, popular evangelista cristiano convertido en agnóstico y amigo íntimo en ese tiempo, le presentó a mi padre, joven predicador en ese entonces, el desafío de cuestionar la confiabilidad de la Palabra de Dios. Mi padre ha relatado esta experiencia muchas veces. Dice que, estando en los predios de Forest Home en las montañas San Bernardino de California salió a dar una caminata por el bosque bajo la luz de la luna. Llevaba con él su Biblia. Se detuvo ante un tronco cortado, puso la Biblia sobre ese tronco y habló a Dios, diciéndole: «¡Oh Dios! Hay muchas cosas en este libro que no entiendo, lo que me impide responder a algunas de las preguntas filosóficas y psicológicas que Chuck y los demás están planteando. Pero, Padre, voy a aceptar esto como tu palabra, ¡por fe! Y voy a permitir que la fe vaya más allá de mis preguntas y dudas intelectuales. Creeré que esto es tu palabra inspirada».[4]

La Biblia dice: «Toda la Escritura es inspirada por Dios, y útil para enseñar, para redargüir, para corregir, para instruir en justicia, a fin de que el hombre de Dios sea perfecto, enteramente preparado para toda buena obra» (2 Timoteo 3.16, 17).

Mi padre lo resolvió ese día. Se mantendría firme, por fe, en lo que la Biblia dice.

A lo largo de siete décadas, personalidades de radio, televisión y periódicos entrevistaron a mi padre. Él siempre sintió que era Dios quien abría las puertas para comunicar la verdad del evangelio por las ondas etéreas, que era la forma más alta de tecnología de comunicación en esa época. En tanto que los medios de comunicación no tenían ninguna intención de darle una plataforma para el evangelio, él sabía que el Señor pondría en su boca las palabras para atraer la atención del público a la persona de Jesucristo.

Mentes inquisitivas querían saber lo que Billy Graham pensaba en cuanto a cuestiones políticas, problemas de la raza humana, y cualquier otra cosa que aparecía en titulares. Temprano en su ministerio mi padre indicó con toda claridad que no importaba lo que él pensaba, sino más bien lo que Dios piensa. Con el tiempo, el nombre de Billy Graham se volvió sinónimo de la frase «La Biblia dice», debido a que cuando predicaba, siempre citaba la Palabra de Dios.

La Biblia dice... a todas las generaciones

«Cuando predicamos o enseñamos las Escrituras», decía mi padre, «abrimos la puerta para que el Espíritu Santo haga su obra. Dios no ha prometido bendecir la oratoria o la predicación ingeniosa. Él ha prometido bendecir su Palabra, independientemente de la cultura».

Mi padre aprendió esto a través de su ministerio. La década de los 60 dio paso en Estados Unidos al período tal vez más turbulento del siglo xx. La tensión racial estremeció las ciudades de Estados Unidos. Los que protestaban contra la guerra de Vietnam quemaban las notificaciones de conscripción y la Vieja Gloria (bandera estadounidense). La intranquilidad civil se extendió por el país de norte a sur, de este a oeste. Los padres que habían sido hijos durante la Gran Depresión ahora criaban a la generación de *baby boomers*.

Los planteles universitarios albergaban rebeldes juveniles que desafiaban a los padres y al gobierno. La cultura hippie emergió para hacer alarde de su teoría del amor libre en festivales rebeldes de Frisco Bay o Woodstock. La sociedad se caracterizó por el desorden problemático que hoy se acredita por producir un cambio en la trama de nuestras creencias fundamentales en la arena política, el frente doméstico, y la iglesia. Sus efectos todavía se ven hoy.

En la década de los setenta suspiramos con algo de alivio conforme la revuelta de los sesenta se desvanecía; o por lo menos así pensábamos. Los años de conducta rebelde sacaron su cabeza conforme los *baby boomers* llevaban a su mundo adulto inmoralidad insolente y desafío a todo lo que fuera convencional. Esto pareció estremecer el mismo cimiento de nuestra cultura.

La moralidad y ética de la joven Estados Unidos de América había sido forjada por estándares bíblicos. Y sin embargo la corrección política que surgió lanzó a nuestra nación a un ámbito diferente del que las generaciones previas hubieran pensado posible. La libertad de palabra se volvió la más alta prioridad en nuestra sociedad.

La alta tecnología había brotado en la escena y echado raíces. Las salas de los hogares estadounidenses fueron bombardeadas con cuadros sórdidos que exhibían la grotesca realidad del pecado relampagueando como neón por la televisión. Lo que en ese entonces espantaba a la mayoría de los estadounidenses, ahora palidece, conforme los noticieros a todas horas relampaguean toda forma de degradación conocida por el hombre.

En medio de este conflicto cultural y moral, a mi padre se le invitó a numerosos programas de entrevistas. Uno de esos programas populares fue *The Woody Allen Special*. La entrevista tuvo lugar en vivo con público en el estudio. Este foro abrió nuevas sendas conforme «cualquier cosa sirve» se metía en nuestras casas: el YouTube del día.

Woody Allen, famoso actor y comediante de Hollywood conocido por su falta de escrúpulos, presentó a mi padre a los televidentes diciendo: «Sea que uno concuerde o no con su punto de vista sobre las cosas, siempre es extremadamente interesante hablar con él. Yo no estoy de acuerdo con él en muchos temas importantes; hay unos pocos en los cuales concordamos».

Con una sonrisa, mi padre respondió: «Qué bueno estar aquí contigo, Woody, y me gustaría decir que hay algunas cosas en las cuales no estamos de acuerdo tú y yo».

Woody pareció sorprenderse por la candidez de mi padre mientras el público reaccionaba. Después de dimes y diretes con mi padre por un momento o dos, Woody continuó: «La pregunta es ¿cuál de nosotros se convertirá? Espero que yo pueda convertirte al agnosticismo para cuando el programa se acabe».

«Pues bien», dijo mi padre con resolución cordial, «hay muchos que lo han tratado, y mientras más lo tratan, más firme es mi convicción».

Mientras contemplaba la respuesta de mi padre, Woody sugirió que tomaran una pregunta del público.

Un joven preguntó: «Señor Graham. Leí que usted no cree en las relaciones sexuales prematrimoniales, ¿es eso verdad?». El público contuvo risitas, pensando que la pregunta pondría en posición incómoda a mi padre.

Con compasión en sus ojos, mi padre respondió: «Lo que yo pienso no importa; lo que importa es lo que la Biblia dice».

El público quedó en silencio. Tal vez nunca habían oído lo que la Biblia dice sobre el tema. Tal vez solo habían oído lo que algún predicador, o maestro, o padre decía sobre el asunto. Mi padre introdujo al joven público a la Palabra de Dios al continuar: «La Biblia enseña que las relaciones sexuales prematrimoniales son un error. Dios estableció ciertas reglas [...] para nuestro bien, para proteger nuestros cuerpos y nuestras mentes de todo daño. Él espera [que nosotros] vivamos a la altura de un estándar que él ha fijado y que si no vivimos a ese nivel, entonces la Biblia dice que uno está fallando y allí es cuando uno necesita la ayuda de Dios para la redención».[5]

La Biblia dice: «Huid de la fornicación. Cualquier otro pecado que el hombre cometa, está fuera del cuerpo; mas el que fornica, contra su propio cuerpo peca» (1 Corintios 6.18).

Mi padre a menudo decía: «He hallado que la mayoría de los jóvenes en realidad quieren que expongamos un código moral. Tal vez no lo acepten o no lo crean, pero quieren oírlo, con claridad y sin acomodos».

Dios habla por la Biblia

Cuando la Biblia habla, Dios habla. Cuando mi padre declaraba: «La Biblia dice», nadie discutía.

Cuando se le preguntaba por qué la Biblia era tan importante para él, a menudo su respuesta era: «Dios habla desde el cielo por la Biblia. Por eso es que uso la frase "la Biblia dice". Yo no tendría la autoridad para decir lo que digo en mis sermones a menos que se basara en la Palabra de Dios. Él ha hablado de tal manera que hombres y mujeres no tienen excusa si no oyen y entienden».

Con el correr de los años, aprendí de mi padre a aprovechar toda oportunidad para exponer la misma proclamación, porque he observado el poder que la Biblia tiene; incluso para los que tal vez no crean. También aprendí que cuando mi padre no respondía a una pregunta basándose en la Palabra de Dios, vivía lamentándose hasta que podía reparar el daño hecho. Como él, lamento las ocasiones en que he intentado responder una pregunta aparte de la Palabra de Dios.

Lo que he aprendido por mi Padre celestial es esto: si las personas se rebelan contra la Palabra de Dios, Dios lidiará con ellas. Si nosotros como cristianos no proclamamos la Palabra de Dios, él nos pedirá cuenta a nosotros. Cómo quisiera que todo cristiano diga con Jesús: «Yo les he dado tu palabra» (Juan 17.14).

Jesús dijo: «Así pues, lo que yo hablo, lo hablo como el Padre me lo ha dicho» (Juan 12.50). La Biblia dice que la Palabra de Dios no está sujeta a acomodos.

Mientras más sensibles nos volvemos culturalmente, más fácil es hacer concesiones; y lo vemos sucediéndose conforme la tecnología se apodera de la sociedad. Vaya a algún restaurante o aeropuerto, y verá viajeros verificando e-mail, trabajando en sus computadoras portátiles, o caminando en ritmo a lo que sea que truena en sus iPods y teléfonos inteligentes. La edad de la información tal vez esté repleta de posibilidades ilimitadas de alta tecnología, pero nunca alcanzará la altura, o profundidad, o amplitud de la sabiduría y salvación que Dios está dispuesto a impartir a personas imperfectas.

Podemos oprimir el botón de Escape y pensar que nuestro pecado desaparecerá en la eternidad, para jamás confrontarnos de nuevo; pero la eternidad le pertenece a Dios, y su palabra es eterna. Un día compareceremos delante de él y recordaremos sus palabras: «El cielo y la tierra pasarán, pero mis palabras no pasarán» (Mateo 24.35).

Mi oración es que usted oprima el botón de Pausa y contemple simplemente lo que la Biblia dice: «Porque la palabra de Dios es viva y eficaz, y más cortante que toda espada de dos filos; y penetra hasta partir el alma y el espíritu [...] y discierne los pensamientos y las intenciones del corazón» (Hebreos 4.12).

La Biblia revela...

Un amigo mío, el finado David Lee Hill, escribió lo siguiente en una Biblia que me regaló cuando yo era un adolescente:

La Biblia revela la mente de Dios,
el estado del hombre, el camino de salvación, la condenación de los
    pecadores,
la felicidad de los creyentes.
Sus doctrinas son santas, sus preceptos obligatorios, sus relatos son
    veraces,
y sus decisiones son inmutables.
Léela para ser sabio, créela para estar seguro y practícala
    para ser santo.
Ella contiene luz para dirigirte, alimento para sostenerte y consuelo
    para alegrarte.
Es el mapa del viajero, el bordón del peregrino, la brújula
    del piloto,
la espada del soldado y el carácter del cristiano.
Aquí se restaura el paraíso, el cielo se abre y se revelan las puertas del
    infierno.
Cristo es su objeto grandioso, nuestro bien es su diseño, la gloria de
    Dios es su fin.

Debe llenar tu memoria, gobernar el corazón y guiar tus pies.

Léela lentamente, frecuentemente, y con oración.

Se la da en la vida, se la abrirá en el juicio,

y será recordada para siempre.

Incluye la más alta responsabilidad, recompensará el mayor

esfuerzo,

y condenará a todos los que juguetean con su contenido sagrado.[6]

A través de toda la historia se ha jugado con la sagrada Palabra de Dios. No hay más que leer los primeros tres capítulos para ver cómo Satanás intentó alterarla:

Y mandó Jehová Dios al hombre, diciendo: De todo árbol del huerto podrás comer; mas del árbol de la ciencia del bien y del mal no comerás; porque el día que de él comieres, ciertamente morirás [...] Pero la serpiente era astuta, más que todos los animales del campo que Jehová Dios había hecho; la cual dijo a la mujer: ¿Conque Dios os ha dicho: No comáis de todo árbol del huerto? Y la mujer respondió a la serpiente: Del fruto de los árboles del huerto podemos comer; pero del fruto del árbol que está en medio del huerto dijo Dios: No comeréis de él, ni le tocaréis, para que no muráis. Entonces la serpiente dijo a la mujer: No moriréis; sino que sabe Dios que el día que comáis de él, serán abiertos vuestros ojos, y seréis como Dios, sabiendo el bien y el mal. (Génesis 2.16, 17; 3.1–5)

Este es el relato de la desastrosa caída del hombre. El apóstol Juan identifica a la serpiente con Satanás: «Y fue lanzado fuera el gran dragón, la serpiente antigua, que se llama diablo y Satanás, el cual engaña al mundo entero» (Apocalipsis 12.9).

Satanás se desliza en las primeras páginas de la Biblia, enroscado en magistral engaño. Sus seductoras tentaciones continúan arrastrando a la humanidad a las profundidades de la degradación.

Eva se resbaló cayendo a una zanja cenagosa cuando habló con la serpiente. Satanás sabe cómo tergiversar y corromper la Palabra de

Dios en nuestras mentes. Cuando prestamos oídos al siseo de Satanás, acariciamos su gigantesco ego y el diablo gana la batalla. Nos unimos a esta corrupción al hacer caso a su punto de vista.

La Biblia dice: «Porque el que siembra para su carne, de la carne segará corrupción; mas el que siembra para el Espíritu, del Espíritu segará vida eterna» (Gálatas 6.8). Así que Satanás puso sus garras en el corazón de Eva con su interpretación seductora del mensaje de Dios. Ella no se detuvo a considerar su mentira; prestó atención, y después creyó. Satanás añadió a la Palabra de Dios implicando que si ella comía del fruto, sería como Dios. En esencia estaba diciéndole: ¿qué hay de malo en eso?

Muchos se preguntan cómo pudo Eva haber desobedecido a Dios. La respuesta es obvia. Hizo lo que nosotros hemos hecho en ocasiones: agarrar la mentira de Satanás en lugar de aferrarse a la verdad de Dios. Así que Eva comió, la serpiente mordió, y la humanidad cayó.

Miles de años más tarde Satanás todavía está a la altura de su insidioso deporte. Su libro de juego desborda de seducción difícil de resistir. «El hacer maldad es como una diversión al insensato» (Proverbios 10.23). «El mismo Satanás se disfraza como ángel de luz» (2 Corintios 11.14). Eso es lo que la Biblia dice.

- Satanás cuelga un poco de «polvo de ángel» (cocaína) o alcohol frente a un adolescente y le dice que con eso se olvidará de todos sus problemas.
- El diablo le susurra a una joven que puede hacer que los muchachos volteen la cabeza si ella hace ostentación de su cuerpo.
- El gran engañador convence a los padres que se abstengan de corregir a sus hijos para ganarse su buena voluntad.
- Los chicos quieren ser populares con sus amigos, así que les siguen la corriente.
- Los adultos quieren que se les vea como tolerantes, así que disculpan los males de la sociedad, echándole la culpa de la mala conducta a las circunstancias.

La espiral descendente puede empezar con la tentación de Satanás, pero el resultado depende de nuestra respuesta. Si miramos y escuchamos, seguiremos y caeremos.

Mi padre dijo una vez: «El hombre no puede controlarse a sí mismo, y si no es Jesucristo quien lo controla, entonces lo hará Satanás. La tentación no es un pecado; el pecado está en rendirse a ella».

La Biblia dice: «Cada uno es tentado, cuando de su propia concupiscencia es atraído y seducido. Entonces la concupiscencia, después que ha concebido, da a luz el pecado; y el pecado, siendo consumado, da a luz la muerte. Amados hermanos míos, no erréis» (Santiago 1.14–16).

El objetivo de Satanás es convencernos que vayamos contra lo que Dios dice; ¡y vaya que es convincente! Después de todo, persuadió a una tercera parte de los ejércitos angélicos para que se unieran en su rebelión contra Dios (Apocalipsis 12.4). Cuando Satanás convence nuestra mente de que Dios nos está prohibiendo el placer, nuestra voluntad a menudo se rebela y se somete al mensaje errado. Dios nos dará poder para poner a Satanás sobre aviso y convertir nuestros corazones a Aquel que salva. «Someteos, pues, a Dios; resistid al diablo, y huirá de vosotros» (Santiago 4.7).

Recuerde que Satanás cree que el nombre de Jesús tiene más poder del que él y sus demonios juntos jamás poseerán; lo que trata de hacer es mantenernos a nosotros ignorantes de esta verdad.

La obra de Satanás de alguna manera es un misterio; pero Dios le ha dado al ser humano libre albedrío para escoger entre el bien y el mal. Podemos recibir o rechazar la salvación de Dios, pero la Biblia dice que Dios desea que todos los seres humanos sean salvos.

¿En qué cree usted?

Creer es esencial para la fe en Jesucristo que lleva arrepentimiento y salvación a todos los que le reciben. Satanás por cierto cree en la gloria de Dios. Vivió en ella, pero la quería para sí mismo (Isaías 14.13).

Satanás también cree en el poder de Jesús y trató de persuadirle a que lo dejara a un lado. En el Evangelio de Mateo leemos: «Otra vez le llevó el diablo a un monte muy alto, y le mostró todos los reinos del mundo y la gloria de ellos, y le dijo: Todo esto te daré, si postrado me adorares. Entonces Jesús le dijo: Vete, Satanás, porque escrito está: Al Señor tu Dios adorarás, y a él solo servirás» (4.8–10).

Creer en la existencia de alguien es diferente de creer *en* alguien. Voltaire, el autor y filósofo francés que nació en 1694, dijo que no creía en Dios y, sin embargo, trató toda su vida de hallarle.[7] Al hablar de la fe en Dios, mi padre a menudo decía: «Puedo creer que una sencilla silla puede sostener mi peso, pero no es sino hasta que me deposito yo mismo en esa silla sentándome en ella que muestro por fe que puede sostenerme». Esto es lo que hacemos cuando decimos que creemos en Dios. Estamos dispuestos a entregarnos a él.

¿Alguna vez ha investigado esa pequeña palabra de dos letras *en*? Un diccionario dice que es «una palabra de función para indicar inclusión o posición; entrar en un destino o incorporarse; estar en la presencia, posesión, poder o control de uno; de una condición de indistinguible a una de claridad».[8]

Decir que creemos en Cristo es decir que estamos en Cristo; esa es nuestra posición. Estamos en su presencia, posesión, poder y control.

Creer *en* Jesús es recibirle como genuino, reconocer su capacidad de hacer lo que dice que hará. Una entrega a Jesucristo, entonces, se hace con base en la evidencia de su palabra firmemente plantada en la fe. Sin reservas, nos sumergimos en él y le permitimos que viva *en* y por medio de nosotros. Nos entregamos al Único que salva, al Único que perdona el pecado, al Único que transforma las vidas, y al Único que juzgará con justicia. También significa que creer en la justicia de Dios hará santo al ser humano; llegar a ser más semejantes a él en nuestro pensamiento y en nuestra vida porque estamos revestidos de su justicia.

Cuando Satanás fue arrojado del cielo, se propuso llevar consigo multitudes al infierno. ¿Cree usted en Jesucristo como Satanás lo cree? O, ¿cree usted en Cristo al punto de obedecer su palabra, de andar como Jesús anduvo? La creencia apropiada efectuará cambio en el corazón humano. La Biblia dice: «Apártese de iniquidad todo aquel que invoca el nombre de Cristo» (2 Timoteo 2.19).

El Camino

No solo la obra de Satanás es poderosa para destruir nuestras vidas personales, sino también es potentemente destructora cuando se trata de la más preciosa relación que Cristo tiene con su iglesia.

La Biblia dice que hay solo una verdadera iglesia, y que es el mismo cuerpo de Cristo. No incorpora una colección de sistemas de creencias, un conglomerado de denominaciones, o edificios esparcidos por las naciones. La iglesia de Jesucristo está compuesta de personas que creen en él, que han puesto su confianza solo en él, y que le siguen de acuerdo a su palabra sola.

He aprendido del propio ejemplo de mi padre lo importante que es identificarse y trabajar con iglesias locales que creen en la Biblia. Nuestras cruzadas no serían posibles sin su colaboración. Es la mayor fuerza de nuestro ministerio porque Dios fortalece a su pueblo. Estos son los santos de Cristo, colectivamente conocidos como la esposa de Cristo; su amada iglesia.

Es importante tener presente que aunque tal vez tengamos membresía dentro de una denominación en particular, eso no nos hace parte de la iglesia de Cristo. Hay muchos miembros de iglesias que dicen que creen en la Biblia pero no hacen lo que ella dice. Hay muchos miembros de iglesia que adoran estatuas y oran a los muertos. Hay los que están en una iglesia y observan los escritos de hombres, pensando que pueden ganarse su camino al cielo.

Los que viven en Cristo no harán estas cosas. ¿Por qué? Jesús predicó en contra de la incredulidad (Marcos 6.6). Jesús predicó que debemos adorarle solo a él (Juan 4.24) y orar solo a nuestro Padre celestial (Mateo 6.9). Jesús predicó que debemos permanecer solo en su palabra (Juan 15.7).

Estas fueron las enseñanzas que la iglesia inicial predicó por boca de los apóstoles. Apropiadamente, a la iglesia se le llamó «el Camino» (Hechos 19.9, 23), y es esta la iglesia a la cual todos los verdaderos seguidores de Jesucristo pertenecen hasta este día (sin ninguna relación a la denominación que lleva ese nombre).

Las acciones pueden revelar si alguien es un genuino seguidor de Cristo o un fraude. La Biblia dice: «Por sus frutos los conoceréis»

(Mateo 7.16). Mi padre decía a menudo: «Muchos cristianos que profesan a Cristo no viven como si le poseyeran».

En los días del apóstol Pablo la gente vio la transformación que había tenido lugar en su vida después de que él se encontró con el Señor en el camino a Damasco. Su poderoso testimonio de lo que Cristo había hecho en su vida fue contundente. Durante su juicio ante el gobernador Félix, Pablo dijo: «Sin embargo, esto sí confieso: que adoro al Dios de nuestros antepasados siguiendo este Camino» (Hechos 24.14, NVI).

Dios envió a su Hijo para señalar el camino a su creación: perdida y siguiendo toda clase de sendas religiosas excepto la correcta. Nótese que Pablo dijo que era seguidor de «el Camino». Podemos ser miembros de un club cívico y nunca asistir; somos miembros solo de nombre. Podemos ser miembros de una iglesia y llenar una banca, pero somos miembros solo de nombre. Lo que nos hace verdaderos miembros de la Iglesia de Cristo es el arrepentirnos del pecado, recibir a Jesucristo como Salvador y seguirle como Señor.

Antes de que yo naciera, mi padre estaba en Corea del Sur, predicando a las tropas durante la guerra de Corea. Como él, yo también he tenido la oportunidad de visitar bases militares y buques de la armada y predicar el evangelio. Los hombres y mujeres que sirven en las fuerzas armadas de Estados Unidos de América pronuncian el juramento, visten el uniforme, siguen órdenes, son desplegados por órdenes, y se comprometen a dar sus vidas en caso de ser necesario, para proteger a su país. ¿Por qué los que pertenecen al cuerpo de Cristo van a ser menos?

Hay mucha confusión hoy en cuanto a cuál de las instituciones religiosamente organizadas representa con precisión a la iglesia primitiva. Muchos aducen que la iglesia quedó sofocada después de los días de los apóstoles y surgió en 1517 con la Reforma protestante. Pero Cristo jamás hubiera permitido que su iglesia quedara adormecida por siglos.

Dios dijo que su verdad dura por todas las generaciones (Salmos 100.5). Jesús dijo que su iglesia prevalecería (Mateo 16.18). Pablo amonestó a la iglesia a permanecer alerta y santificada hasta el día en que sea arrebatada de este mundo (1 Tesalonicenses 5.6).

Los apóstoles advirtieron en contra de los crueles esfuerzos que muchos harían para desorientar «el Camino», haciendo que otros pusieran en tela de duda a la iglesia verdadera del Dios viviente. Creer lo que la Biblia dice es vital para la verdad fundamental en cuanto a la iglesia; es decir, a los que siguen a Cristo.

Hay muchos versículos bíblicos que hablan de creer. Por ejemplo, «Tú crees que Dios es uno; bien haces. También los demonios creen, y tiemblan» (Santiago 2.19).

En un mundo que flirtea con la tolerancia, hay denominaciones que han empezado a inclinarse al camino del mundo a fin de que el mundo acepte a sus iglesias. Satanás ha trastornado las mesas. La verdadera Iglesia debe ser separada del mundo, y no es indistinguible. Esta es técnica de Satanás: confundir las mentes de los hombres, especialmente cuando se trata de la más preciosa relación de Dios: su Iglesia.

El pecado es la hebra común

Vivimos en la edad en la que el ecumenicalismo (otra palabra para ideología liberal o la iglesia emergente) ha ganado fuerza en círculos evangélicos. Las cuestiones de la fe en Jesucristo deben alinearse con lo que la Biblia dice, y no con lo que el mundo dice.

La humanidad nunca se cansa de buscar respuestas. Desde el principio ha prevalecido el deseo del hombre por conocer a Dios. Hacemos preguntas, pero debemos estar abiertos a la única Voz digna de escucharse. Los hombres están ligados por la hebra común que la Biblia identifica cuando dice: «Por cuanto *todos* pecaron, y están destituidos de la gloria de Dios» (Romanos 3.23). Pero «Dios nuestro Salvador [...] quiere que todos los hombres sean salvos y vengan al conocimiento de la verdad. Porque hay un solo Dios, y un solo mediador entre Dios y los hombres, Jesucristo hombre, el cual se dio a sí mismo en rescate por todos» (1 Timoteo 2.3–6).

Jesucristo es el Único en toda la historia que sacrificó su sangre por nuestra redención. Es el Único que tiene poder para morir en nuestro lugar y resucitar de los muertos para ofrecer vida eterna.

Satanás sabe que Dios es real y, sin embargo, no ha cambiado sus esfuerzos por alterar la Palabra de Dios. Otros, con el correr de los siglos, han tratado de eliminarla. Voltaire, que murió en 1778, afirmó: «De aquí a cien años no habrá Biblias. Yo he recorrido los bosques y he derribado todos los árboles de revelación».[9]

La historia registra que el mismo cuarto en donde él dijo estas palabras ahora sirve como centro desde el cual se distribuyen Biblias a todo el mundo. En 1932 se compilaron todas las obras de Voltaire y se vendieron por once centavos. El mismo año, un manuscrito de la Palabra de Dios se vendió por 500.000 dólares.[10]

«Oh Dios [...] tus enemigos vociferan en medio de tus asambleas [...] Se parecen a los que levantan el hacha en medio de tupido bosque» (Salmos 74.1, 4, 5).

El agnóstico Robert Ingersoll, estadounidense escritor de discursos políticos del siglo XIX a quien se llegó a conocer como el Voltaire estadounidense, juró: «Voy a poner la Biblia fuera de circulación».[11] Hace unos años, la Biblioteca Pública de Internet calculó que se habían impreso uno seis mil millones de ejemplares de la Biblia en más de dos mil idiomas y dialectos, diciendo: «Es, con mucho, el libro de mayor venta de todos los tiempos».[12]

La Biblia dice: «El que menosprecia el precepto perecerá por ello» (Proverbios 13.13); y «en el nombre de Jesús se doble toda rodilla [...] y toda lengua confiese que Jesucristo es el Señor, para gloria de Dios Padre» (Filipenses 2.10, 11).

Mi padre confesó por todo el mundo que Jesucristo es el Señor, y esperaba el día en que se postraría ante él.

En los últimos años de su vida sufrió degeneración macular, como también la sufrió mi madre. La lectura de la Biblia se les volvió difícil. Pero nunca dejaron de alabar al Señor con sus labios y a menudo reflexionaban en lo agradecidos que estaban por haber aprendido de memoria múltiples pasajes de la Biblia.

Mi padre dijo una vez: «La Palabra de Dios guardada en el corazón es una voz obstinada para reprimir».

A todos se nos considerará responsables por lo que hacemos con la Palabra de Dios. Él habla desde las edades del pasado. A veces, para guiar y consolar habla con una voz suave y delicada. En momentos inesperados derrama su amor por la disciplina a fin de mantener a su iglesia fuerte y efectiva. Este es un componente vital al ganar almas para Cristo.

En varias épocas de mi vida he asistido a escuelas de aviación para aprender cómo pilotear diferentes aviones, y cada uno tiene su propio manual de operación de piloto. Un piloto no puede volar un reactor siguiendo el manual de un monomotor. Mi padre ilustraba este punto diciendo: «Dios nos ha dado un manual de operación, la Biblia, que nos instruye cómo vivir en obediencia a Jesucristo».

La Palabra de Dios es autoridad todoconocedora, portadora del estándar y consejera y guía todosuficiente. En ella tenemos la plenitud de Jesucristo, que dijo: «Erráis, ignorando las Escrituras y el poder de Dios» (Mateo 22.29).

A menudo, mi padre decía que lamentaba no pasar más tiempo estudiando las Escrituras. Yo diría que todo seguidor de Jesucristo debería sentir lo mismo. Pero oírlo de labios de un predicador que fielmente predicó la Palabra de Dios debería impulsar a todos los que siguen teniendo sed de una comprensión más profunda de Jesucristo.

Al mirar hacia atrás a mi vida doy gracias a Dios por padres que creían en la Biblia, enseñaron la Biblia, predicaron la Biblia y vivieron en la práctica la Biblia. Me siento confortable sabiendo que mis pies están plantados en las verdades fundamentales de la Palabra de Dios.

Dios nos ha dado este tesoro para proclamarlo. Es posible leer la Palabra de Dios con comprensión en cuanto a su amor, su perdón y cómo quiere que vivamos. Todo lo que tenemos que hacer es desempolvarla, abrirla y permitir que el Espíritu Santo ponga en nuestros corazones las palabras que hablan de él.

Apóstoles y santos han vivido estas verdades y muchos murieron por ellas a fin de que la predicación de la Palabra de Dios siga corriendo, tal como dice la Biblia.

4

Para los que nos ven por televisión

Mas os gozaréis y os alegraréis para siempre
en las cosas que yo he creado.

—Isaías 65.18

*La radio y la televisión me ayudan grandemente
para llegar al público.*
BILLY GRAHAM

Qué vista: una sala llena de personas de pared a pared. Algunos sentados en sillas, demasiados que se apretujan en el sofá, niños sentados en las rodillas de la abuela y del abuelo y adolescentes sobre el piso con las piernas cruzadas. La sala está llena de expectativa, y docenas de ojos están fijos en una pantalla llena de estática, mientras que alguien travesea con las orejas de conejo que reposan sobre el gabinete brillantemente pulido. Corre el año 1948.

Era el único televisor en el barrio, y los orgullosos dueños habían invitado a sus amigos para que los acompañaran para una noche con

«Sr. Televisión», Milton Berle. Por una hora cada semana esta nueva forma de entretenimiento le daba a la gente razón para reírse y perder el contacto con los problemas y responsabilidades de la vida.

La influencia de Berle con el público era tan imponente que los padres jóvenes se aseguraban de que sus hijos le oyeran cuando se despedía, y cuando decía a los pequeños: «Escuchen al tío Milton y váyanse a la cama». ¡Y lo hacían! Su influencia no era solamente con los jóvenes. A Milton Berle se le acreditó el salto en los televisores vendidos: dos millones en 1949.[1]

La influencia de la televisión agrandó el apetito de la sociedad por la diversión y el entretenimiento, formando una unión que llegó a ser el centro de casi todo hogar. Con el tiempo se convertiría en niñera de los niños y compañera de los adultos.

Billy Graham contempló con interés el poder de la edad dorada de la televisión, sin nunca darse cuenta de que esta escena se repetiría por su ministerio de setenta años y continuaría cuando una invención del siglo XX llevaría el mensaje de Dios al siglo XXI, transformando las almas de hombres, mujeres y niños.

Un muchacho campesino llamado Philo T. Farnsworth concibió los principios básicos de operación de la televisión electrónica. Se le atribuye con efectuar un cambio tan profundo y de tan largo alcance que todavía no somos capaces de captar la mitad de ellos.[2] El término *televisión* es una palabra híbrida acuñada primero a principios del siglo XX por el ruso Constantin Perskyi en la Feria Internacional de París.[3] *Tele*, que quiere decir «lejos» (en griego), y *visión*, que quiere decir «vista» (en latín), parecía ser la mejor forma de identificar la transmisión de imágenes animadas y parlantes a la privacidad de hogares por todo el mundo.

Hoy ya no nos sentamos en nuestras salas para ver la «caja parlante». Los coches de la familia están equipados con reproductores de DVD, y con solo oprimir una tecla podemos transformar nuestros teléfonos en reproductores de video. Este icono de entretenimiento ha sido el medio de largo alcance por los pasados setenta años. De hecho, *USA Today* informó en el 2006, que «el hogar promedio estadounidense ahora tiene más televisores que personas».[4]

Televisión, evangelización

En tanto que la televisión ha monopolizado el mercado de entretenimiento desde mediados de la década de los cincuenta, también ha revolucionado el alcance de la iglesia cristiana.

Antes de la radio y la televisión, el cumplimiento de la Gran Comisión dependía de pisadas: misioneros y predicadores itinerantes que iban a los rincones más apartados de la tierra. Estos esfuerzos hallaron ayuda en esta invención llamada televisión, una nueva y maravillosa herramienta de comunicación.

Fue la aurora de un nuevo día para predicar el evangelio. Dios había estado moviéndose profundamente en el corazón de un joven a quien en ese tiempo se le conocía como Billy Frank.

La fuente de diversión de mi padre cuando muchacho era la cancha de pelota. Tenía grandes esperanzas de batear un jonrón a los graderíos del estadio de los Yanquis de Nueva York. Pero Dios tenía una *visión muy* diferente para él. Se podría decir que la visión de Dios era a la vez de corto y largo alcance: corto lo suficiente como para plantar un anhelo de Dios en el corazón de un hombre, y de largo alcance lo suficiente como para extender un ministerio por todo el mundo.

Dios tiene visión de precisión. Él sabe exactamente lo que el hombre necesita, y está listo para suplir esa necesidad. Con la explosión de la televisión, Dios estaba abriendo un método para que su pueblo esparciera su palabra a las masas.

Menos de diez años después de que la televisión se convirtiera en el punto focal en las salas, también llegó a ser un medio para la evangelización. La televisión es para el entretenimiento lo que el púlpito es para los predicadores: una plataforma de comunicación.

La Hora de Decisión

Mi padre descubrió cómo la televisión podía mejorar su visión para predicar a las naciones. Ya había estado usando efectivamente la radio como medio para trasmitir el evangelio cuando empezó la *Hour of*

Decision [La hora de decisión], programa que Walter Bennett y Fred Dienert le habían persuadido que intentara. Con la popularidad del programa, mi padre y su amigo y colega Cliff Barrows empezaron en 1951 un programa de televisión. Pronto se dieron cuenta de que grabar un programa semanal era una tarea agotadora y poco realista para su agenda ministerial.

Sin embargo, en 1957, un querido amigo de mi padre, Charles Crutchfield de Charlotte, animó a mi padre a televisar la cruzada en el Madison Square Garden. La idea le intrigó. ¿Vería la gente un programa religioso en hora punta? La competencia pagaba sumas elevadas. Después de todo, la televisión estaba diseñada para entretener y transmitir noticias.

¿Noticias? Esa era la respuesta. ¡Por supuesto! ¿Por qué no usar la televisión para proclamar las buenas noticias? Era un paso gigantesco y arriesgado, pero mi padre se sintió obligado a investigar las posibilidades.

Sopesando los pros y los contras, mi padre y su equipo clamaron al Señor por dirección. Los pros eran obvios: el potencial de que millones oyeran el evangelio; los contras eran una barrera de proporciones gigantescas: 50.000 dólares a la semana por tiempo en el aire en 1957.

Mi padre era un adolescente cuando la Gran Depresión. Sabía lo que un dólar arduamente ganado significaba para la mayoría. También tenía que considerar cómo los que lo sostenían, donantes para el ministerio, se sentirían en cuanto a tal gasto. La televisión todavía era más bien nueva para el público, y pocos se daban cuenta del enorme costo de tiempo en el aire. Pero la gente insistió, urgiéndole: «Billy, tienes que salir por televisión».

Leonard Goldenson de la cadena American Broadcasting Corporation (ABC) que había ayudado a que *The Hour of Decision* saliera al aire por la radio manifestó su interés en televisar la cruzada durante cuatro semanas, cada sábado por la noche.

Después de consultar con multitud de personas, miembros del equipo, donantes y ejecutivos de televisión, mi padre sintió que Dios le impulsaba a seguir adelante.

Luces, cámara, acción

El 1 de junio de 1957, mi padre traspuso la puerta de fe para encontrarse en la plataforma del Madison Square Garden; así, la cadena ABC trasmitió la *Hour of Decision with Billy Graham* en vivo desde Nueva York.

Para asombro de todos, cuando los datos sobre audiencia llegaron, un ejecutivo de la ABC dijo que «aproximadamente seis y medio millones de televidentes vieron al doctor Graham, lo suficiente para llenar hasta la bandera el Madison Square Garden todos los días por todo un año».[5]

El interés creció, y el entusiasmo aumentó conforme los estadounidenses esperaban sintonizar la trasmisión por televisión todas las semanas. Fue especialmente sorprendente para la cadena ABC. Ellos no habían disfrutado de ratings fuertes porque la hora punta estaba en contra de los dos programas de variedades más populares de fines de semana: «The Perry Como Show» y «The Jackie Gleason Show». La cruzada se extendió siete semanas y culminó con una gigantesca multitud reunida en el Estadio de los Yanquis el 20 de julio.

En 1930, cuando un muchacho campesino obtuvo una patente para su televisor electrónico y se le elogió como «muchacho genio»,[6] Dios estaba preparando a otro muchacho campesino para que predicara a las naciones veintisiete años más tarde usando esa misma invención.

Mi padre no estaba acostumbrado a los reflectores. Tomó toda precaución para no dejarse atrapar por el entusiasmo de lo que la televisión pudiera hacer a los que aparecían en la pantalla. Desde la plataforma del Garden, dijo: «No hemos venido para ofrecer un *show* con el cual entretenerlos. Creemos que hay muchos que tienen corazones hambrientos. En Jesucristo pueden hallar todo lo que han estado buscando».

Lo que he aprendido al observar a mi padre por televisión es que él tiene una manera de conectarse con los corazones más allá de las luces y las cámaras. Por intenso que fuera el reflector, él se concentraba en el mensaje de Dios. Como un rayo láser, señalaba el camino de la cruz.

Cuando llegaba el momento de la invitación para que recibieran a Jesucristo como Señor, no se estaba dirigiendo solo a los que estaban en el estadio. Conforme cientos pasaban al frente por los pasillos, dirigía sus penetrantes ojos a la cámara y con mirada concentrada, decía: «Para los que nos ven por televisión […] si usted siente un tirón en su corazón, si oye una voz suave llamándolo, no la ignore. Esa es la voz de Dios llamándolo por nombre a que venga a él».

Fijaba la vista en la cámara como si estuviera enviando por las ondas etéreas un ruego a almas sufrientes que no podía ver, las llamaba para que se acercaran al pie de la cruz.

¿El resultado? Almas ganadas para Cristo; no solo en la ciudad de Nueva York, y no solo en el estado de Nueva York, sino por todo el país. Aquello fue el comienzo de lo que llegaría a ser la piedra angular del ministerio evangelizador de mi padre: programas de cruzada televisados que un día alcanzarían más allá de las costas de Norteamérica.

Después de las reuniones, el periódico *Wall Street Journal* informó que la venta de Biblias había crecido dramáticamente en Nueva York durante la cruzada.[7] Pastores informaron que estaban viendo a nuevos miembros llegar a sus iglesias como resultado de decisiones de salvación tomadas durante el programa de televisión. El corazón de mi padre se desbordó de gozo, y agradeció a Dios por multiplicar la visión y los dólares de los donantes para fortalecer a las iglesias que creen en la Biblia con nuevos convertidos a Jesucristo.

¿Bate o Biblia?

Mediante la televisión mi padre empezó a entender el poder de las ondas etéreas; sin embargo, él y su equipo nunca se imaginaron que este método abriría el camino para evangelizar a los que tal vez nunca se acercarían a una iglesia o que jamás considerarían sentarse en un complejo deportivo para escuchar a un predicador del evangelio.

Mi padre nunca vio cumplido su sueño de jugar béisbol en el estadio de los Yanquis. Pero en lugar de esgrimir su bate triunfador, esgrimió la Palabra de Dios, a la vez que su fantasía de niño fue reemplazada por la visión de Dios. Había ocurrido lo que nadie pudo haberse imaginado: Dios enviaba a un muchacho campesino a un estadio de béisbol en Nueva York para que expusiera su Palabra a miles en los graderíos y a muchos más que veían por televisión. Esta es la verdadera obra de Dios en la vida de uno: cambiar nuestros deseos por los de él.

Oprima un botón para Jesús

¿A quién no le encanta el compañerito manual de la televisión llamado control remoto? Mis hijos no saben de aquellos días cuando había que batallar con la antena del televisor para orientarla de modo de conseguir una imagen nítida o tener que levantarse una y otra vez para cambiar de canal. Ellos simplemente se sientan en sus sillas reclinables, y con un simple clic pueden ir de canal en canal a su capricho.

No deja de asombrarme ver cómo Dios usa la más pequeña de las invenciones en manos de almas improbables buscando algo nuevo. No importa adónde voy por el mundo, los testimonios que oigo son innumerables; así, no es raro escuchar a alguien decir: «Estaba cambiando canales en el televisor y vi a tu papá predicar».

Eso me sucedió en cierta ocasión en que me encontraba en Panamá para llevar a cabo una cruzada. Fui presentado a un hombre que era parte de nuestra plataforma musical aquella semana. Aprendí que Luis Conte, un refugiado cubano que vivía en California, se había convertido en un famoso percusionista, y que había tocado con artistas como Carlos Santana, Ray Charles y Eric Clapton para mencionar solo a algunos. Cuando me dijo que había sido salvado del ocultismo, le pedí que le diera su testimonio a mi equipo.

Luchando con el inglés, contó cómo su esposa había hallado al Señor y había empezado a orar por su salvación. Pero él no quería tener nada que ver con Dios y la religión. Pero ella nunca dejó de orar por él.

Estando en su casa, sintonizó el noticiero vespertino y vio la cobertura de los preparativos para la cruzada de Billy Graham del 2004 en el Rose Bowl en Pasadena. Lo intrigó ver las cámaras de reporteros seguir a mi padre cruzando la cancha en un coche de golf.

Mi padre tenía por costumbre visitar el estadio el día anterior a la cruzada para tener una idea del tamaño y ubicación. Siempre disfrutaba reunirse con funcionarios y trabajadores que se esforzaban al máximo para hacer que la cruzada funcionara sin tropiezos. A menudo, mientras estaba allí, contestaba preguntas de los medios de comunicación.

A Luis lo impresionó el entusiasmo de la prensa. Se volvió a su esposa y le dijo: «¡Tenemos que ir!». Ella estaba a punto de presenciar una respuesta a su oración.

Luis y su esposa luchaban contra el tráfico pesado la noche siguiente rumbo al estadio. Al llegar se encontraron con que la multitud era tan gigantesca que Luis tuvo que sentarse en una sección diferente, y su esposa en otra. Su hija, que ya se encontraba en el estadio, llamó a su padre por su celular para decirle lo que estaba sucediendo en el Rose Bowl. «Papá, ¿dónde estás?», le preguntó. Quedó sorprendida al enterarse que su padre estaba también en el estadio. Durante el resto de la noche se dispuso a mantenerse orando para que Dios le hablara al corazón de su padre.

Luís escuchó con interés el sermón. Y no pudo dejar de responder cuando mi padre dijo: «Levántese de su asiento y venga. Le esperamos».

Luis dijo: «Bajé corriendo las gradas para ir a recibir a Cristo como mi Salvador».

Con el correr de los años he conocido a cientos de personas que han hecho exactamente lo mismo en mis cruzadas, testificando que pasaron corriendo a la plataforma y pidieron a Cristo que viniera a sus corazones, los transformara y llegara a ser el Señor de sus vidas.

No podía escaparme de ese hombre

Hay incontables relatos que atestiguan cómo Dios se ha movido en los corazones de los que ven los programas televisados de mi padre. Cada vez que transmitimos un programa, proveemos un número telefónico de llamada gratis para que los oyentes llamen y hablen con voluntarios capacitados durante o después de los programas. Los centros de teléfonos establecidos en una red de iglesias por toda la nación reciben relatos de cómo Dios transforma las vidas y convence los corazones de las personas durante un programa televisado.

Alguna vez alguien dijo: «Estaba oprimiendo botones en mi control remoto de canal a canal buscando algo y tratando de librar mi mente de mis problemas. Pasé por una comedia pero no tenía ganas de reír. Salté un drama porque la trama se parecía mucho a la mía. No me interesaba ver un documental en cuanto al suicidio, porque yo mismo estaba casi en ese punto. Estaba desesperado buscando consuelo y paz. Seguí oprimiendo botones. Me detuve en un canal lo suficiente para oír a Billy Graham hablar del pecado. Empecé a oprimir botones de nuevo. El Señor sabe que soy pecador. Pero algo me hizo volver a ese canal.

»Entonces Billy Graham dijo: "Para usted que está viéndonos por televisión, ¿se siente sin esperanza? ¿Se siente como que a nadie le importa? A Dios le importa. Él quiere perdonarle su pecado. Y limpiarle. Y hacerle un nuevo hombre o una nueva mujer. Llame al número al pie de la pantalla. Un consejero está esperando para hablar y orar con usted; y Dios está esperando para oírle decir: 'He pecado contra ti, Señor. Perdóname. Quiero que me hagas una nueva persona. Quiero tener paz en mi corazón'"».

Mientras asistía a un banquete en una escuela cristiana, el doctor Donald R. Wilhite me contó su testimonio de cómo llegó a conocer al Señor por medio del programa televisado de mi padre en Birmingham, Alabama, en 1964. Dijo: «Sentí un tirón en mi corazón cuando tu papá miró a la cámara y dijo: "Para ustedes que nos ven por televisión…". Supe que tenía que responder a la invitación».

Esa noche, en la privacidad de su casa, se arrepintió de sus pecados y recibió el perdón que le ofrecía el Señor. El doctor Wilhite no solo llegó a ser cristiano esa noche, sino que más tarde entregó su vida para servir al Señor como predicador del evangelio y pastor principal de la iglesia Calvary Baptist Church de Columbus, Georgia.

El doctor Wilhite dijo: «No hay manera de decir cuántos han sido llamados al ministerio de la predicación debido al impacto que Billy Graham ha ejercido en jóvenes como yo».[8]

Otro describió cómo había sido salvo a través de un programa televisado de Billy Graham. Dijo: «Estaba en casa cambiando canales tratando de hallar algo bueno en la televisión. Cuando llegué a Billy Graham, mi esposa gritó: "¡Detente! Oí que él iba a estar en televisión esta noche". Así que me subí al coche y me fui a la cantina local y ordené un trago. Cuando alcé la vista a la pantalla, Billy Graham estaba en televisión. Me figuré que no iba a poder librarme de ese hombre, así que volví a casa para oír lo que tenía que decir. El próximo domingo fui a la iglesia y Dios me salvó. Mi esposa dijo que la televisión cambió nuestras vidas».

Discurso arriesgado

La televisión no puede salvar a nadie, pero el mensaje que se trasmite por las ondas del éter en efecto afecta a nuestros corazones y mentes; y el mensaje puede tentar o rescatar.

Mi padre usaba la televisión como medio para llevar el evangelio a tantos como fuera posible. Al mismo tiempo, era consciente de que Satanás es el príncipe de la potestad del aire (Efesios 2.2), lo que se evidencia por el rápido deterioro que la televisión ha tenido en cuanto al contenido de sus programas.

La libertad de palabra es un debate arriesgado. En los primeros días de la televisión, no se permitían palabrotas. El entretenimiento con lenguaje vulgar y escenas eróticas se podía comprar en las taquillas, pero no mostrar por televisión. Hoy, un elevado número de cadenas televisoras indeseables trasmiten sus escenas a nuestros hogares exponiendo a los que ven por televisión toda forma de inmundicia y violencia. En los canales por el cable tradicional o las cadenas de televisión, las cuñas de publicidad son tan malas, o incluso peor, que la programación misma. Ni siquiera se escapan los noticieros de la noche.

La libertad de expresión ha evolucionado tanto hasta transformarse en un monstruo masivo. Hay una industria creciente que intenta combatir esta horca asfixiante con *software* de bloqueo y filtro para control parental. Pero muchas mamás y papás hoy no están cuidándose a sí mismos, mucho menos a sus hijos.

Una ráfaga popular de publicidad enfoca a los padres, levantando la conciencia de lo que los hijos pudieran estar viendo tanto por la Internet como por la televisión. Mi madre solía decir: «¡El mal es mal, y nunca se vuelve bien!». Así que, ¿por qué bloquear tal inmundicia solo para los chiquillos? La Biblia dice: «¡Ay de los que a lo malo dicen bueno, y a lo bueno malo!» (Isaías 5.20).

Sobre este tema mi padre escribió: «La Biblia enseña que Dios es santo, justo y puro. Él no puede tolerar el pecado en su presencia; sin embargo, el hombre ha escogido desechar y transgredir las leyes y estándares divinos. Como resultado, se interrumpe su comunión con Dios».[9]

Jesucristo derramó su sangre para cubrir el pecado. ¿Por qué sus seguidores van a entretenerse practicándolo?

El mal que se pavonea

Hace poco un presentador de una cadena importante de televisión usó una crónica titulada «El colapso de la cultura:¿podrá salvarse la juventud?». La crónica describía una escena deplorable de dos jovencitas de Hollywood besándose, seguida de una serie de fragmentos de bailarinas escasamente vestidas y muchachitas de doce años imitándolas en los colegios. Mientras esto ocurría, la cámara mostraba al reportero que sacudía la cabeza al decir: «Eso es unirse en yugo con la inmundicia». Incluso el mundo sacude su cabeza por el mal que se pavonea en nuestra cultura.

La crónica noticiosa era como una repetición actualizada de los días de Sodoma y Gomorra. Pensé en el versículo que dice: «Cercando andan los malos, cuando la vileza es exaltada entre los hijos de los hombres» (Salmos 12.8).

¿Qué podemos hacer al respecto? *Huir.*

Eso fue lo que hizo Lot, sobrino de Abraham, por orden del Señor. Los ciudadanos de Sodoma y Gomorra se habían corrompido. Debido a la perversión moral y a la maldad que imperaban en estas ciudades gemelas, Dios envió a dos ángeles para que ayudaran a Lot a escapar de aquella cultura envilecida. ¿Iba Lot a prestar atención a la advertencia y huir a la libertad, o decidiría quedarse y exponerse a ser destruido?

Tristemente, Lot en realidad tuvo que pensar al respecto. La Biblia dice: «Y deteniéndose él [Lot], los varones asieron de su mano, y de la mano de su mujer y de las manos de sus dos hijas, según la misericordia de Jehová para con él; y lo sacaron y lo pusieron fuera de la ciudad [...] [Y] dijeron: Escapa por tu vida; no mires tras ti, ni pares en toda esta llanura; escapa al monte, no sea que perezcas» (Génesis 19.16, 17).

¡Qué cuadro para nosotros hoy en día! ¿Simulamos que Sodoma y Gomorra están muy lejos de nosotros? Con oprimir un botón del control remoto es posible invitar a Sodoma y Gomorra a que entren a nuestra casa y se instalen en la sala. Y para aquellos que las miren en televisión, esas imágenes les están corrompiendo las mentes, cauterizando los corazones y alimentando apetitos carnales insaciables.

En un mensaje que predicó mi padre sobre la esposa de Lot que se convirtió en una columna de sal por desobedecer a Dios y mirar hacia atrás, repitió un comentario que mi madre a menudo hacía en cuanto a la degradación de nuestra cultura: «Si Dios no juzga a Estados Unidos de América por su pecado, ¡va a tener que pedir disculpas a Sodoma y a Gomorra!».

Noticias de última hora: Dios no va a pedir disculpas. Mi madre lo sabía y por eso afirmaba: «El juicio se avecina». Con esto en mente, ¿qué estamos haciendo nosotros para cambiar nuestra dieta de cultura popular que nos está descarriando? ¿Responderemos como respondió Lot? Encender el televisor, hallar algo que no honra a Dios ¿y quedarnos con eso? La Biblia dice: «Todo aquel que permanece en él [en Dios], no peca» (1 Juan 3.6).

Con frecuencia, mi padre citaba al estadista británico Edmund Burke, que una vez dijo que todo lo que se necesita para que el mal triunfe es que los hombres buenos no hagan nada. Tal vez todos los seguidores de Jesucristo deberían colgar una placa sobre sus televisores y computadores con este mensaje:

**No pondré delante de mis ojos
cosa injusta. (Salmos 101.3)**

Una palabra de seis letras

La forma de hablar del mundo puede resumirse en una palabra de seis letras: *pecado*. Las palabrotas por televisión echaron raíces a finales de los cincuenta, echaron botones en los sesenta, y florecen hoy. Encabezando la lista está un ataque al tercer mandamiento: «No tomarás el nombre de Jehová tu Dios en vano» (Éxodo 20.7). Y, sin embargo, en la mayoría de nuestras escuelas hoy los niños no pueden usar el nombre del Señor Jesús, excepto para soltar palabrotas.

A finales de los años cincuenta la reacción inicial del público al lenguaje vulgar por televisión fue de furor. Frenéticamente, los ejecutivos de televisión impusieron estipulaciones sobre cuándo se permitirían en los programas las palabrotas y el lenguaje obsceno. Nunca durante las horas pico cuando los niños todavía estaban despiertos.

Supongo que la industria de televisión se sintió como si fuera un gigante moral al fijar tiempos aceptables para el lenguaje soez. Pero no fue así porque sencillamente esperaron a que el público se acostumbrara a la mala conducta y cuando el rechazo disminuyó, la industria introdujo el lenguaje soez en las horas pico y abrió nuevas libertades para la televisión a altas horas de la noche. Incluso si los televidentes no participaban en los estilos de vida que se mostraban en la pantalla, al mirar esos programas empezaron a dejar que lo impensable se infiltrara en sus mentes.

Mi padre dijo una vez: «Debido a la comunicación instantánea de hoy, nuestro planeta se ha reducido al tamaño de una pantalla de televisión. Una sala de estar puede convertirse en un campo de batalla o en un motín callejero con solo oprimir un botón».

Con razón, Philo Taylor Farnsworth, inventor y pionero de la televisión tarde en su vida le dijo a su hijo: «No hay nada que valga la pena en la televisión por lo que no vamos a darle entrada en esta casa». Su hijo Kent dijo: «Papá sentía como que había producido una especie de monstruo, una manera para que la gente desperdiciara mucho de sus vidas».[10] Si el entretenimiento era malo hace cincuenta años, ¿cómo se lo podría describir en el siglo XXI?

Una gran parte de la sociedad se ha vuelto indiferente al lenguaje subido de color que se usa en el mundo del entretenimiento. Ha evolucionado en la epidemia llamada contaminación mental. Incluso, en septiembre de 2003, los Emmys hicieron una seria advertencia: «Lave su televisor con jabón. De acuerdo con un estudio de las principales cadenas televisivas, la cantidad de lenguaje soez en la televisión ha venido aumentando significativamente desde 1998. El estudio reveló un aumento en las palabrotas a toda hora».[11]

Cuando el siglo xx se acercaba a su fin, mi padre expresó preocupación por lo que él llamaba la cultura del lenguaje grosero. Decía: «Es un mundo de palabrotas en las películas, en la televisión, en la rutina de comedia, y en la vida real».[12]El artículo «Dirty Words» [Palabras soeces] de la revista *Times* regurgita la cultura americana popular del lenguaje grosero.[13]

Doy gracias a Dios porque dirigió a mi padre y a otros a llevar las buenas noticias a la televisión. El evangelio transforma las mentes y cambia los corazones.

A menudo, los médicos recomiendan a sus pacientes purificarse de las toxinas del cuerpo. La Biblia nos dice cómo limpiar la corrupción de la mente: meditar en las cosas que son puras y virtuosas (Filipenses 4.8). Es la receta de Dios para tener la mente de Cristo (1 Corintios 2.16).

El ataque que resulta

Muchos feligreses e incluso ministros del evangelio están dejándose convencer por la teoría de la corrección política. Alegan que es necesario mantenerse a la altura de lo que Hollywood está produciendo para hacer su mensaje «relevante». Esto es un ataque contra el evangelio que ha dado como resultado que más de la mitad de los pastores evangélicos admiten ver la pornografía y vientinueve por ciento de los adultos que profesan haber nacido de nuevo en Estados Unidos piensan que es moralmente aceptable ver películas con conducta sexual explícita. Según «Enfoque a la Familia» el cuarenta y siete por ciento de las familias admite que la pornografía es un problema en sus hogares.[14]

A menudo, mi padre decía: «La verdadera libertad [en Cristo] no consiste en la libertad para pecar, sino en la libertad para no pecar». «Millones de cristianos profesantes son solo eso: "profesantes". Nunca se han identificado plenamente con Cristo. Viven vidas caracterizadas por la carne. Decenas de miles nunca han nacido de nuevo. Irán perdidos a la eternidad».

Hoy por hoy, la pornografía del más bajo nivel puede verse en la privacidad de la casa de uno mediante la televisión por satélite, las cadenas de televisión por cable, y la Internet. Debido a su alcance global, este tipo de programación es un abismo más hondo que el de Sodoma y Gomorra. En 1971, mi padre escribió: «La pornografía [...] está vomitando un río contaminado de inmundicia que puede destruirnos más rápido que cualquier contaminación química que pudiera preocuparnos».[15]

Cuando entramos al nuevo milenio, la gran preocupación era el año 2000; pero había algo aun más inquietante. Se informaba que había 1,3 millones de sitios web pornográficos y 260 millones de páginas. En Estados Unidos, el total de ingresos de la industria pornográfica es de más de trece mil trescientos millones de dólares y de más de noventa y siete mil millones en el resto del mundo.[16]

La mente humana tiene una gran capacidad para retener información e imágenes pero, como discos duros de computadoras, un terrible historial para desechar. Satanás no solo anda suelto, sino que está aterrorizando los centros nerviosos humanos. Su plan de batalla está empapado en confusión, diluyendo las líneas de demarcación y enturbiando el significado de pornografía.

Pero la definición de *pornografía* no ha cambiado: «Carácter obsceno de obras literarias o artísticas».[17]

La pornografía solía venderse en revistas selladas en papel color marrón y en determinados comercios apartados. Hoy día se infiltra en la Internet y con insolencia grita desde carteleras gigantescas instaladas a vista y paciencia de todo el mundo en las carreteras interestatales. Se la halla en llamativas revistas en salas de espera, se la ve por televisión día y noche, en teatros y cines, en restaurantes, y en libros que son éxito de librería. Se la oye en cuñas radiales astutamente grabadas, en la música galardonada con premios Grammy y en conciertos de localidades agotadas.

La Biblia dice: «Si alguno [...] no se conforma a las sanas palabras de nuestro Señor Jesucristo, y a la doctrina que es conforme a la piedad, está envanecido, nada sabe, y delira acerca de [...] disputas necias de hombres corruptos de entendimiento y privados de la verdad [...] apártate de los tales» (1 Timoteo 6.3–5).

Mi padre repetía con frecuencia que los cristianos profesantes son mucho más que los que creen en la Biblia y la viven. Eso es evidente por la cantidad de personas en Hollywood y alrededor del mundo que dicen creer en Jesucristo como su Señor pero que no tienen un testimonio que los respalde.

Ciclo de civilización

Hace algunos años, el finado William W. Quinn, que sirvió como oficial de mando en la Segunda Guerra Mundial y más tarde como coronel bajo el general Douglas MacArthur durante la guerra de Corea, descubrió en un periódico un artículo muy interesante. Su hija, Sally Quinn, es una escritora de éxito para el *Washington Post*.[18]

Antes de morir a los noventa y dos años el 11 de septiembre de 2000, se lo envió, acompañado de una carta, a un amigo periodista. Parecía un presagio de los acontecimientos que habrían de ocurrir exactamente un año después.

En promedio, las más grandes civilizaciones del mundo duran un ciclo de 200 años. Esas sociedades progresan según la siguiente secuencia:

De la esclavitud a la fe espiritual
De la fe espiritual al gran valor
Del gran valor a la libertad
De la libertad a la abundancia
De la abundancia al egoísmo
Del egoísmo a la indiferencia
De la indiferencia a la apatía

De la apatía a la dependencia
De la dependencia de regreso a la esclavitud.

El coronel Quinn luego hacía el siguiente planteamiento a su amigo periodista: «Puesto que Estados Unidos de América ya ha pasado su 200 cumpleaños, y en vista de la reciente epidemia de inmoralidad, me pregunto cómo sus lectores evaluarán la posición actual de Estados Unidos de América en este ciclo».[19]

¿Qué le ha sucedido a nuestra nación? El tema se debatió en una reunión en la Casa Blanca en 1972 que haría titulares más de tres décadas después.

¿Que Billy Graham dijo qué?

Mi padre siempre expresó profunda preocupación por las cuestiones de la inmoralidad, particularmente con lo que la televisión estaba llevando a los hogares estadounidenses. A menudo predicó al respecto, esperando despertar conciencia del daño hecho por la sociedad al hacerse de la vista gorda a los efectos demoníacos que eso estaba teniendo en la cultura. Decía: «El cimiento moral de nuestro país está en peligro de derrumbarse conforme las familias se desbaratan y los padres descuidan sus responsabilidades». Y citando al profeta Jeremías, añadía: «¿Se han avergonzado de haber hecho abominación? Ciertamente no se han avergonzado, ni aun saben tener vergüenza» (Jeremías 6.15).

Eso fue precisamente la esencia del debate que tuvo en la oficina oval en 1972 y que desató todo un furor tres décadas más tarde. Llegó a ser lo que los medios de comunicación rotularon como «la famosa visita» entre el entonces presidente Richard Nixon y mi padre. Yo la llamo la «visita fallida».

El interés en las tristemente célebres grabaciones de Nixon volvió a aflorar en el 2005 cuando otras grabaciones fueron puestas a disposición del público. Algunas contenían los comentarios de mi padre en cuanto a la inmoralidad y a las palabrotas que Hollywood y la prensa estaban perpetuando.

La historia ha sido contada, pero yo no siento que lo que tiene que ver con Billy Graham se haya entendido correctamente.

Cuando mi padre oyó las grabaciones de Watergate reproducidas en televisión, quedó aturdido por las palabrotas dichas por un hombre a quien amaba y respetaba. Mi padre en efecto se avergonzó. Nunca había oído un lenguaje tan abrasivo de boca de su amigo.

Luego, en otra grabación, oyó su propia voz hablando con el presidente Nixon sobre el estado de la cultura estadounidense, que lamentaba el dominio de la prensa, de la cual muchos ejecutivos resultaban ser judíos y expresaba su preocupación porque los magnates de Hollywood estaban «publicando material pornográfico». Después de una prolongada brecha en la grabación, pasa a decir: «Hay que terminar con esta situación o de lo contrario el país se irá por el caño».[20]

Mi padre se enfermó físicamente después de oír la conversación, aunque no recordaba los comentarios. Se le criticó por ofender a los judíos; pero él publicó una declaración pública pidiendo perdón a cualquiera que se hubiera ofendido por sus declaraciones. Como Paul Harvey, amigo de mi padre, solía decir: «Este es el resto de la historia».

Hollywood había estado cortejando a mi padre por años. Muchos magnates de la televisión y del cine trataron de arrastrarlo a su industria. Notaron su éxito y lo percibieron como un imán para atraer a grandes multitudes, sin entender que su ministerio era la obra del Espíritu Santo.

La situación a la que había que poner fin no era una referencia al dominio judío (como se había reportado en los medios de comunicación), sino a la inmoralidad que estaba siendo perpetuada por la industria cinematográfica desde su esfera de influencia. Es sin duda un error decir que mi padre difamó a los judíos en una reunión con el presidente Nixon, pues no lo hizo. Lo que hizo fue señalar que los ejecutivos que toman decisiones tenían en sus manos la clave para promover una programación impía y entretejer su hebra destructiva en la trama moral de nuestra gran nación. Cuando se publicaron las cintas, la emoción cambió el contexto de la conversación del problema a los que podían arreglar el problema pero no lo hicieron.

Mi padre no podía ignorar este pecado o barrerlo bajo la alfombra. Él dijo: «Ellos no saben cómo realmente me siento en cuanto a lo que está sucediendo en este país».[21]

Me atrevo a decir que mi padre habló como un profeta del día moderno. Y como él dijo muchas veces: «Los profetas que hablaron a su generación de parte de Dios no agradaron ni se conformaron, sino que se opusieron [a todo lo que no honraba al Señor]».

En este sentido, aprendí de mi padre una lección muy importante. Él creía que el cimiento moral de nuestra nación en ese momento estaba en serio peligro, y nunca dejó de ser consistente en proclamar los estándares morales de Dios.

Todo esto produjo un aluvión de artículos en revistas, periódicos y titulares de prensa: «¿Es Billy Graham antisemita?». Si se ven estas transcripciones a la luz de la verdad del contexto, la conclusión debe ser una sola: que el *predicador* se refería al pecado de la inmoralidad.

En el año 2002, este asunto se debatió durante un programa de radio moderado por Alan Keyes quien le preguntó a Lewis Drummond, profesor de la Universidad de Samford en Birmingham, Alabama, acerca de esto. Drummond respondió: «Hay que considerar el contexto que existía cuando el señor Graham hizo esas declaraciones. Y el contexto no era otro que la pornografía. Si se considera el contexto con atención, tendrá que reconocerse que él no dijo que estaba en contra de los judíos, sino que estaba contra la pornografía».[22]

El historial de mi padre es inconmovible respecto a su amor por los judíos y la nación de Israel. Jamás ridiculizó a los judíos ni en privado ni en público.

Hasta cierto punto, la comunidad judía ejerció un impacto en la decisión de mi padre de realizar la cruzada de 1957 en la ciudad de Nueva York, la cual lanzó su ministerio a la televisión. Uno de los factores que lo llevó a Nueva York fue una conversación con el rabino Marc Tanenbaum. En ese tiempo, uno de cada cuatro neoyorquinos era judío.[23]

Durante su prolongada permanencia en Nueva York, mi padre se reunió con hombres de negocios judíos, muchos de los cuales fueron a oírle predicar y acabaron en ser amigos de toda la vida. Y hubo quienes declararon abiertamente su reconocimiento de Jesús como su Mesías.

A modo de anécdota, durante uno de los viajes de mi padre al extranjero, un rabino lo invitó para que hablara en una sinagoga. Al entrar, un reportero estadounidense le preguntó: «Dr. Graham, ¿va usted a convertir a estos judíos en prosélitos?». Mi padre replicó: «No, a decir verdad, vengo a agradecerles; porque, como ve, ¡yo le di mi corazón a un joven rabino judío hace muchos años!».

Mi padre tuvo muchos amigos dentro de la comunidad judía y estuvo con ellos, especialmente en Europa Oriental e Israel. En todo su ministerio las organizaciones judías han honrado su firme respaldo a Israel. De ahí su angustia por el malentendido de su conversación con el presidente Nixon, pero se consolaba en el hecho de que Dios conoce los corazones de los hombres.

Enchufado en el poder

En una ocasión, al tiempo que sentía sobre sí el peso del declive moral, dijo: «En ocasiones, en las cruzadas que he realizado, he mirado a las cámaras, y me he dado cuenta de que varios millones de personas me están viendo. Sé que cosas que he dicho de las Escrituras han ofendido a algunos, pero no puedo diluir el mensaje. Debo predicar el evangelio puro y sencillo, en cualquiera que sea la cultura en que esté».

Él nunca se cansó de buscar maneras para llevar el mensaje de Dios de salvación por el aire. Recuerdo bien cuando se sintió dirigido a ampliar el alcance por televisión para incluir nueva tecnología, usando satélite para trasmitir sus cruzadas por todo el mundo. Su visión fue trasmitir las reuniones a repetidoras en varias regiones de los continentes usando traductores diestros para traducir su mensaje simultáneamente mientras él hablaba. Fue una empresa gigantesca. En seis años, mi padre fue testigo de la asombrosa oportunidad para el evangelio en cada continente.

En 1989 lanzó desde Londres la «Misión África Mundo» trasmitiendo vía satélite a treinta y tres naciones en África. En 1990 hizo lo mismo desde Hong Kong trasmitiendo a treinta y tres naciones asiáticas. En 1991 desde Buenos Aires, Argentina, veinte países de América Latina recibieron la trasmisión. En «Misión Europa Mundo» trasmitió la cruzada desde Essen, Alemania, alcanzando a cincuenta y cinco países. El evangelio estaba siendo predicado en una multitud de idiomas.

El clímax de la estrategia por satélite ocurrió en 1995 con «Misión Global» lanzada desde San Juan, Puerto Rico. Vía satélite, las reuniones se enlazaron con 185 países y territorios por todo el mundo, y la gente oyó la predicación del evangelio mediante intérpretes en 117 idiomas; algo sin precedentes en ese tiempo.

Conforme el ocaso se cernía sobre el siglo xx, ¿qué quedaba? ¿Se había evangelizado al mundo? En tanto que el péndulo de Dios sigue oscilando hacia la eternidad, la Biblia dice:

Pero [...] estamos persuadidos de cosas mejores, y que pertenecen a la salvación, [...] Porque Dios no es injusto para olvidar vuestra obra y el trabajo de amor que habéis mostrado hacia su nombre, habiendo servido a los santos y sirviéndoles aún. Pero deseamos que cada uno de vosotros muestre la misma solicitud hasta el fin, para plena certeza de la esperanza, a fin de que no os hagáis perezosos, sino imitadores de aquellos que por la fe y la paciencia heredan las promesas. (Hebreos 6.9–12)

El 31 de diciembre de 1999, cuando las luces se apagaron sobre el milenio de los inventos, una nueva aurora abrió la puerta para que generaciones futuras edifiquen sobre la obra fiel del pueblo de Dios y la creatividad que él instiló en la mente humana.

Mi esperanza

Al pensar en cómo mi padre utilizó la televisión en su ministerio para predicar el más grande mensaje jamás proclamado, me preguntaba cómo pudiera yo utilizar más la televisión como vehículo del evangelio en áreas del mundo que todavía no han oído lo que Jesucristo ha hecho por ellos.

Por años, la gente me ha preguntado cómo podrían oír más de Billy Graham. Muchos que le han oído predicar por enlace por satélite en ciudades de distintos puntos de la tierra quieren saber cómo podrían otros también oirle predicar.

La AEBG ha estado en televisión casi sesenta años, casi tanto tiempo como la televisión ha existido. Con frecuencia viene a mi memoria la lucha que en 1957 tuvo que librar mi padre sobre si utilizar o no la televisión en sus cruzadas. Y me pregunto: ¿qué tal si no lo hubiera hecho? La oportunidad que Dios le dio para predicar en hogares por toda Norteamérica, y a la larga por todo el mundo, desató otras oportunidades para predicar la Palabra de Dios mediante los avances tecnológicos.

¿Por qué no trasmitir las buenas noticias en el más pequeño de los lugares, en escala masiva, no en estadios, sino llegando a una sala de estar a la vez mediante la televisión?

Muchas áreas del mundo están lejos de los centros urbanos. Si la televisión pudo alcanzar para Cristo a las ciudades y áreas rurales de Estados Unidos cuando mi padre empezó a televisar sus cruzadas, ¿por qué no usar la más poderosa herramienta de comunicación para trasmitir el evangelio a áreas remotas del mundo casa por casa? ¿Por qué no darles a las personas algo que valga la pena ver, y no entretenimiento que acaricia sus oídos, sino un mensaje que transforme sus corazones?

Me acordé del tiempo cuando mi padre convocó a las Conferencias Internacionales para Evangelistas Itinerantes (ICIE, por sus siglas en inglés) en Ámsterdam, Holanda, en 1983, 1986 y el 2000 ¡Qué hubiera dado él para pasar al micrófono y saludar a representantes de 174 países en su propia lengua o dialecto nativos! Se me occurió que con la tecnología actual podríamos doblar los sermones grabados de mi padre a múltiples lenguas.

Me imagino mentalmente casas de ladrillo esparcidas por países como México, Honduras e India; demasiado pequeñas para que familias de seis personas vivan según los estándares estadounidenses pero con suficiente espacio para diez o doce personas, por necesidad. Cientos de millones viven así hoy; pero a pesar de su pobreza se las arreglan para comprar, o por lo menos alquilar, un televisor para ver programas especiales. Tal vez no tengan todos los bombos y platillos y controles remotos, pero las imágenes se mueven y hablan. La televisión cautiva a todo el mundo. ¿Por qué no usar su poder para proclamar por la televisión el mensaje que Dios le dio a todo el mundo?

Me inspira el relato del Nuevo Testamento en cuanto a Mateo, el cobrador de impuestos. Después de su encuentro con Jesús organizó una gran fiesta en su propia casa e invitó a muchos para que conocieran a Aquel que dijo: «No he venido a llamar a justos, sino a pecadores al arrepentimiento» (Lucas 5.32).

Al reunir a nuestro equipo para orar por un programa de evangelización que se transmitiera a los hogares por televisión, nació *Mi esperanza*, el proyecto de evangelización mundial por televisión de la AEBG.

El primer paso fue preparar un programa piloto e identificar países que permitieran a la AEBG comprar tiempo para la transmisión. El entusiasmo creció conforme empezamos a producir nuevos programas, utilizando artistas musicales y testimonios locales adaptados de la cultura local.

El siguiente paso fue movilizar y capacitar a pastores y laicos nacionales para que abrieran sus casas a personas no cristianas, invitándoles a una cruzada en sus casas. Y Dios bendijo. En el 2002, lanzamos el programa *Mi esperanza* en siete países centroamericanos.

Empezamos, entonces, a enviar instructores capacitados de la AEBG para enseñar cursos de vida cristiana y testimonio en español. El entusiasmo creció conforme las personas empezaron a orar y pedir que Dios las usara para alcanzar a los perdidos en sus pueblos y ciudades. Aprendieron a aplicar los principios de un programa que mi padre llamó Operación Andrés, basado en Juan 1.41, 42, que relata que Andrés, discípulo de Juan el Bautista, trajo al Señor su hermano, Simón Pedro.

Los cristianos empezaron a orar por sus amigos, vecinos y familiares no salvados invitándolos a sus casas para ver juntos el programa por televisión. La hospitalidad abrió puertas convirtiendo las salas en estadios en miniatura para la difusión del evangelio.

Cuando empezaron a llegar de dos y tres, los jóvenes y los más pequeños se apretujaron sentados en el piso o en los escalones mientras atisbaban por encima de los hombros de los demás. Tenemos informes que hablan de hasta cincuenta personas apretujadas en pequeños salones que daban a la calle para ver los programas.

Mientras las personas se sentaban con sus anfitriones, viendo la transmisión, la expectativa crecía al ver a mi padre dirigirse al púlpito y predicar la Palabra de Dios en su propio idioma. Después de la invitación para aceptar a Cristo, los cristianos que habían estado orando se ponían de pie y extendían una invitación personal a los que estaban con ellos. «Usted puede venir a Cristo aquí en este mismo lugar», les decían unos. «Me uno al señor Graham para pedirle que reciba a Jesucristo como su Salvador esta noche», decían otros. Las lágrimas brotaban de los ojos de jóvenes y viejos, y el pueblo de Dios se regocijaba al ver a sus seres queridos arrepentirse de sus pecados y recibir la salvación de Cristo justo allí en la propia sala de sus casas.

En poco tiempo, *Mi esperanza* recorrió Centroamérica y América del Sur. En Colombia, durante una transmisión de cuatro noches tuvimos más de setecientas mil decisiones por Cristo. Para cuando *Mi esperanza* se transmitió en India, ochocientos mil cristianos, representando a sesenta mil iglesias, abrieron sus casas a los perdidos para ver los programas con resultados sin precedentes.

Mi esperanza se ha vuelto el modelo que usamos en los países alrededor del mundo. La clave de su impacto está en poner en su lugar los mismos estándares que mi padre estableció en sus sesenta años de cruzadas de evangelización: asociarnos con las iglesias locales y proveer la misma capacitación que hemos dado a los miembros de las iglesias en preparación para nuestras cruzadas.

De mi padre aprendí principios importantes en cuanto a la evangelización efectiva en gran escala. El Señor le enseñó temprano en su ministerio sobre la importancia del seguimiento apropiado: animar a los nuevos convertidos a participar en estudios bíblicos en grupos pequeños e integrarse a congregaciones que creen en la Biblia. Mi padre sentía el peso de dejar las cruzadas en ciudades sin una base de respaldo para los que habían recibido a Cristo como Salvador. Esto es lo que le hizo diferente a tantos otros: asociarse con las iglesias locales para asegurar un seguimiento apropiado. Esto sigue siendo una parte integral del alcance de nuestras cruzadas de evangelización.

Debido a que el proyecto de evangelización mundial por televisión se hace en hogares privados, los grupos pequeños ya están en su lugar, proveyendo el seguimiento necesario para fortalecer a las personas en su nueva fe.

Mi padre vivió lo suficiente para ver *Mi esperanza* llegar a ser efectiva en lugares en donde nunca tuvo la oportunidad de predicar personalmente. Estaba agradecido a Dios por abrir esta avenida. La predicación evangelizadora ha sido energizada en estos países en donde las cruzadas nunca hubieran sido posibles.

Los resultados han sido asombrosos y las posibilidades increíbles. Las transmisiones de *Mi esperanza* se han recibido en sesenta países, y el mensaje del evangelio, la esencia del programa, ha dado esperanza a millones de personas.

Espero continuar proclamando a todos los que quieran escuchar lo que el Salvador ha hecho por la humanidad. Y aunque mi padre ya está en el cielo, todavía sigue predicando este mismo evangelio por la televisión.

5

Ora, ora, ora

Porque donde están dos o tres congregados en mi nombre, allí estoy yo en medio de ellos.

—MATEO 18.20

La oración es nuestra línea vital a Dios.
BILLY GRAHAM

A veces oímos que dos son compañía y tres son una multitud. Y, sin embargo, el mundo parece estar hecho de trinidades:

- Tiempo, espacio y materia.
- Pasado, presente y futuro.
- Largo, ancho y alto.
- Amor, odio e indiferencia.
- Corazón, carne y alma.
- Vida, enfermedad y muerte.
- Mañana, tarde y noche.
- Sol, luna y estrellas.

- Incluso en el principio fueron Adán, Eva y Dios.
- Hay padres, hijos e hijas.
- Hombres, mujeres y niños.
- Pecado, perdón y eternidad.

Y luego tenemos la Trinidad: Dios Padre, Dios Hijo y Dios Espíritu Santo.

Mis padres creían en el principio trinitario de la oración: ora con humildad, ora creyendo, y ora con acción de gracias. Ellos pusieron en práctica los principios de la oración en su hogar mediante las Escrituras y por el ejemplo.

Estaban prontos para recordarnos a nosotros los hijos que la oración no se limita a pedir cosas egoístamente. Mi padre a menudo decía: «Yo he contestado toda petición que mis hijos me han hecho. La respuesta no siempre ha sido lo que ellos querían, pero siempre ha sido de acuerdo a lo que yo pensaba que era mejor para ellos». Este es un verdadero ejemplo de cómo nuestro Padre celestial responde a las oraciones de sus hijos.

Mi padre me enseñó mucho en cuanto a la oración. Si sucedía algo que le hacía alegrarse, de inmediato quería orar y agradecer a Dios por la bendición. Cuando algo trágico les sucedía a otros, sentía de inmediato la necesidad de orar por ellos.

En diciembre de 2007, mientras dábamos una caminata un domingo en la tarde, mi padre se lamentaba por un tiroteo que acababa de tener lugar en un centro en Colorado para jóvenes que servían en el ministerio «Juventud con una misión». Un hombre armado había entrado en el complejo y empezado a disparar. Más tarde vimos los reportajes en los noticiarios, y él apagó el televisor y dijo: «Franklin: oremos por las familias que están atravesando esta terrible crisis». Esa era la forma de vida de mi padre, y eso hizo un profundo impacto en mí.

Ora con propósito

La oración fue la pieza central del ministerio de mi padre. A menudo le recordaba a su equipo: «Sin oración, este ministerio y todos nuestros sueños de esparcir las buenas noticias del amor de Jesús por todo el mundo no habrían sido posibles».

Cuando llegué a ser presidente de Samaritan's Purse en 1978, empecé a asistir a reuniones que precedían las cruzadas de mi padre. En preparación, mi padre a menudo visitaba una ciudad de cruzada para hablar en una concentración de pastores y laicos que sentían el peso de tocar sus comunidades con el evangelio de Jesucristo. Siempre me recibía bien en estas reuniones. A los veintiséis años entendí claramente que yo debía observar calladamente y aprender de otros; y así lo hice. Pero aprendí más al observar a mi padre, haciéndole preguntas y escuchando sus opiniones.

La piedra angular del ministerio de mi padre fueron sus cruzadas. La AEBG había llegado a ser conocida por su preparación y precisión para ejecutar un plan evangelizador. En tanto que la filosofía demostró ser exitosa, muchos pensaban que la clave para hacer que una cruzada resultara se hallaba en su asociación con las iglesias, participación de la comunidad, y la promoción del evento usando los métodos más modernos de publicidad.

En tanto que estos son elementos importantes, aprendí de mi padre que el secreto real era algo mucho más poderoso.

La primera vez que fui a una concentración de oración y oí a mi padre aclarar la clave de una cruzada exitosa, dejó en mi alma una impresión permanente. Él dijo: «La oración es una parte esencial de la evangelización. El paso más importante para prepararse para una misión evangelizadora es oración, oración y más oración».

Entendí incluso mejor el valor de esta verdad por los ojos de mi Padre celestial cuando empecé a predicar el evangelio y a extender una invitación para la salvación en Jesucristo.

En 1996, predicando en el Estadio Nacional de Tegucigalpa, Honduras, vi los resultados de utilizar esta clave importante para las cruzadas de evangelización. Meses antes se habían organizado los comités de oración de la cruzada y la oración cubría la ciudad. Cuando me levanté para predicar la primera noche con mi intérprete Lenín De Janón a mi lado, la gente empezó a pasar a la plataforma. Puse mi mano sobre el micrófono y le dije: «¡Lenín! La gente está respondiendo, y yo todavía no he extendido la invitación. Diles que vuelvan a sus asientos mientras predico».

Lenín le pidió a la gente que se había reunido que volvieran a sus asientos. Pero cuando el número creció a varios cientos, miré a Lenín perplejo y le dije: «Tal vez simplemente debo extender la invitación». Lenín dijo: «Eso pienso. Sus corazones ya están listos».

Fue evidente que eso fue resultado de meses de oración antes de la reunión. Los que habían orado por sus familiares, amigos y vecinos les invitaron a la cruzada. La evangelización de uno en uno mediante el testimonio y la oración ya había preparado a las personas para responder a Cristo.

Mi padre escribió: «Dios ha obrado de manera milagrosa en nuestras cruzadas con el correr de los años. Miles de hombres y mujeres han hecho sus decisiones por Cristo. Su venida no fue resultado del trabajo de un hombre o los esfuerzos de un grupo, sino que fue el producto de mucha oración por muchas personas».[1]

A menudo, mi padre estudiaba las oraciones de nuestro Señor y escribía al respecto. Siempre aprovechaba la oportunidad para hacer énfasis en este aspecto vital de la vida cristiana, presentando a hombres y mujeres el reto de hacer de la oración el centro de sus vidas y ministerios.

El propio Jesús nos dio un patrón para la oración. Mi padre solía decir: «Jesús oró brevemente cuando estaba en medio de una multitud; oró un poco más largo cuando estaba con sus discípulos; y oró toda la noche cuando estaba a solas. Hoy, muchos en el ministerio tienden a invertir ese proceso».

Cuando se me pregunta la clave para las cruzadas de evangelización, viene a mi mente el principio trinitario:

1) *Ore por una oportunidad para sembrar la Palabra de Dios.*
   «Perseverad en la oración, velando en ella con acción de
   gracias; orando [...] para que el Señor nos abra puerta para la
   palabra, a fin de dar a conocer [a] Cristo» (Colosenses 4.2, 3).

2) *Ore para que Dios lo use como instrumento para proclamar el mensaje de Dios.* «Orando [...] por mí, a fin de que al abrir mi boca me sea dada palabra para dar a conocer con denuedo el [...] evangelio, por el cual soy embajador» (Efesios 6.19, 20).

3) *Ore por una cosecha abundante.* Jesús oró a su Padre celestial por los que esparcirían la verdad de su mensaje y los que oirían: «Mas no ruego solamente por éstos, sino también por los que han de creer en mí por la palabra de ellos» (Juan 17.20).

Este es el solo propósito de las cruzadas de evangelización: una pasión por ganar almas. La Biblia dice: «El que gana almas es sabio» (Proverbios 11.30).

La oración es la clavija en la cual colgamos toda faceta de nuestro trabajo que se hace en el nombre de nuestro Señor Jesucristo. Nuestro ministerio se alimenta por la oración, porque Dios concede su poder por las oraciones de su pueblo. La oración siempre será nuestra prioridad y nuestra fuente de poder.

Agradezco al Señor por esta ancla que fue hundida en el alma del ministerio dado a mi padre hace muchos años y que ahora se ha puesto a mi cuidado bajo el ojo vigilante del Señor. Mi padre me señaló muchas veces lo que la Biblia dice en cuanto a la oración: el privilegio de orar ante el trono de Dios, las bendiciones recibidas cuando Dios contesta nuestras oraciones, y la fe que crece cuando la oración es contestada de manera diferente a lo que nos gustaría.

Nos alegramos cuando Dios contesta nuestras oraciones como queremos. No nos entusiasmamos tanto cuando la contestación parece ser que «no» o tal vez «espera». Nuestra naturaleza humana no se inclina a recibir de buen grado estas respuestas. Pero como seguidores de Jesucristo, no solo debemos aceptar su voluntad, sino también agradecerle por tales respuestas. Eso a veces es difícil de hacer.

Si estudiamos con cuidado lo que la Palabra de Dios dice en cuanto a la oración, el Espíritu Santo nos revelará que nuestro Padre celestial tiene un propósito para cada respuesta que nos envía. ¿Cuál es ese propósito? Hacernos más semejantes a Cristo. Esta es la voluntad de Dios. No debemos orar por lo que queremos; se nos instruye a orar por lo que Dios quiere; que su voluntad sea hecha en nuestras vidas. Durante los tiempos de oración y comunión Dios remodela nuestros deseos y pone nuestros corazones en consonancia con su voluntad.

Mi padre escribió mucho sobre la oración y siempre decía: «Sea que la oración cambie nuestra situación o no, una cosa es cierta: ¡la oración nos cambiará a nosotros!».[2] Dios responde a todas las oraciones sinceras que se elevan en el nombre del Señor Jesucristo.

Cuando le presentamos nuestras peticiones, debemos pedir que se alineen con el corazón de Dios. Para los seguidores de Jesucristo, el Espíritu Santo que mora en ellos les ayuda a lograr esta meta. Cuando hacemos a un lado al Espíritu Santo y pensamos que podemos, con nuestras propias habilidades, lograr que Dios concuerde con nuestra manera de pensar, estamos ofendiendo al Espíritu Santo. Él desea dirigirnos en nuestras oraciones, y no al revés.

El gran estadista y misionero Hudson Taylor escribió: «¿Acaso no deberíamos, cada uno de nosotros, determinar esforzarnos más en la oración; cultivar más comunión íntima con Dios para su ayuda; pensar menos en nuestra obra y más en su obra, que él pueda en toda obra ser glorificado en y por medio de nosotros?».[3]

¿Cuántas veces oramos pidiendo al Señor que le dé el visto bueno a una decisión que ya hemos tomado? En su soberanía, Dios puede permitir que nos enfrentemos a un fracaso por tratar de hacer nuestra propia voluntad y no la suya. ¿Qué debemos hacer si nos adelantamos a Dios con nuestros propios planes solo para acabar en un lío? Arrepentirnos y reconocer nuestra desobediencia. El seguidor sincero de Jesucristo tomará precaución extra para no repetir la ofensa, sino que se humillará delante de Aquel que sabe mejor.

Martín Lutero, que predicaba a menudo sobre la fe y la oración dijo: «La fe ora de tal manera que le entrega todo a la voluntad de la gracia de Dios; permite [que Dios] determine si es conducente a su honor y a nuestro beneficio».[4]

Recuerdo que mi padre decía: «Te niegas tú mismo un maravilloso privilegio si no oras. La verdadera oración es una forma de vida, y no solamente para casos de emergencia».

Era el anhelo de mis padres que sus hijos entendieran los principios de la oración. A mí personalmente no siempre me gustó la forma en que las oraciones eran contestadas, pero cuando llegué a ser padre aprendí la sabiduría de orar por todo, confiar en el Señor, y aceptar la contestación en respuesta obediente.

Poco después de que mi hijo Edward se graduó de la Academia Militar de Estados Unidos en West Point y lo enviaron en su primera gira de combate, un amigo me envió la siguiente oración, con la promesa de orar por mi hijo. Es un ejemplo de la oración intercesora.

Escrita por el gran general Douglas MacArthur en cuanto a su propio hijo, sus palabras son elocuentes y conmovedoras:

Dame, oh Señor, un hijo que sea lo bastante fuerte para saber cuándo es débil, y lo bastante valeroso para enfrentarse consigo mismo cuando sienta miedo; un hijo que sea orgulloso e inflexible en la derrota honesta, y humilde y magnánimo en la victoria.

Dame un hijo cuyos deseos no tomen el lugar de sus antojos; un hijo que sepa conocerte a ti, y que conocerse a sí mismo sea la piedra fundamental de conocimiento.

Condúcelo, te lo ruego, no por el camino cómodo y fácil, sino bajo el estrés y el aguijonazo de las dificultades y los retos. Allí déjale a que aprenda a mantenerse firme en la tempestad; a sentir compasión por los que fallan.

Dame un hijo cuyo corazón sea claro y sus ideales sean altos; un hijo que se domine a sí mismo antes de que pretenda dominar a los demás; un hijo que avance hacia el futuro pero que nunca olvide el pasado.

Y después que le hayas dado todo eso, agrégale, te lo suplico, suficiente sentido del humor, de modo que sea siempre serio, y sin embargo, que no se tome a sí mismo demasiado en serio. Dale humildad para que pueda recordar siempre la sencillez de la verdadera grandeza, la imparcialidad de la verdadera sabiduría, la mansedumbre de la verdadera fuerza.

Entonces yo, su padre, me atreveré a murmurar: «No he vivido en vano».[5]

¡Qué expresión del corazón de un padre por su hijo! MacArthur, con todos sus logros, quería más que nada que su familia lo recordara no como soldado, sino como padre. Él dejó su legado en aquella oración.

Cuando más tarde se le preguntó al respecto, respondió: «El soldado destruye a fin de construir; el padre solo construye, nunca destruye. El uno tiene el potencial de la muerte; el otro incorpora la creación y la vida [...] Es mi esperanza que mi hijo, cuando yo me haya ido, me recuerde no en el campo de batalla, sino en el hogar repitiendo con él nuestra oración diaria y sencilla: "Padre nuestro que estás en los cielos"».[6]

No todos han sido bendecidos con un padre terrenal que les edifique y ore con ellos y por ellos. Pero el Padre celestial anhela que sus criaturas acepten la obra de su Hijo, Jesucristo, en la cruz, y entren en una relación personal sólida como roca que perdura.

Mi padre demostró con su ejemplo cómo la oración sigue a todo creyente en las decisiones grandes y pequeñas de la vida. Justo después de haberme casado, mi esposa Jane Austin y yo vivíamos en Seattle. Decidí terminar la universidad mientras mi padre todavía estaba dispuesto a pagar por los estudios. Yo no estaba seguro en cuanto a asistir al seminario, pero sí tenía el deseo de obtener un título en negocios. Renuentemente fui a hablar con mi padre en cuanto a la posibilidad de la facultad de negocios, pensando que él se opondría. Para mi sorpresa, dijo: «Franklin, pienso que esa es muy buena idea». Oramos al respecto y le pedimos al Señor que me dirigiera para tomar la decisión correcta.

Tomé dos clases de negocios en la Universidad Seattle Pacific que despertaron mi interés, dándome cuenta de que me ayudaría en todo lo que haría en la vida. Luego seguí mis estudios hasta titularme en la Universidad Estatal Appalachian en Boone, Carolina del Norte, y junto con mi preparación bíblica anterior, Dios me ayudó a aplicar mi educación para dirigir la Samaritan's Purse.

Veinte años más tarde, en 1995, mi padre y yo predicamos en nuestra primera cruzada juntos en Saskatoon, Saskatchewan, Canadá. Para mí fue emocionante estar en el púlpito con él. Durante el día pasamos tiempo conversando y orando por las reuniones. Fue durante esta cruzada que mi padre me dijo como él y mi madre habían estado orando en cuanto al liderazgo futuro de la AEBG. Me dijo que las respuestas a sus oraciones habían sido confirmadas por íntimos asociados como Carlos Morris, Russ Busby, Betty Jane Hess, y otros que habían estado orando en cuanto al ministerio y que asumirían la responsabilidad de dirigir la obra algún día.

«Franklin» dijo, «siento en mi corazón que Dios te ha preparado para esta tarea. Necesito saber cómo te sientes al respecto antes de llevar mi recomendación a la junta de directores».

Oír a mi padre expresar confianza en mí me hizo sentirme humilde. Le dije: «Haré lo que te honre a ti y al Señor».

No doy por sentado el hecho de que he tenido el privilegio de participar en el ministerio de mi padre. Con su vida, él abrió el camino y puso un profundo ejemplo de servicio a Jesucristo. Por años oró no solo por mí, sino para que el Señor preparara a la persona apropiada para tomar las riendas de su organización. Sentir que mi Padre celestial me había preparado como respuesta a sus oraciones me dio un profundo sentido de certeza.

Para los que hemos tenido la experiencia del amor de un padre terrenal no debería ser difícil proyectarnos hacia quienes no han tenido ese privilegio a fin de que ellos puedan ver en nosotros un vislumbre del corazón del Padre celestial.

La oración más dinámica de Jesús a su Padre celestial se produjo cuando se refirió a quienes escogerían seguirle: «Y esta es la vida eterna: que te conozcan a ti, el único Dios verdadero, y a Jesucristo, a quien has enviado [...] Y les he dado a conocer tu nombre, y lo daré a conocer aún, para que el amor con que me has amado, esté en ellos, y yo en ellos» (Juan 17.3, 26).

Jesús ejemplifica el significado de la oración intercesora, porque oró a su Padre por nosotros a través del tiempo y del amor.

Alguien ha dicho que yo nací con una cuchara de plata en la boca. No tengo una preferencia especial por la plata. Cuando estoy de cacería, no tengo empacho para comer en una lata; y créanme que es mucho más divertido. Pero hay algo que no puedo negar: tuve la bendición de nacer en un hogar en donde se exaltaba a Dios. Debido a esta enorme bendición, mi responsabilidad es mucho mayor que la de muchos de mis semejantes, especialmente de aquellos que nunca han conocido el confort y la alegría que se encuentran en un hogar cristiano.

Pero el haber sido parte de un hogar cristiano no me hizo cristiano. Tuve que venir a Jesucristo por cuenta propia y aceptar delante de Dios la responsabilidad por mi propia condición de pecador. Es cierto que el ambiente de mi hogar me expuso a la verdad y me dio una oportunidad de considerar la gran dádiva que Cristo nos ofrece a todos. Quiero anunciar a tantos como sea posible las buenas noticias de que Dios en el cielo desea las almas de los hombres.

Esta es la esencia del ministerio que mi padre ha dejado detrás, y sigue latiendo, llamando a hombres, mujeres y niños a Jesucristo.

Ora con fe

La oración fue un ancla en nuestra casa. Vi a mi padre y a mi madre orar por cada cosa y por todas las cosas que afectaban nuestras vidas y las vidas de otros que conocíamos. Era una manera natural de comunicarse con el Dios Todopoderoso. En mi edad de muchacho, la oración no fue algo extraño para mí, no obstante el poder de la oración no me impactó sino hasta que cumplí los dieciocho años.

Ya mencioné que mi padre acordó permitirme dejar la universidad por un semestre para ir en un viaje misionero. Creía que al permitirme conducir un Land Rover de Inglaterra a Jordania el Señor tal vez abriría mis ojos a la realidad de que la Palabra de Dios es viva y activa, y que penetra los pensamientos y actitudes del corazón (Hebreos 4.12). Y lo hizo. Nunca olvidaré el día en que aprendí en cuanto a la oración al escuchar y observar.

Durante el tiempo prolongado que permanecí en el hospital misionero de Mafraq, un pueblito en el desierto cerca de la frontera con Siria, experimenté por mí mismo lo que mi padre siempre había proclamado: «Dios oye nuestras oraciones antes de que las digamos».

Todos los viernes, la doctora Eleanor Soltau y la enfermera Aileen Coleman, misioneras fundadoras del hospital reunían al reducido personal para la oración. Yo no estaba muy entusiasmado en cuanto a asistir, pero no tuve tiempo para pensar en una buena excusa para no hacerlo. Cuando entré en el salón, me arrodillé para «no desentonar» y escuché mientras ellas exponían sus peticiones delante del Señor.

Me sentí incómodo cuando oí que empezaban a orar a Dios pidiéndole específicamente 1.355 dólares y decirle que los necesitaban para el lunes.

«Señor, este es tu hospital», decían con una seguridad asombrosa. «Tenemos una factura por medicinas que asciende a 1.355 dólares que no podemos pagar, pero tú tienes recursos abundantes. No te lo pedimos para nosotras, sino para los que estamos cuidando en tu nombre. Si no pagamos esta factura, nuestro testimonio se debilitará. Tu nombre está en juego, y es en el nombre de tu Hijo, Jesús, que te pedimos humildemente que suplas esta gran necesidad. Gracias por atender a nuestra petición».

Para muchos hoy, 1.355 dólares no serían motivo de desesperanza, pero en 1970, y en pleno desierto de Jordania, el dinero en cualquier cantidad era difícil de hallar.

Arrodillado allí en el piso, con esas cariñosas y consagradas misioneras, me sentí abochornado por ellas. Sarcásticamente pensé: *¡Ah, seguro! ¡Como si esto fuera en realidad a suceder!*

Conforme pasaba el fin de semana, yo vivía temiendo ver dibujado en sus rostros el desencanto; sin embargo, quedé boquiabierto por el asombro cuando en el correo del lunes llegó un cheque exactamente por 1.355 dólares con una nota escueta que decía: «El Señor ha puesto en mi corazón que les envíe esto. Úsenlo en lo que sea más apropiado». Eleanor y Aileen no conocían a la persona que mandó el cheque, pero conocían al Proveedor. Sonrieron, sabiendo que el Señor había bendecido la fe en que se habían apoyado y la confianza en él que la respuesta llegaría. «Y antes que clamen, responderé yo» (Isaías 65.24).

Walter A. Mueller dijo una vez: «La oración no es meramente un impulso ocasional al cual respondemos cuando estamos en problemas; la oración es una actitud ante la vida».[7] Estas misioneras vivían en esta actitud de oración. Para mí, que llegara un cheque por 1.355 dólares era un milagro suficiente, pero cuando me di cuenta de que había sido escrito mucho antes de la oración de aquellas mujeres fieles, un escalofrío me recorrió la espalda. Recordé lo que mi padre había dicho muchas veces: «La oración más elocuente es la oración por las manos que sanan y bendicen».

No solo que había aprendido por los ojos de mi padre que Dios obra a favor de sus siervos, sino que aprendí una lección por los ojos de mi Padre celestial en cuanto a orar con fe completa. Dios oye y responde a las oraciones de los que son obedientes y fieles.

Ora por otros

«Por lo menos podemos orar». ¡Con cuánta frecuencia hemos oído estas palabras de amigos bien intencionados cuando nos hallamos en situaciones difíciles! La realidad es que «no lo *menos*» sino lo *más* que podemos hacer es orar. La oración intercesora es algo que llega al corazón de Dios. En efecto, él se preocupa por nuestras necesidades y deseos, pero se conmueve cuando de nuestros labios y corazones surgen oraciones por otros.

Durante los incendios de San Diego en 2007, estuve con un pastor amigo mío, Mike MacIntosh de California. La madre de Mike había muerto poco después de que la mía se fuera al cielo. Participábamos de la misma aflicción: no solo las echábamos de menos, sino que también echábamos de menos sus oraciones por nosotros. Recordaba que mi padre hablaba del vacío que sintió después de que su propia madre murió. Decía que era como si se le hubiera quitado un manto de protección.

Un amigo me contó de la familia de su padre, diez hijos y cinco hijas que se criaron durante la Gran Depresión. Aunque la madre estaba muy atareada con sus quince hijos, hallaba tiempo para orar por cada uno de ellos. Murió a los cuarenta y seis años, cuando varios de sus hijos todavía no cumplían los doce. Tiempo después de que ella se había ido, sus hijos alcanzaron la salvación, amando y sirviendo al Señor. El testimonio y oraciones de ella vivieron más allá de su vida terrenal.

Mi madre fue fiel para orar por sus hijos y nietos, y todos percibíamos el poder de sus oraciones.

Para cuando mi hijo Edward fue enviado por primera vez al extranjero, mi madre ya estaba confinada en su cama. Cuando la noticia le llegó, Edward la llamó del Medio Oriente. «Tai Tai» (término respetuoso en chino que quiere decir «viejita»), le dijo, «estoy orando por ti». Mi madre se alegró grandemente y lo mencionó muchas veces cuando yo la visitaba. Ella había llegado a ser la receptora de las oraciones de sus nietos.

Para los que tienen la bendición de contar con hogares consagrados en donde la oración es una parte regular de la vida, hay una enorme responsabilidad y gran privilegio al orar por otros que no tienen tal cimiento. Carlos Spurgeon predicaba a menudo sobre el tema de la oración. Decía: «Recomiendo la oración intercesora, porque abre el alma del hombre».[8]

Mi madre fue una guerrera de oración, y el enfoque de su oración fueron los demás. A menudo misioneros, vecinos, familias y amigos le pedían que orara por ellos, especialmente cuando luchaban con enfermedades o con la soledad, o necesitaban la dirección de Dios en sus vidas. Orar por ellos lo consideraba un gran privilegio, y cuando decía: «en el nombre de Jesús, amén», sabían que no era el fin de sus oraciones porque a menudo recibían notas por correo mucho tiempo después, asegurándoles que seguía orando por ellos.

A menudo, mi padre decía: «Las oraciones no tienen fronteras. Pueden saltar kilómetros y continentes, y ser traducidas al instante en cualquier idioma».

Ora con consistencia

Pensamos de la oración como conversar con Dios, pero la oración no es una conversación en una sola dirección. Dios escucha, es cierto ¿pero escuchamos nosotros? La oración tiene varias facetas, y se nos dice que debemos escuchar: «Oíd, porque hablaré cosas excelentes, y abriré mis labios para cosas rectas (Proverbios 8.6). En el ajetreo de nuestro mundo actual, escuchar se ha convertido en una rara habilidad.

Siempre recuerdo a mi padre haciendo ejercicio. Le encantaba nadar. También corría mucho antes que trotar se hiciera popular. No tenía todos los más recientes aditamentos para hacer atractivo el hecho de correr. A menudo corría en pantalones, una camiseta de franela, y zapatos de vestir. Pero entendió la importancia de mantenerse en buena condición física y espiritual. «A menos que se alimente y ejercite el alma diariamente», decía, «se debilitará y se secará; se quedará confundida, intranquila e insatisfecha».

Cada mañana abrimos los ojos cuando el radio despertador nos despierta con música retumbando en nuestros oidos o noticieros que nos cuentan las más recientes tragedias. Nuestras mentes engranan a alta velocidad y nuestros pies se ponen en movimiento al dirigirnos al televisor para ver los más recientes destellos noticiosos conforme se suceden. A lo largo del día corremos con el celular pegado a la oreja escuchando tonadas extrañas. Llevamos a la familia a algún restaurante e intentamos conversar por sobre un ruido estruendoso y voces chillonas, y luego corremos a casa para encender de nuevo el televisor y ver las noticias que nos hemos perdido mientras intentamos conectarnos con los que amamos.

En medio de este trajín es posible que una alarma esté sonando para que nos detengamos y escuchemos la voz suave y delicada de Dios. Sin embargo, a menudo no podemos oírle hasta que nuestros pies tropiezan con una tragedia o una desilusión; entonces corremos en oración buscando la ayuda de Dios. La Biblia nos dice que si no dejamos de orar, escuchar y observar eso se volverá algo natural, sea que nos veamos frente a una alarma o a una bendición.

La instrucción del apóstol Pablo a la iglesia era: «Orad sin cesar. Dad gracias en todo, porque esta es la voluntad de Dios para con vosotros en Cristo Jesús» (1 Tesalonicenses 5.17, 18).

Todo padre le ha dicho alguna vez a un hijo: «¡Escucha cuando te hablo!». Es natural que cuando hablamos queremos que se nos oiga. Un distribuidor de libros produjo un slogan que dice: «Cuando tú hablas, Dios escucha». Pero, ¿alguna vez consideramos escucharle a Dios? Mi madre citaba al poeta Edward Gloeggler, quien dijo: «La parte cortés de hablar es quedarse quieto lo suficiente como para escuchar».[9]

Cuando el profeta Jeremías le habló a la casa de Judá, les dijo: «Aunque os hablé [...] no oísteis, y os llamé, y no respondisteis» (Jeremías 7.13).

¿Somos conscientes de que Jesús desea hablarnos? ¿Y de cuán a menudo le esquivamos? ¿Quién rechazaría una llamada de la reina de Inglaterra? ¿O una convocatoria del presidente de Estados Unidos? Y sin embargo el Rey de reyes pacientemente espera oír nuestras voces.

El Padre celestial nos ha dado este mandamiento: «Este es mi Hijo amado; a él oíd» (Marcos 9.7).

Cuando yo era niño, mi madre me enseñó a escuchar a mi padre. En aquellos tiempos no se permitía responder. Mi padre exigía que yo le diera la misma atención a mi madre cuando ella hablaba. Si yo escuchaba y obedecía, era para mi beneficio. Si escuchaba e ignoraba las palabras de advertencia, pagaba el precio.

Nunca olvidaré, cuando muchacho, el día en que mi padre entró en la cocina y me sorprendió encendiendo un fósforo. «Franklin», me dijo, «que jamás te vuelva a sorprender jugando con fósforos, ¿entiendes?». Asentí con la cabeza, salí de la casa, y me olvidé del asunto.

Al día siguiente mi padre de nuevo me sorprendió encendiendo un cerillo. Su represión esta vez fue más enérgica: «Franklin, ¡te he dicho que no juegues con fuego!». Yo intenté una sonrisita, y le dije: «No, papá. No me dijiste: "No juegues con fuego". Lo que me dijiste fue "Que nunca te vuelva a *sorprender*"». Y salí corriendo, lo más rápido que pude. Recuerdo el terror que sentí la próxima vez que tuve que verle, porque sabía que había desobedecido, que había tergiversado sus palabras, y que lo que me venía era el castigo.

¿No es así como a veces nos comportamos ante el Señor? Tal vez escuchemos lo que él dice, pero luego salimos corriendo en otra dirección y hacemos lo que se nos antoja de todas maneras, rara vez contando el costo. ¿Qué tal si escucháramos y meditáramos en lo que todas sus instrucciones significan para nosotros y luego prestáramos atención a las advertencias? Nunca tendríamos que huir de él, porque nuestra comunión no se rompería. Huir de Dios estorba nuestra vida de oración más rápido que cualquiera otra cosa. Mi padre decía: «La oración no es solo pedir. Es escuchar las órdenes de Dios».

La naturaleza humana no es dada a recibir órdenes. A menudo queremos rebelarnos y salirnos con la nuestra. Sin embargo, imagínese un mundo sin órdenes: autopistas sin direcciones, vehículos sin manuales, clases sin instrucciones. Tal escenario sería frustrante y destructor, por decir lo menos.

Muchos cristianos no hacen de la oración una prioridad en sus vidas. Pero la Biblia tiene mucho para decir en cuanto a la importancia de la oración, el tiempo de la oración, el lugar de la oración, la postura de la oración, y las personas de oración. ¿Reflejan sus oraciones la actitud de oración según se demuestra en la Palabra de Dios? El salmista dijo: «Mi corazón y mi carne cantan al Dios vivo» (Salmos 84.2).

Tiempo de oración

Muchos dicen que simplemente no tienen tiempo para orar. Para el cristiano, dedicar tiempo a la oración es un privilegio que se debe atesorar. Es lo mismo que el combustible al coche. La Biblia dice: «Tarde y mañana y a mediodía oraré y clamaré, y él oirá mi voz» (Salmos 55.17).

El salmista oraba a Dios en la mañana.

Cornelio oraba a las tres de la tarde.

Pablo y Silas oraban a medianoche.

Jesús dijo que los hombres deben orar siempre y no desalentarse.

Siempre que oramos, podemos darnos cuenta de la cercanía del Señor y eso nos trae consuelo (Deuteronomio 4.7).

Lugar de oración

No es que el lugar de oración sea tan importante. La oración no necesariamente tiene que estar confinada a un sitio determinado o a la banca de una iglesia. «La oración», diría mi padre, «es realmente un lugar en donde te encuentras con Dios y sostienes con él una conversación auténtica; es un lugar en donde debemos pasar tiempo si es que queremos aprender de su poder».

Considere la iglesia en Tiro mencionada en Hechos 21.5. La iglesia primitiva nunca titubeó para orar sin que importara donde se encontraran. Los creyentes de Tiro acompañaron al apóstol Pablo al barco, y en la playa se arrodillaron para orar. Cuando estaban en alta mar amenazados por un posible naufragio, después de echar cuatro anclas por la popa, Pablo instó a la tripulación a que comieran, y orando dio gracias a Dios en presencia de todos (Hechos 27.35). Incluso mientras estaban en la cárcel, Pablo y Silas oraron mientras los demás presos escuchaban (Hechos 16.25).

En Jope, Pedro subió a la azotea de una casa para orar. Y cuando fue libertado de la cárcel, fue a la casa de María, en donde muchos se habían reunido y estaban orando.

¿Y qué de Jesús? Subió a la ladera de una montaña para orar. La Biblia dice que Jesús iba a un lugar específico para orar. Y cuando oraba por los que le seguían, alzaba la vista al cielo. Muchas veces se apartaba de las multitudes y oraba en lugares a solas, sabiendo que su Padre celestial le oía. Escribiendo sobre las oraciones de Jesús, mi padre recalcó que «Jesús nunca estuvo demasiado apurado como para pasar horas en oración».[10]

Cuando prediqué en Busan, Corea del Sur, supe que, en preparación para la cruzada, las iglesias locales se reunían todos los días a las cinco de la mañana para orar. Una iglesia tenía tres mil personas que se reunían cada mañana para orar por los perdidos, creyendo que el Espíritu Santo se movería en los corazones de las personas.

Siempre debemos acercarnos al trono de Dios con expectativa. La Biblia dice: «Oyendo el clamor y la oración que tu siervo hace hoy delante de ti; [...] en los cielos; escucha» (1 Reyes 8.28, 30).

Postura de oración

Orar es una palabra de acción. El diccionario *Webster* define la palabra de esta manera: «Dirigirse a Dios con adoración, confesión, súplica o acciones de gracias».[11] Si pudiera, yo reemplazaría «o» con «y».

La Biblia dice: «Venid, adoremos y postrémonos; arrodillémonos delante de Jehová nuestro hacedor. Porque él es nuestro Dios» (Salmos 95.6, 7). «Confesaos vuestras ofensas [...] y orad» (Santiago 5.16). «Sean conocidas vuestras peticiones delante de Dios en toda oración y ruego, con acción de gracias» (Filipenses 4.6).

Para muchos, la imagen de arrodillarse viene a la mente cuando se menciona la oración; pero mi padre decía: «No es la postura del cuerpo, sino la actitud del corazón lo que cuenta cuando oramos. Lo importante es la condición del alma».

Cuando mi padre recién iniciaba sus estudios en el Instituto Bíblico Florida (hoy Universidad Trinity de Florida), se dio cuenta de la necesidad de pasar tiempo con Dios en oración. A menudo caminaba por un campo de golf aledaño al plantel, predicándole al aire y orando.

Hay muchos rasgos de la personalidad de mi padre que yo también tengo. Uno es que nos sentimos más satisfechos cuando estamos en movimiento. Así que naturalmente mi interés se despertó cuando aprendí de joven que mi padre oraba caminando. Hay muchos casos cuando mi padre fue impulsado a caer de rodillas en oración sea en un tiempo de crisis o en un tiempo de acción de gracias, pero el pensamiento de orar en movimiento me intrigó.

Hizo que Lucas 18.1 cobrara vida: «La necesidad de orar siempre, y no desmayar». Cuando niño, me preguntaba cómo la gente lograba hacer algo si se pasaba todo el tiempo orando.

Al crecer, y observar a mi padre, me di cuenta de que él oraba de muchas maneras: de rodillas, de pie, en una silla, en un avión, en su escritorio, en el púlpito. Nunca olvidaré cuando me dijo que oraba mientras predicaba. ¡Yo me preguntaba cómo se podía hacer eso! Luego descubrí este versículo: «Mientras aún hablan, yo habré oído» (Isaías 65.24).

Años después, cuando empecé a predicar, puse esto en práctica y descubrí el poder que viene mediante la oración constante. Uno no puede predicar la Palabra de Dios con poder a menos que ore en el Espíritu de Dios. Mi padre me dio el mejor consejo que un hijo convertido en predicador podía recibir: «Y tomad [...] la espada del Espíritu, que es la palabra de Dios; orando en todo tiempo [...] en el Espíritu» (Efesios 6.17, 18).

Mi padre solía decir: «Mientras estoy sentado en la plataforma, y se toca la música, miro el mar de caras en los graderíos superiores a la derecha, a la izquierda y oro por las almas de los perdidos en pecado. Mis ojos recorren los que están en el campo de juego y pido en oración a Dios por los corazones vacíos que necesitan al Salvador; de esa manera, Dios me prepara para el mensaje. Mientras estoy en el púlpito y cuando echo la red al momento de la invitación, sigo orando por los que responderán para que el Espíritu Santo los llene mientras derraman sus corazones dolidos por el pecado y desesperanza al Único que perdona por completo y los llena de paz».

También recuerdo que mi padre decía que el más grande campo de batalla es al pie de la cruz cuando las almas de hombres y mujeres penden en la balanza de la eternidad, porque es allí donde Satanás permanece agazapado en la oscuridad del corazón. La Biblia dice: «Vuestro adversario el diablo, como león rugiente, anda alrededor buscando a quien devorar; al cual resistid firmes en la fe» (1 Pedro 5.8, 9).

Mi padre me dijo en numerosas ocasiones: «Cada vez que extiendo la invitación, lo hago en una actitud de oración porque me siento emocional, física y espiritualmente agotado. Aquella es una batalla espiritual de tales proporciones que a veces me siento desmayar. Hay un gemido interno y una agonía en oración tal que no puedo ponerlo en palabras». Yo he experimentado esto por mí mismo. Tal vez tal debilidad sea para humillar a los mensajeros de Dios como un recordatorio de que su completa dependencia debe estar solo en Dios.

En Filipenses 1.27, 28, Pablo nos exhorta diciendo: «Solamente que os comportéis como es digno del evangelio de Cristo, para que o sea que vaya a veros, o que esté ausente, oiga de vosotros que estáis firmes en un mismo espíritu, combatiendo unánimes por la fe del evangelio, y en nada intimidados por los que se oponen». Y en Efesios 6.12 nos dice: «Porque no tenemos lucha contra sangre y carne, sino [...] contra los gobernadores de las tinieblas de este siglo, contra huestes espirituales de maldad en las regiones celestes».

Muchas veces mi padre se paró tras el púlpito estando físicamente enfermo, pero el Señor le fortalecía cuando empezaba a predicar. Yo mismo experimenté esto una vez que prediqué en Chisinau, Moldavia.

Con fiebre y escalofríos, estaba sentado en la plataforma preguntándome si podría terminar de predicar. Me estaba diciendo a mí mismo lo que había oído a mi padre decir muchas veces con el correr de los años: «Señor, no puedo hacer eso». Pero el Señor renovó mi fuerza y me permitió predicar a Cristo en aquella ciudad histórica.

Si los que siguen a Cristo día tras día verdaderamente creyeran que hay una batalla que ruge por los no salvados, deben de «orar, orar y orar», hasta ganar la victoria por la obra del Espíritu Santo en los corazones quebrantados y arrepentidos.

Uno de los pasajes más emocionantes en cuanto a la oración es el de Romanos 8.34, que nos dice que cuando nos humillamos ante el Señor en arrepentimiento, adoración y alabanza, Jesús está sentado a la mano derecha de su Padre orando por los que él tiene en la palma de su mano: «Cristo es [...] el que además está a la diestra de Dios, el que también intercede por nosotros».

El Salvador presenta nuestras peticiones a su Padre celestial, quien nos ve por los ojos de su Hijo. «Porque los ojos del Señor están sobre los justos, y sus oídos atentos a sus oraciones» (1 Pedro 3.12). Y la oración que él más desea oír es: «¡Señor, sálvame!» (Mateo 14.30).

Es mi oración que usted perciba la seguridad de que Cristo puede llenar su corazón de paz duradera. «Dios no llama a sus hijos a un patio de juegos», mi padre decía a menudo, «sino a un campo de batalla».

El Señor está con nosotros, librando nuestras batallas por nosotros aquí en la tierra y en el cielo. «Cristo [está] siempre rogando encarecidamente por vosotros en sus oraciones, para que estéis firmes, perfectos y completos en todo lo que Dios quiere» (Colosenses 4.12).

Digamos con el salmista: «Mas yo oraba» (Salmos 109.4).

Él ara el terreno del alma

En una ocasión, oí a alguien decir: «Cuando plantas una semilla, no esperas cavar y sacarla; sino que crezca y se desarrolle». La oración no es diferente. Plantamos la semilla de oración en nuestros corazones y dejamos que la fe la cultive mediante la comunión con nuestro Padre celestial quien escucha con toda atención y actúa cuando sabe que estamos listos. Sus respuestas son para nuestro bien. Si él retiene una respuesta a la oración, se debe a que tenemos todavía lecciones que aprender, y el Hortelano celestial ara el terreno de nuestras almas hasta que nuestras voluntades estén listas para recibir su respuesta.

Mi padre dijo muchas veces: «Los que le han cambiado el curso de la historia lo han hecho mediante la oración. Este debería ser el lema de todo seguidor de Jesucristo. Nunca dejar de orar, por oscuro y sin esperanza que parezca».[12]

No hay nada que haga crecer nuestra fe más que los tres elementos clave del cultivo de la fe: *oración, oración, oración*.

6

Predica la palabra

El evangelio, del cual yo fui constituido predicador, apóstol y
maestro [...] Por lo cual asimismo padezco esto; pero no me
avergüenzo, porque yo sé a quién he creído.

—2 TIMOTEO I.II, I2

*Aprendí la importancia de la Biblia y llegué a creer de todo corazón en su plena
inspiración. Se convirtió en una espada en mi mano para abrir los corazones de
los hombres, y dirigirlos al Señor Jesucristo.*

BILLY GRAHAM

¿Puede usted imaginarse a Pablo, ya anciano, en una mazmorra húme-
da, mugrienta, en alguna parte en las entrañas de Roma, con la muerte
pendiendo sobre su cabeza? Pablo había sido hecho prisionero por la
pesada mano de Nerón; abandonado y con frío; sin embargo, lleno de
esperanza. Pablo sabía que el martirio le libraría de las cadenas de la
persecución y pronto lo escoltaría a la presencia de Dios.

Alguien pudiera pensar que Pablo estaba atento a las pisadas de los
soldados que hacían traquetear los barrotes, preguntándose si aquel

sería el día final. Pero no. Al prepararse para morir por su fe, sus pensamientos quedaron registrados en la carta que escribió a Timoteo, quien pastoreaba la iglesia en Éfeso.

He visitado el lugar en Roma en donde muchos piensan que Pablo estuvo preso. Me dio un sentido del precario ambiente en el cual vivió sus últimos días.

Comentando sobre la fidelidad de los apóstoles en medio de la adversidad, mi padre dijo: «Cristo nunca les dijo a sus discípulos que recibirían un galardón de la academia por sus desempeños, sino que les dijo que esperaran problemas». Y el apóstol Pablo por cierto tuvo su parte.

Convertido a la fe por el ministerio del apóstol, Timoteo se mantuvo siempre muy cerca del corazón de Pablo quien se interesó por instruir y animar a su joven discípulo sabiendo que la persecución también podría poner en peligro su vida y el ministerio que se le había encomendado. ¿Qué pudo haber pensado Timoteo cuando abrió el rollo y leyó la carta?

> Timoteo, hijo querido, recuerdo la fe genuina que hay en ti [...] procura con diligencia presentarte a Dios aprobado [...] usa bien la palabra de verdad [...] aviva el fuego del don de Dios que está en ti [...] retén la forma de las sanas palabras [...] persiste en las cosas que has aprendido desde la niñez: las Sagradas Escrituras [...] las cuales te pueden hacer sabio para la salvación por la fe que es en Cristo Jesús [...] Te encarezco que *prediques la palabra*. (2 Timoteo 1.2, 5; 2.15; 1.6; 1.13; 3.14, 15; 4.1, 2)

Esto es lo que Pablo quería que Timoteo recordara e instó que pusiera en práctica. Las cartas inspiradas de Pablo delinearon para el joven predicador y evangelista su gran responsabilidad de usar y predicar la Palabra de Dios.

> Que prediques la palabra; que instes a tiempo y fuera de tiempo; redarguye, reprende, exhorta con toda paciencia y doctrina. Porque vendrá tiempo cuando no sufrirán la sana doctrina, sino que teniendo comezón

de oír, se amontonarán maestros conforme a sus propias concupiscencias, y apartarán de la verdad el oído y se volverán a las fábulas. Pero tú sé sobrio en todo, soporta las aflicciones, haz obra de evangelista, cumple tu ministerio. (2 Timoteo 4.2–5)

Estos versículos abarcan el significado de la palabra *predicar*:

Prepárate en todo momento,
Reprende la falsa enseñanza,
Evangeliza a los perdidos,
Mantente alerta en la adversidad,
Desempeña tu trabajo,
Proclama la verdad del evangelio.

Timoteo debe haberse sentido embargado de profunda emoción sabiendo que la vida de Pablo se acercaba a su fin. Tenía en sus manos la carta del apóstol y en su contenido percibió la pasión y el encargo de Pablo de que enseñara y predicara toda la Palabra de Dios. Pablo no le dijo que predicara algunas de las palabras, sino que le instruyó para que, basado en la sana doctrina, estuviera «enteramente preparado para toda buena obra» (2 Timoteo 3.17).

La urgencia de las peticiones de Pablo deben de haber conmovido el corazón de Timoteo: «Procura venir pronto a verme [...] Trae, cuando vengas, [mi] capote [...] y los libros, mayormente los pergaminos [...] Procura venir antes del invierno» (2 Timoteo 4.9, 13, 21).

Los libros y los rollos eran valiosos en ese día. Es posible que Pablo los hubiera dejado con Timoteo para que estudiara. Pablo, bajo la dirección del Espíritu Santo, había preparado a Timoteo para la obra del ministerio y lo había dejado en Éfeso para que ministrara a los efesios.

Pablo conocía bien aquella ciudad, llena de idolatría y mitología. Le aseguró a Timoteo sus oraciones por él día y noche. Al mismo tiempo, se sintió obligado a advertirle de los peligros de aquella sociedad impía, escribiéndole: «Ninguno que milita [en el conflicto espiritual] se enreda en los negocios de la vida» (2 Timoteo 2.4).

Estas palabras no fueron escritas solo para Timoteo; son también para nosotros hoy. A pesar de que la televisión, radio, medios impresos y la Internet están inundados de predicadores, hay un abismo cuando se trata de predicar la Palabra de Dios en una sociedad dedicada a satisfacer el placer humano.

Mi padre a menudo decía: «La comodidad y la prosperidad jamás han enriquecido el mundo como lo ha hecho la adversidad». Mi buen amigo Sami Dagher, de Beirut, dijo que durante la guerra en Líbano la iglesia cristiana creció conforme las personas venían a la fe en Cristo. Cuando la paz volvió, hubo un alejamiento espiritual conforme las personas empezaban a ganar dinero y a preocuparse más por llevar vidas prósperas.

Abrir los rollos bíblicos debe ser una experiencia diaria en las vidas de todos los creyentes, particularmente los llamados a proclamar el atesorado mensaje contenido en el evangelio. Esto es lo que mantiene nuestra fe fuerte en el Señor.

Vemos a este pastor probado y comprobado que elogiaba y amonestaba a Timoteo: «Pero tú has seguido mi doctrina, conducta, propósito, fe, longanimidad, amor, paciencia, persecuciones, padecimientos, como los que me sobrevinieron [...] y de todas me ha librado el Señor. Y también todos los que quieren vivir piadosamente en Cristo Jesús padecerán persecución; [...] Pero persiste tú en lo que has aprendido» (2 Timoteo 3.10–12, 14). Aquí tenemos a Pablo, una figura paternal dirigiéndose a su hijo espiritual para enseñarle las verdades de su Padre celestial.

A un conocido autor un día se le preguntó el secreto para escribir. Miró al joven y esperanzado escritor y dijo: «¡Leer!». Pablo amonestaba a Timoteo a que se dedicara a la lectura de las Escrituras a fin de predicar y enseñar; recalcó que esto no se debía descuidar.

Recuerdo haber oído palabras similares de otro embajador sabio del evangelio. Yo había recibido buena instrucción desde la niñez y muchos consejos de muchos grandes predicadores, como el elocuente doctor John Wesley White, por largo tiempo asociado de mi padre, y que me había servido de mentor y me animaba a predicar.

Mi padre despidiéndose de la familia en la estación ferroviaria de Black Mountain no lejos de nuestra casa (década de los 50)

Recibiendo a mi padre después de un viaje (1955)

Mi madre dando la bienvenida a mi padre (década de los 50)

Siempre me sentaba en el regazo de mi madre cuando nos leía historias de la Biblia antes de ir a la cama (1954)
(De izquierda a derecha: Anne, Gigi, Bunny)

Mi padre y yo, sentados en una pila de leña fuera de nuestra casa de madera (1958)

Mi padre mostrándonos como golpear adecuadamente la pelota de golf (década de los 50)
(De izquierda a derecha: yo, mi madre, Ruth (Bunny), mi padre, Gigi, Anne)

Mi padre en la cruzada de Nueva York, Estadio de los Yankees (1957)

Mi padre jugando al béisbol con sus colaboradores en un picnic en Minneapolis (1950)

Mi padre con su equipo de Minneapolis, leyendo las cartas de los oyentes (principios de los 50)

Mi padre con las tropas americanas en Corea el año que nací (1952)

Richard Nixon visitando a mi madre y
padre en casa en Montreat (1960)

Mis abuelos por parte de mi padre en
Charlotte, Carolina del Norte (1954)

BGEA/Russ Busby

El trio: mi padre se une a sus colegas George Beverly Shea y Cliff Barrows en un momento conmovedor en su cruzada en Nashville, Tennessee, para cantar por petición *Mi pequeña luz* (2000)

BGEA/Russ Busby

El consejero de mayor confianza de mi padre, el doctor L. Nelson Bell (el padre de mi madre) (1972)

BGEA/Russ Busby

El presidente Ronald Reagan obsequia a mi padre la Medalla Presidencial de la Libertad en la Casa Blanca (1983)

Roy Gustafson les lee las Escrituras a mis hijos durante un viaje a Israel. Mi hijo Roy fue nombrado tras este gran maestro de la Biblia (década de los 80)

Mi padre me invita a sentarme con él en la plataforma en una de sus cruzadas (1971)

Mi madre disfruta ver a mi padre con algunos de sus nietos mientras les enseña a pescar con una caña (década de los 80)

Mi padre y yo en la Gran Muralla China (1988)

Compartiendo una cruzada con mi padre en Saskatoon, Canada (1995)

Sami Dagher, a la derecha, interpreta durante mi reunión con el presidente sudanés Omar al-Bashir (2003)

Me siento al lado de mi padre cuando presenta el evangelio a líderes comunistas durante su viaje a Europa Oriental; el doctor Alexander Haraszti de pie detrás nuestra (1985)

Visitando el Templo del Cielo en Beijing con mi madre y padre en la República Popular China (1988)

BGEA

Ron Nickel © 2007 BGEA

Los cristianos por todo Estados Unidos invitan a sus amistades a sus casas y jardines para escuchar el mensaje de esperanza y salvación que solo se encuentra en Cristo predicado por mi padre como parte de *Mi esperanza* América con Billy Graham (2013)

El proyecto de televisión *Mi esperanza* en Asia (2007)

BGEA/Russ Busby

El mensaje de mi padre se traduce por satélite a 185 países durante Global Mission [Misión Global], San Juan, Puerto Rico (1995)

Con ocasión del 50 aniversario de boda de mis padres (1993)
(De izquierda a derecha: Gigi, Anne, me, Ned, Bunny)

Mi padre preguntando a mi hijo Edward a cerca
de las condiciones en la academia militar de West
Point cuando él era un cadete (1999)

Después de cinco hijos, mi madre se
pone su traje de novias, sin alteraciones,
en sus bodas de oro (1993)

Mi familia contribuyendo a la limpieza después de huracán Katrina en Nueva Orleans (2006) (De izquierda a derecha: Mi hijo Edward y su esposa, Kristy; mi hijo Roy; mi esposa, Jane Austin; mi hija, Cissie, con su novio, Corey Lynch)

Mi padre en una discusión profunda con mi hija de dos años, Cissie (1988)

Cuatro generaciones: William Franklin Graham V (Quinn), William Franklin Graham IV (Will), William Franklin Graham III (Franklin) y William Franklin Graham Jr. (Billy) (2007)

Mi padre extiende la invitación para recibir a Cristo, Indianápolis, Indiana (1980)

Servicio de oración después del 9/11 en la
Catedral Nacional de Washington, DC (2001)

Predicando en una cruzada en
Tegucigalpa, Honduras, con mi
interprete Lenin De Janon (1996)

El embajador británico y su esposa hablando
con mis padres tras una ceremonia en la
embajada británica en Washington, DC
(Diciembre 2001)

El chef de la Casa blanca presenta la tarta
de cumpleaños a mi padre (la primera
dama Laura Bush a la izquierda)
(Noviembre 2001)

El presidente George W. Bush y su esposa amablemente honraron a mis
padres con una cena para toda la familia en la Casa Blanca con ocasión
del 83 cumpleaños de mi padre (Noviembre 2001)

La última cruzada de mi padre, Flushing Meadows, Nueva York (2005)

A la edad de 94, el veterano de la Segunda Guerra Mundial Louis Zamperini firma ejemplares en la Biblioteca Billy Graham (2011) y después viaja a Montreat para visitar a mi padre. Louis recibió la salvación en la cruzada de Los Ángeles en 1949.

Dando uno de muchos paseos en nuestra casa en Montreat (2007)

Mi padre recibe con entusiasmo al expresidente George W. Bush y a la ex primera dama Laura Bush en la Biblioteca Billy Graham y a la firma de libros (2010)

Orando durante la dedicación de la biblioteca (2007)
(De izquierda a derecha: Franklin Graham, Billy Graham y los expresidentes George H. W. Bush, Jimmy Carter y Bill Clinton)

La última foto de mi padre con sus hijos, nietos y bisnietos en la dedicación de la Biblioteca Billy Graham dos semanas antes de la muerte de mi madre (2007)

El último adiós de mi padre a mi madre mientras pone una rosa sobre su ataúd (2007)

El metropolitano Hilarion de la Iglesia Ortodoxa Rusa felicitando por su cumpleaños a mi padre en su casa en Montreat (2014)

Mi familia con el expresidente George H. W. Bush y su esposa y el expresidente Jimmy Carter en la dedicación de la biblioteca (2007)

Después de luchar conmigo mismo en cuanto a si estaba llamado a esa tarea, y después de finalmente resolverlo en mi propia mente, fui a dar una caminata un día con un experto predicador.

Predícala

«Papá, ¿qué es lo más importante que puedo aprender en cuanto a predicar?», le pregunté. Él se detuvo en el sendero en el bosque debajo de la casa por donde habíamos estado caminando. Sus ojos penetraron en los míos y sin vacilación dijo: «Hijo, ¡el mejor consejo que puedo darte es que prediques! La única manera en que puedes aprender a predicar es predicando. Aprovecha toda oportunidad para predicar; y asegúrate de predicar siempre la Palabra de Dios».

Ya no me es posible disfrutar de caminatas con mi padre, pero sus palabras resuenan en mis oídos: «Utiliza esta herramienta de comunicación por la que Dios nos habla; es decir, la Biblia. Léela, estúdiala, memorízala. Cambiará toda tu vida. Es diferente a todo otro libro. Es un libro "vivo" que se abre paso a tu corazón, mente y alma. Léela; luego ¡predícala!».

Hubo una vez un predicador a quien se le preguntó cómo preparaba sus sermones. Su respuesta fue: «Leo hasta llenarme, pienso hasta aclararme, oro hasta calentarme, y después dejo que salga».

No hay duda de que a través de los siglos Dios ha calzado a hombres con el apresto del evangelio de la paz, y ellos se han convertido en faros de la luz del evangelio. Me siento privilegiado por haberme criado en el hogar de uno de tales hombres. Al seguir la instrucción de mi padre, me siento a la vez convicto e inspirado para leer en cuanto a predicadores cuyos ministerios han quedado documentados en las Escrituras. «Y aquel a quien fuere mi palabra, cuente mi palabra verdadera» (Jeremías 23.28).

Los predicadores por lo general tienen mentores; otros que han marchado antes que ellos. Yo he recogido tesoros de mi padre, pero más de una vez le oí decir: «Yo soy solo uno en la cadena de hombres y mujeres que Dios ha levantado con el correr de los siglos para edificar la iglesia de Cristo y llevar el evangelio a todas partes».

Los escritores de la Biblia cuidadosamente documentaron que la predicación efectiva viene por el poder de Dios. Vez tras vez, los apóstoles del Nuevo Testamento se identificaron con los profetas del Antiguo Testamento.

Noé, constructor del arca convertido en agricultor, fue predicador de justicia, como Pedro nos dice en 2 Pedro 2.5. Por unos ciento veinte años Noé predicó arrepentimiento, pero el pueblo se rebeló. Me pregunto cuántos predicadores seguirían proclamando fielmente la Palabra de Dios cuando, por décadas, no se ven los resultados. El mundo entero, excepto ocho personas, pereció en el terrible diluvio. Cuando la Palabra de Dios se proclama, los resultados pertenecen al Señor, y no al predicador.

Esdras, escriba del Antiguo Testamento, se puso de pie ante el pueblo de Israel y leyó con claridad el Libro desde la mañana hasta el mediodía. Los que lo escuchaban lloraron a medida que oían la Palabra de Dios y entendían el mensaje (Nehemías 8.3–9). ¿Qué sucedería hoy si el pueblo de Dios se deleitara en oír la Palabra de Dios leída públicamente por horas? Posiblemente saldríamos nosotros como lo hicieron los israelitas del tiempo de Esdras para hacer lo que esa palabra les decía que hicieran. El resultado: Dios fue recordado en esa generación.

Salomón, rey e hijo de rey, se llamó a sí mismo predicador que trató de hallar palabras de verdad para impartir al reino (Eclesiastés 12.10). Muchos predicadores motivadores en la actualidad no usarían Eclesiastés como su libro de texto porque el veredicto final es que «todo es vanidad debajo del sol». El discurso eclesiástico de Salomón hace el contraste entre la razón humana y la sabiduría de Dios, y demuestra que el intelecto y la capacidad humana son necedad aparte de Dios.

A Jonás, profeta de Galilea, Dios le ordenó que fuera a Nínive, tal vez la ciudad de mayor decadencia moral del mundo antiguo, en donde se practicaba toda perversión conocida por el hombre, muy parecida a nuestra sociedad actual.

Al principio, Jonás se negó. Huyó de Dios. Él quería que Dios castigara a los de Nínive (la actual Mosul en Irak). Pero Dios tiene su manera de captar nuestra atención, y por cierto captó la atención de

Jonás haciendo que un gran pez se lo tragara. Después de pasar tres días en el vientre del pez, y después de que ese pez lo vomitó en la playa, ir a Nínive no le pareció tan mala idea después de todo. Cuando Dios le dijo: «Levántate y ve a Nínive, aquella gran ciudad, y proclama en ella el mensaje que yo te diré» Jonás se levantó y fue (Jonás 3.2).

Muchos predicadores no estarían dispuestos a identificarse con Jonás debido a su desobediencia externa a Dios; sin embargo, alegremente se identificarían con los resultados finales. A pesar de la debilidad de Jonás, Dios produjo un avivamiento milagroso cuando toda una ciudad, incluyendo a su rey y a sus nobles, se arrepintió y se convirtió a Dios. Los resultados le pertenecen al Señor.

A Felipe, un discípulo, y el único en la Escritura a quien se le llama evangelista (Hechos 21.8), un ángel del Señor le instruyó que fuera hacia Gaza. «Entonces él se levantó y fue» (Hechos 8.27). Encontró a un eunuco etíope de gran autoridad sentado en su carro y leyendo Isaías 57.7, 8, pasaje que ha confundido a los eruditos judíos. «¿Entiendes lo que lees?», le preguntó Felipe. El eunuco dijo: «¿Cómo podré, si alguno no me enseñare?» (Hechos 8.30–31). Entonces Felipe abrió su boca y empezó a predicarle a Jesús partiendo del Libro, y el eunuco creyó (vv. 35–37). Debido a que Felipe estaba preparado a tiempo y fuera de tiempo y fue obediente al llamado de Dios, tuvo la bendición de conducir a Cristo a este hombre influyente. El resultado es del Señor.

Pablo, exfariseo convertido en fabricante de tiendas, fue hecho predicador por el predicador por excelencia, Jesucristo, quien dijo: «Instrumento escogido me es éste, para llevar mi nombre en presencia de los gentiles, y de reyes, y de los hijos de Israel» (Hechos 9.15). De inmediato Pablo empezó a predicar que Jesús es el Hijo de Dios (Hechos 9.20). Habló con intrepidez y predicó sin temor en el nombre del Señor.

Jesús le dijo a Pablo en el camino a Damasco: «A quienes ahora te envío, para que abras sus ojos, para que se conviertan de las tinieblas a la luz, y de la potestad de Satanás a Dios» (Hechos 26.17, 18).

Pablo predicó uno de sus grandes sermones en Antioquía, una de las principales ciudades de Asia Menor. Después de leer la Palabra de Dios,

Pablo se levantó con buen dominio de las Escrituras, repasando cómo la mano de Dios se había movido en las vidas de su pueblo: «Y los que entre vosotros teméis a Dios, a vosotros es enviada la palabra de esta salvación» (Hechos 13.26). Mientras los judíos rechazaban la predicación de Pablo, los gentiles suplicaban que les predicara. Un predicador tal vez nunca sepa cuándo la semilla cae en corazones tiernos listos para el arado del evangelio; pero Dios sí lo sabe.

Cuando mi madre era niña, conoció en China a un pionero de las misiones llamado James R. Graham, Sr. (con quien no tenía parentesco alguno). Él predicó toda su vida a los chinos y, que él supiera, no tuvo ni un solo convertido. Cuando se le preguntó si alguna vez se sintió desalentado, respondió: «No. La batalla es del Señor». Hoy hay millones de creyentes en China. Se ha dicho que esta nación tendrá la población más númerosa de cristianos para el año 2030. Me pregunto cuántos llegarán a conocer al Señor debido a este misionero fiel.

A esto es que Pablo se refería cuando escribió del predicador que había venido antes que él; uno que había sido llamado con el solo propósito de anunciar al que vendría (Hechos 19.4). Cuando Juan el Bautista llegó a la escena meses antes de que empezara el ministerio público de Jesús, la gente le preguntó: «¿Quién eres tú?». Me encanta cómo respondió este predicador que tenía los pies bien puestos sobre la tierra: «Yo soy *la voz de uno que clama en el desierto: Enderezad el camino del Señor*» (Juan 1.23). Y Juan predicó arrepentimiento para la remisión de pecados (Marcos 1.4).

¡Qué respuesta! Él no dijo: «Yo soy Juan, precursor del Mesías», o, «Soy primo del Prometido», sino que proclamó: «Y yo le vi, y he dado testimonio de que éste es el Hijo de Dios» (Juan 1.34).

Este es el mensaje del predicador del evangelio: *proclamar a Cristo.*

Mi padre escribió: «Algunos evangelistas dedican demasiado tiempo a pensar e incluso a planear la forma de lograr resultados visibles. Es muy fácil caer en esa trampa. En ninguna parte las Escrituras nos dicen que busquemos resultados, ni tampoco las Escrituras regañan a los evangelistas si los resultados son escasos. Tomemos nota de que lo que los evangelistas no pueden hacer. No pueden producir convicción de pecado, justicia o juicio. No pueden convertir a nadie; eso es obra del Espíritu».[1]

El sondeo del mundo

Dios ha dicho su palabra a través de los siglos por reyes y eunucos, profetas y apóstoles, escribas y pescadores, pastores y agricultores.

Así ocurrió con un muchacho de Carolina del Norte. Mi padre pasó de sembrar semillas en los campos y de ordeñar vacas, a predicar la leche pura de la Palabra de Dios y sembrar la semilla del evangelio por las naciones del mundo por el resto del siglo XX y parte del veintiuno. Muchas veces dijo que nunca entendió por qué Dios lo había llamado a predicar el evangelio al mundo. También dijo que no había mayor privilegio que el que Dios lo usara como una voz para proclamar su amor a la humanidad y llamar a los seres humanos al arrepentimiento.

Billy Graham predicó del cielo y del infierno, del pecado y de la salvación, del castigo y de la misericordia, de la compasión de Jesús, del consuelo del Espíritu y del gran amor de su Padre celestial. Vi en él esta pasión y eso ejerció un profundo impacto en mí. Siempre fue el deseo de mi padre predicar fielmente la Palabra de Dios y observar al Señor cosechar las almas. El testimonio que ha dejado detrás es este: «Oh Jehová […] Hablaré de tus testimonios delante de los reyes» (Salmos 119.41, 46).

Mi abuela materna conservaba como un verdadero tesoro una carta que mi padre había escrito mientras estudiaba en Wheaton College: «Tengo una sola pasión, y es ganar almas».[2] Cuando Madre Graham permitió que se imprimiera la carta mucho más tarde en su vida, dijo: «El destino de Billy quedó decidido entonces […] y esa fue para él su hora de decisión».[3]

La Biblia dice: «¿Cómo, pues, invocarán a aquel en el cual no han creído? ¿Y cómo creerán en aquel de quien no han oído? ¿Y cómo oirán sin haber quien les predique? ¿Y cómo predicarán si no fueren enviados? Como está escrito: *¡Cuán hermosos son los pies de los que anuncian la paz, de los que anuncian buenas nuevas!*» (Romanos 10.14, 15).

Este pasaje me lleva a la escena en el aposento alto cuando Jesús echó agua en una palangana y lavó los pies a sus discípulos horas antes de ser crucificado (Juan 13.5). Con esa acción no solo estaba sirviéndoles, sino que también estaba ungiendo aquellos hermosos pies que llevarían las buenas noticias del Salvador que pronto resucitaría.

Jesucristo es Predicador, Profeta, Rey, Labrador, el Buen Pastor y Rey sobre todos los demás.

En el camino a Emaús después de su resurrección, él anduvo y habló con dos discípulos, declarándoles todo lo que las Escrituras, empezando desde Moisés y los profetas, decían en cuanto a él (Lucas 4.27).

Y cuando hubo cumplido las Escrituras, comisionó a sus seguidores para que predicaran el evangelio a toda criatura (Marcos 16.15); que hicieran discípulos a todas las naciones; que les enseñaran a guardar todas las cosas que él ha ordenado (Mateo 28.19, 20); y que sean testigos de él hasta lo último de la tierra (Hechos 1.8). Les abrió el entendimiento, para que pudieran comprender las Escrituras, diciendo: «que se predicase en su nombre el arrepentimiento y el perdón de pecados» (Lucas 24.47).

«Y los sacó fuera hasta Betania», y las mismas manos que habían lavado sus pies en la Pascua ahora las alzó y «bendiciéndolos, se separó de ellos, y fue llevado arriba al cielo» (Lucas 24.50, 51).

Cuando estoy sentado en la cabina de mando de un aeroplano, a menudo me pregunto cómo habrá sido para los discípulos ese día observar al Señor crucificado y resucitado ascender. Hay ocasiones en que quisiera poder enfilar la nariz del avión hacia arriba, más allá de la última capa de nubes, hacia las puertas de la gloria. Es un sueño de todo aviador, por supuesto, ir más allá de las estrellas; algún día lo haré. Por ahora, el plan de Dios para mí es que ande en su presencia en la tierra y lleve adelante la obra que él pone en mi camino: predicar y proclamar el evangelio.

En esencia, la más grande Maestra para predicar la Palabra de Dios es la Palabra de Dios. Cuando Jesús partió les dio a sus seguidores, la iglesia cristiana, una asignación que para completarla les llevaría desde su ascensión hasta su retorno.

Para todos los que toman en serio la gran comisión, consideren esta palabra: «Y el Señor [...] fue recibido arriba en el cielo, y se sentó a la diestra de Dios. Y ellos [los discípulos], saliendo, predicaron en todas partes, ayudándoles el Señor y confirmando la palabra» (Marcos 16.19, 20).

Hay que predicar la Palabra de Dios con confianza intrépida, con resolución sin titubeo, y con amor santo. Él está obrando con nosotros y confirmando su palabra en nosotros. Si la Palabra de Dios no está en el centro de nuestro trabajo, podemos estar seguros de que él no está dando poder a nuestra actividad.

Salvación en la ciudad de Dios

Roy Gustafson fue una parte importante de mi vida desde mi adolescencia. Viajé con él antes de entregarle mi vida a Jesucristo. En 1974 estábamos en un viaje por la Tierra Santa, alojados en Jerusalén, en el Monte de los Olivos, no lejos de donde Jesús murió y ascendió dos mil años antes.

Yo había llegado a sentirme muy miserable por mi pecado. Una noche, me puse de rodillas en mi habitación en el hotel desde donde se veía el Valle del Cedrón y la Puerta Oriental, y confesé mi pecado y le pedí a Dios que me perdonara. Esa noche le entregué mi vida al Salvador.

Roy fue mentor para mí en las Escrituras en los primeros días de mi nuevo andar con el Señor. Uno de sus dichos favoritos era: «Predica el evangelio, todo el evangelio, y nada sino el evangelio». A menudo recuerdo las palabras de Roy cuando estoy preparándome para predicar la Palabra de Dios.

Algunos años antes mi padre le había pedido a Roy que escribiera un folleto titulado: «¿Qué es el evangelio?». Hasta hoy lo llevo conmigo en mi Biblia. Roy tenía una manera singular de comunicar verdades profundas en pequeñas pepitas. Él escribió:

La palabra *evangelio* aparece más de cien veces en el Nuevo
Testamento.

Se le llama el «evangelio de Dios» porque se origina en el
amor de Dios.

Es el «evangelio de Cristo» porque fluye del sacrificio de Cristo.

Es el «evangelio de gracia» porque salva a los condenados.

Se le llama el «evangelio de gloria» porque en un sentido real hemos
cambiado al Cristo de Galilea por el Cristo de gloria.

Se le llama el «evangelio de nuestra salvación» porque es el poder de
Dios para todo el que cree.

Se le llama el «evangelio de paz» porque por Cristo hace la paz entre el
pecador y Dios.

«Además os declaro, hermanos, el evangelio que os he predicado [...]
Que Cristo murió por nuestros pecados, conforme a las Escrituras; y
que fue sepultado, y que resucitó al tercer día, conforme a las Escrituras». (1 Corintios 15.1, 3, 4)

Jesucristo no vino a la tierra para vivir; vino para morir.

No vino a predicar el evangelio; vino para que hubiera un evangelio
para predicar.

Conviértete a él de tus pecados hoy y recíbele como tu Señor y Salvador.

Recíbele con tus ojos;
«MIRAD a mí, y sed salvos» (Isaías 45.22).

Recíbele con tus pies;
«VENID a mí todos los que estáis trabajados y cargados, y yo os haré
descansar» (Mateo 11.28).

Recíbele con tus manos;
«TOME del agua de la vida gratuitamente» (Apocalipsis 22.17).

Recíbele con tus labios;
«GUSTAD, y ved que es bueno Jehová» (Salmos 34.8).

Recíbele con tus oídos;
«OÍD, y vivirá vuestra alma» (Isaías 55.3).

Recíbele con tu voluntad;

«ESCOGEOS hoy a quién sirváis» (Josué 24.15).

Recíbele con tu corazón;

«FÍATE de Jehová de todo tu corazón» (Proverbios 3.5).[4]

Agradezco a mi Dios que mi padre le pidió a Roy que me acompañara en un momento crucial en mi juventud. Y agradezco a las hijas de Roy, Enid, Sonja y Donnie, por compartir su extraordinario padre conmigo.

Evangelización a todas las criaturas de Dios

Mi padre y Roy se conocieron mientras asistían al Instituto Bíblico Florida. No lejos del plantel, los dos a menudo realizaban reuniones improvisadas. Parándose en una concurrida esquina, Roy tocaba su trompeta para traer a una multitud y mi padre daba un sermoncito breve, muy breve, a los que pasaban. Pronto su alma ardía por los perdidos. A menudo le escribía a su madre, y como las madres suelen hacer, ella guardaba cada carta.

«Madre», empezaba, «pienso que el Señor me está llamando al ministerio, y si lo hace, será en el campo de la evangelización».

De acuerdo con Madre Graham, no pasó mucho tiempo antes de que mi padre empezara a recibir invitaciones para predicar en las comunidades cercanas. Practicaba sus sermones durante la semana en el campo de golf, imaginándose que los árboles eran personas. Cuando subía la voz, las ardillas corrían a esconderse entre los matorrales.

Estoy seguro de que la predicación de mi padre jamás persuadió a alguna ardilla que se arrepintiera; pero toda la gloria sea para el Señor Jesús por los millones que han oído el mensaje del evangelio y han recibido la salvación de Aquel que murió en lugar nuestro.

Pocos meses más tarde, mi padre volvió a escribir: «Dediqué de nuevo mi vida al Señor Jesucristo anoche bajo las estrellas, madre, y he estado en lágrimas por semanas bajo la convicción por mi indiferencia pasada. Quiero pedirte a ti y a papá perdón porque Dios ya me ha perdonado».

Hasta el día en que mi padre murió, nunca pudo dejar que hubiera algo malo en su vida sin corregirlo, primero con Dios, y luego con otros. Aprendí de él que el pecado no confesado en el corazón del creyente estorba su andar, su hablar, y su servicio a Dios. Pero cuando se lo resuelve con Dios, Dios restaura el gozo y la comunión.

Mis padres me enseñaron que en tanto que Dios perdona nuestro pecado, con todo batallamos con nuestras naturalezas humanas. Mi padre era más introspectivo que mi madre. Ella veía la vida de manera práctica y decía en son de broma que los hijos de Dios estaban en construcción desde la cuna a la tumba. De hecho, años antes, insistía con un guiño, que cuando muriera, su epitafio debía decir: FIN DE LA CONSTRUCCIÓN. GRACIAS POR SU PACIENCIA. Y para sorpresa de muchos, eso es exactamente lo que verán al visitar las tumbas de mis padres en la Biblioteca Billy Graham.

Mi padre, sin embargo, era más sombrío. Con frecuencia pensaba en su muerte cuando su salud empezó a quebrantarse. Cuando en 2001 le diagnosticaron compresión normal hidrocéfala, sus médicos en la Clínica Mayo tomaron la decisión de insertarle en el cerebro una derivación para aliviar la presión. Él había postergado aquel procedimiento todo lo que pudo, pero finalmente, aunque renuente, consintió en la operación. La noche antes de la cirugía, él reflexionaba e incluso estaba un poco agitado. Lo que sea que pasara en su pensamiento es algo entre él y el Señor.

Días después de la cirugía exitosa, habló de su intranquilidad de espíritu. Con voz débil dijo: «Antes de la cirugía no pensaba que lograría salir con vida. Sabía que iba morir. Nunca dudé de estar listo para encontrarme con el Señor, pero cuando me imaginaba que comparecería ante él, sabía que había cosas que necesitaba resolver».

La noche antes de la cirugía casi no pudo dormir por «las cosas que tenía que arreglar con Dios». ¿Qué cosas? Solo el Padre celestial lo sabe. Pero lo que yo sí sé es que mi padre había resuelto el destino de su alma por la eternidad con el Señor en 1934 cuando recorrió el pasillo de aserrín en un tabernáculo de madera de pino en Charlotte, Carolina del Norte. En aquel momento le rindió su vida a Aquel que cambia nuestras cargas por sus bendiciones.

Aprendí mucho observando a mi padre en vida y mucho más en sus años de ocaso. Él nunca terminó de «arreglar» las cosas con el Señor, y con otros. Cuando el Señor le llevó de este mundo, mi padre dejó las derivaciones, los bastones y los amplificadores auriculares. Ahora descansa en la paz de Dios, esperando que Cristo abra la tierra de par en par, recoja a la esposa de Cristo en el aire, y lleve a los hijos de Dios eternamente a casa.

Mis abuelos vivieron lo suficiente para ver a mi padre predicar por todo el mundo. A menudo se les preguntó lo que pensaban de la predicación de su hijo. Ellos respondían: «Billy toma la Biblia y la predica con sencillez, con claridad y urgencia. No tiene ninguna magia ni apela a las emociones. Su convicción indivisible confirma que conoce el camino correcto de vida [...] que Cristo debe derribar el mal que trata de destruir al mundo. Billy Frank martilla los hechos; los hechos que lee en la Biblia abierta en su mano, y que él pide que su público lea de nuevo y de nuevo de sus Biblias».[5]

Observando y escuchando a mi padre he aprendido la importancia de predicar las Escrituras. Él a menudo decía: «He usado de veinticinco a cien pasajes de las Escrituras en cada sermón y he aprendido que el hombre moderno se rinde al impacto de la Palabra de Dios. Cuando predicamos o enseñamos las Escrituras, abrimos la puerta para que el Espíritu Santo haga su obra. Dios no ha prometido bendecir la oratoria o la predicación ingeniosa. Él ha prometido bendecir su Palabra».

En mi propia predicación he tratado de aplicar una observación sabia de los años de predicación de mi padre. Él dijo muchas veces: «Cuando se presenta el evangelio de Jesucristo, con autoridad, citando de la misma Palabra de Dios, él toma ese mensaje y lo inserta sobrenaturalmente en el corazón humano».

He visto esto suceder en reuniones por todo el mundo. La Palabra de Dios señala a Aquel a quien predicamos, y el Espíritu de Dios lo hace penetrar en el alma vacía.

El reto Moody

Hallo fascinantes las experiencias de los que han ido antes que nosotros. El ministerio de mi padre fue influenciado por el del doctor Dwight L. Moody y el de Billy Sunday, de modo que imitó muchas cosas de sus ministerios.

Hace años, el reverendo J. Wilbur Chapman, asociado de Dwight L. Moody, escribió acerca de una conversación entre Harry Moorehouse, el lector de la Biblia en inglés, y el doctor Moody. Debo decir que el doctor Moorehouse demostró tener agallas para decirle al doctor Moody lo que le dijo. Gracias a Dios por los que están dispuestos a poner en juego aquello en lo que se ganan la vida y hablar la verdad, en amor, aun cuando puedan aguijonear al oyente.

Moorehouse le dijo: «Si dejaras de predicar tus propias palabras y predicaras la Palabra de Dios, te convertirías en un gran poder para el bien».[6]

Para crédito de D. L. Moody, él tomó en serio el consejo.

El reverendo Chapman (que había empleado a Billy Sunday en su adolescencia) escribió: «Esta profecía hizo una profunda impresión en la mente del señor Moody, y desde ese día se dedicó a estudiar la Biblia como nunca antes lo había hecho. Había estado acostumbrado a derivar sus sermones de las experiencias de los cristianos y de la vida de las calles, y ahora empezó a seguir el consejo de su amigo, y a predicar la Palabra de Dios […] Fue por su estudio lleno de amor, oración, y confianza, de las Escrituras que él había adquirido su destreza como comentarista práctico».[7]

En uno de sus grandes sermones, Moody hizo la pregunta: «¿Cómo se supone que vas a tener fe en Dios cuando no sabes nada de él? Son los que no conocen nada de Dios los que tropiezan y caen; pero los que le conocen pueden confiar en él y apoyarse fuertemente en su brazo. Tal vez tú digas: "Ah, debemos estudiar la ciencia y literatura, y cosas así, a fin de entender la Biblia". ¿Qué puede decirte un botánico en cuanto a "la Rosa de Sarón" y el "Lirio de los valles"? ¿Qué puede el geólogo decirte en cuanto a la "Roca de los siglos"? ¿Qué puede el astrónomo decirte en cuanto al "brillante Lucero de la mañana"?».[8]

Dios es el Creador de la ciencia, la botánica y la geología. Cuán ricas y llenas son las Escrituras que expresan su creación. Él levantó las montañas para protección, alisó las llanuras para alimentos, llenó los ríos de agua, puso el alma en el hombre, y luego fue colgado en una cruz rústica. Cuando Jesús llevó nuestro pecado, Dios le levantó de la tumba para proveer para sus hijos un hogar en el cielo, el pan y agua de vida eterna, y su palabra de amor eterno que se halla en las Escrituras. Cuán ilimitados son sus temas, sus estudios, sus sermones, sus advertencias, sus sanidades, sus bendiciones, y sus promesas que se hallan en el Señor Jesucristo.

La riqueza de la sabiduría contenida en la biblioteca sagrada es inagotable. La voz del predicador llamando a pecadores perdidos al arrepentimiento es un instrumento de Dios. Que los predicadores abandonen *todo* lo que los desvía de proclamar el más grande mensaje jamás dicho y que prediquen la verdad, toda la verdad, y nada más que la verdad que habla del Señor Jesucristo:

Nuestro *todo*

Todos hemos pecado
(Romanos 3.23).

Toda nuestra justicia es como trapos de inmundicia
(Isaías 64.6).

Todos nos hemos descarriado; nadie hace el bien
(Romanos 3.12).

Todos nuestros pecados fueron puestos en Cristo (Isaías 53.6).

En Adán *todos* morimos
(1 Corintios 15.22).

Todos los días de la vida son vanidad (Eclesiastés 6.12).

Su *todo*

Cristo murió por *todos* los pecadores
(2 Corintios 5.15).

Él perdona y limpia *toda* maldad
(1 Juan 1.9).

Todos los que invocan al Señor serán salvados (Romanos 10.13).

Cristo lavó *todos* nuestros pecados con su propia sangre
(Apocalipsis 1.5).

En Cristo *todos* serán vivificados
(1 Corintios 15.22).

En Cristo *todas* las cosas son hechas nuevas (2 Corintios 5.17).

El mismo ayer, hoy por los siglos

Vivimos en una edad sin precedentes. *Tolerancia, diversidad,* y *pertinencia* son palabras de revuelo en el siglo XXI, no solo en la política y la cultura sino también en círculos religiosos. Frecuentemente son motivo de burla.

Muchos hacen alarde de que la iglesia finalmente ha dejado de predicar en cuanto al pecado y ha aprendido cómo predicar el amor, cambiando el fuego y azufre por las caricias a la valía propia. Otros temen que la iglesia cristiana esté desviándose de su verdadera misión: predicar la Palabra de Dios.

Muchos predican que Jesucristo es el mismo ayer, hoy y por los siglos, pero quieren alterar su mensaje para que encaje en la cultura popular siempre cambiante. La misión de la iglesia es ganar almas para el reino y ayudar a los seguidores a madurar en la fe. Si esto estuviera sucediendo, la adaptación a la cultura no habría llegado a ser la fuerza impulsora que es hoy.

En su libro *Esperanza para el corazón afligido,* mi padre escribió acerca del culto a la popularidad y la influencia negativa que eso puede tener en la vía del cristiano.[9] La iglesia cristiana está sufriendo los embates; llevada de aquí para allá por todo viento de doctrina. Artículos de escritores cristianos están cubriendo la «crisis de identidad» en proporciones magnificadas.

En un comentario sobre el término *evangélico,* un pastor metodista escribió que:

una vez se refería a una posición teológica. Hoy se refiere a un movimiento político y cultural que se ha apoderado de gran parte de la iglesia. Ha convencido a muchos que un día mejor [...] se logrará por medio de «interacción con la cultura» [...] [prometiendo] algo que no puede entregar: la salvación de la sociedad. Está dejando a la iglesia vacía de su vitalidad espiritual y disponiendo a muchos para el desencanto [...] Es mi oración que un líder de visión y firmeza se levante y llame a la iglesia de regreso a la realidad bíblica.[10]

Considere las siguientes declaraciones:

- Estados Unidos de América [ha quedado] completamente infiltrado con profesores que ya no creen en la integridad y autoridad completa de la palabra escrita de Dios.
- El Antiguo Testamento, junto con gran parte del Nuevo, se considera anticuado y ya no pertinente para nuestra edad sofisticada. Debido a este rechazo de las Escrituras han brotado algunas teorías devastadoras. Una es que ya no hay absolutos; todo es relativo.
- [A los estudiantes] se les obliga a sustituir la razón en lugar de la fe, la reforma en lugar de la redención, un programa en lugar de una Persona. Se piensa que la fuente de poder está en las organizaciones y números en lugar de que esté en el Espíritu Santo.
- [La iglesia] se preocupa más por la organización eclesiástica, el poder y el prestigio que con las incómodas preguntas que tienen que ver con los hechos básicos de la misma fe cristiana. Un número creciente ha visto su confianza en la Biblia estremecida tan grandemente que sostienen nociones tergiversadas en referencia a las verdades que son parte de la fe cristiana.
- Ha surgido una nueva religión que es la filosofía humanística, y no el cristianismo.
- A menos que haya una posición concertada, el testimonio de la iglesia en Estados Unidos de América está destinado a la ruina.[11]

En tanto que estas declaraciones reflejan tendencias actuales, tal vez se sorprenda al saber que fueron escritas hace más de cincuenta años por el doctor L. Nelson Bell, mi abuelo materno. En un libro titulado *While Men Slept* (*Mientras los hombres dormían*), él escribió sobre la parábola de Jesús del trigo y la cizaña creciendo juntos. «Pero mientras dormían los hombres, vino su enemigo y sembró cizaña entre el trigo, y se fue» (Mateo 13.25). La cizaña se parece al trigo hasta que la espiga madura, entonces la cizaña se vuelve distinguible por lo que es: hierba mala.

A mediados del siglo xx mi abuelo, médico, estadista de la iglesia y predicador laico, sentía un peso enorme por la iglesia de Cristo. Mi padre le consideraba uno de sus confidentes más íntimos (después de mi madre). El Abuelo Bell servía como moderador de la Iglesia Presbiteriana de Estados Unidos. Murió en 1973 mientras dormía, después de hablar en una conferencia misionera la noche anterior. Cuando predicaba sobre el estado de la iglesia, decía: «En este lugar hay dos grupos de personas. Hay los que saben que son salvados y aman al Señor Jesucristo, y hay los que todavía no conocen a Cristo. Mi esperanza es que antes de que salgan de este lugar lleguen a conocer a [Jesús] como su Señor y Salvador personal».[12] Sin ninguna vacilación llamaba al arrepentimiento «a los que asistían a la iglesia». Hay un campo misionero grande dentro de las paredes de la iglesia.

El deseo de mi abuelo era ver una iglesia fuerte en doctrina, efectiva en el testimonio, y fructífera en ganar almas. Esperaba despertar a la iglesia de la modorra y hacer sonar la misma alarma, como el apóstol Pablo quien dijo «es ya hora de levantarnos del sueño» (Romanos 13.11).

No podemos estar dormidos si estamos en un estado de expectativa. Con el propósito de motivar a la iglesia a la acción, los apóstoles predicaron fielmente el retorno de Cristo; lo que quiere decir poner en práctica lo que predicamos. «Desechemos, pues, las obras de las tinieblas, y vistámonos las armas de la luz. Andemos como de día, honestamente; [...] vestíos del Señor Jesucristo, y no proveáis para los deseos de la carne» (Romanos 13.12–14).

Los apóstoles predicaron que los creyentes deben estar separados del mundo, y no conformarse a su oscuridad. Mi padre lo decía de esta manera: «La manera en que vives a menudo significa mucho más para otros que lo que dices». Tener un pie en el mundo y el otro en las cosas de Dios es vivir en desobediencia.

Mi padre nunca se prestó para involucrarse en escaramuzas denominacionales. Sin embargo, cuando se trataba del cuerpo de Cristo, no esquivaba nada ni trataba de esquivar asuntos que traveseaban con la autenticidad de la relación personal más preciosa puesta en lugar por Jesucristo: su iglesia.

Toda obra auténtica que se hace en el nombre del Señor Jesucristo está bajo su autoridad, sea que se trate del trabajo de las iglesias locales, organizaciones paraeclesiásticas o agencias misioneras. Los estándares están establecidos en las Escrituras, y el poder para hacer la obra viene solo por la obediencia a la Palabra de Dios en todas las cosas.

En su libro *Nacer a una nueva vida*, mi padre consideró preocupaciones muy parecidas a las de mi abuelo años antes. Cuando el mundo se infiltra en la iglesia, destroza los asuntos de la fe.

Satanás es un gran falsificador que se adapta a toda cultura, incluso engañando a veces a los verdaderos creyentes. No lo hace vestido de rojo y llevando una máscara aterradora, sino que se abre camino con encantos como «ángel de luz».

El hombre suprime la verdad, la mezcla con el error, y desarrolla las religiones del mundo.

Se les ha dado sustitutos disfrazados de rituales religiosos, buenas obras, esfuerzo comunitario o reforma social, todo lo cual son acciones loables en sí mismas, pero ninguna de ellas puede poner a una persona en relación personal correcta con Dios.

En donde hay verdad y error siempre hay acomodos. En algunas iglesias hay un movimiento para moldear de nuevo el mensaje cristiano para hacerlo más aceptable al hombre moderno [...] Del acomodo al engaño hay solo un paso pequeño. En toda la Biblia se nos advierte en cuanto a falsos profetas y falsos maestros.

Miles de [cristianos] están siendo engañados hoy. Pablo no trata con guante de seda a los maestros falsos. Nada pudiera ser más grotescamente errado que el viejo clisé de que «cualquier religión sirve, siempre y cuando seas sincero».

Hay una manera correcta y otra errada de hacer contacto con Dios [...] Las creencias idólatras han erosionado los cimientos de la verdad. Sean antiguas o modernas, todas presentan alternativas al camino bíblico para acercarse a Dios.[13]

El acto más sincero que jamás se ha hecho en la tierra fue el sacrificio de Jesucristo en la cruz del Calvario. Esta es la piedra angular de la fe. Es la esencia del evangelio. Todo en la Biblia señala a este sacrificio para la redención del ser humano.

Hay un enorme privilegio, y gran responsabilidad, al proclamar lo que la Biblia dice. Qué herencia más grande tenemos al predicar la Palabra de Dios.

Escrito desde el cielo

Mientras todavía estaban en la granja lechera en la década de los treinta, mi padre y su hermano menor, Melvin, trabajaban en los campos cuando no estaban ordeñando vacas. El tío Melvin era agricultor de corazón. Le encantaba plantar las semillas, observar cómo Dios las regaba con la lluvia, y esperar que los sembríos aparecieran por el rico suelo de Carolina. También quería mucho a sus vacas lecheras. No le importaba lo díscolas que fueran, él tenía su manera con las Holstein y, como la mayoría de los ganaderos, las conocía por nombre. Para el tío Melvin el trabajo en la granja era duro pero satisfactorio. Para mi padre era simplemente un quehacer.

Un día, mientras araba un terreno con una yunta de mulas y al oír el ruido de un motor, el tío Melvin miró al cielo, se detuvo y corrió hasta donde estaba mi padre. Le dio una palmada en la espalda y le dijo: «Billy Frank, mira al cielo».

Escribir en el cielo en ese entonces, especialmente sobre granjas rurales, era raro. Pero para los publicistas que creían en su producto, bien valía el gasto soplar una frase pegajosa en una cartelera de la naturaleza.

Sobre la tela azul de Carolina, un avioncito escribió mientras maniobraba y daba vueltas formando con humo las letras: V... P...

Casi puedo ver mentalmente a dos muchachos campesinos limpiándose el sudor de sus frentes mientras observaban la última letra que se formaba: V... P... P.

«Melvin», gritó mi padre, señalando hacia arriba como para deletrear las palabras, «Eso quiere decir ¡Ve y predica la palabra!». El tío

Melvin, seis años menor, le hundió un dedo en el pecho a papá y le dijo: «Ah, Billy Frank, eso quiere decir ¡ve y prepara la parcela!».

Hasta el día de hoy recuerdo la mirada picaresca del tío Melvin mientras relataba el episodio. Afirmaba que sus respuestas a las letras en el cielo reflejaban sus corazones. Para él, pareció casi profético. Él llegó a ser un granjero y propietario de éxito, en tanto que mi padre llegó a ser un sembrador de la semilla espiritual. Nadie estaba más orgulloso de su hermano que mi padre, y el tío Melvin estaba agradecido de que Dios preparara a su hermano mayor para usar el arado del evangelio por los campos del mundo.

Para que dé «semilla al que siembra, […] así será mi palabra que sale de mi boca» (Isaías 55.10, 11).

Toda alma ganada es una embajadora de Dios

La Biblia dice: «Somos embajadores en nombre de Cristo, como si Dios rogase por medio de nosotros; os rogamos en nombre de Cristo: Reconciliaos con Dios» (2 Corintios 5.20). Mi padre predicaba: «Usted y yo, embajadores de Dios, somos llamados a hacer sonar la advertencia, a llamar a los pecadores al arrepentimiento, a señalar el camino a la paz con Dios y a la esperanza que hay en Cristo».

Dios no llama a todos a un ministerio de predicación, pero sí llama a sus seguidores a permanecer en las cosas que hablan de él, y a contarles a otros lo que él ha hecho. Esto solo se puede hacer en el poder de Dios mientras vivimos por él a fin de que hombres y mujeres vean a Cristo en nosotros.

Muchos han sembrado, otros han regado, y el Gran Cosechador vendrá pronto para recoger el trigo y la cizaña y presentarlos ante su trono. Al trigo llamará por nombre y dirá: «Bien, mis siervos buenos y fieles». La cizaña se agazapará ante las aterradoras palabras mientras el mazo del juicio cae sobre el veredicto: *lo lamento, nunca los conocí. Vayan a servir a quien sirvieron mientras estaban en la tierra.*

Ese es un juicio que ningún cristiano que cree en la Biblia quiere que sea declarado a familia, amigos o a enemigos. Toda alma salvada debe ser una embajadora de las buenas noticias. ¿Lo es usted?

Hay muchos que están en sus campos de influencia. Están perdidos, están muriendo en pecado, y se dirigen al infierno. Un día comparecerán ante el Dios Todopoderoso. La Biblia dice: «Ante él se postrarán los moradores del desierto» (Salmos 72.9). Ore para que Dios le dé una gran cosecha del desierto que le rodea, y *predique la Palabra de Dios*.

7

Simplemente escríbame...
esa es toda la dirección que necesita

Escribe; porque estas palabras son fieles y verdaderas.
—APOCALIPSIS 21.5

Quiero añadir unas pocas palabras en cuanto a mi llamamiento [...]
Un evangelista es como un locutor de noticias por televisión o un periodista
que escribe para un periódico [...] excepto que la misión del evangelista es
dar a conocer las buenas noticias que nunca cambian.

BILLY GRAHAM

Mi padre tenía una colección interesante e histórica de cartas de presidentes de Estados Unidos de América y otras figuras notorias que abarcaban casi siete décadas. Las fuentes de los medios de comunicación han averiguado muchas veces en cuanto a esta correspondencia. Algún día se pondrá en exhibición en la Biblioteca Billy Graham una colección de estas cartas.

Algunas son de naturaleza personal; otras, tienen que ver con preocupaciones sociales o asuntos internacionales. Algunos presidentes le ofrecieron a mi padre nombramientos presidenciales, pero él siempre declinó. Su preocupación ardiente era el clima espiritual de un mundo turbulento. No había duda en su corazón que había sido llamado a predicar, y se propuso trabajar por el Señor y regar la semilla del evangelio sembrada hondo en su alma, orando que nada lo disuadiera.

Con todo, sin embargo, atesoró las cartas que recibió en toda su vida, ya fuera de la Casa Blanca, de colegas predicadores o de los muchos aliados del ministerio que oraban por él.

Querido Billy...

Cuando no estaba viajando, a menudo mi padre empezaba el día leyendo su correspondencia. A veces, lo que llegaba al buzón dictaba la agenda del día. Pasaba algún tiempo en su oficina al pie de la colina, pero frecuentemente hacía que le entregaran el correo en casa a fin de poder trabajar en un ambiente de privacidad y serenidad... teniendo a mi madre cerca.

Su dedicación a contestar la correspondencia siguió siendo una prioridad a medida que envejecía, incluso cuando ya la vista le fallaba. Después de la muerte de mi madre, hacía que el personal de su oficina le leyera las cartas, y luego dictaba las respuestas. Para él, el día había sido fructífero si había podido mantenerse al día con su correspondencia.

Puedo recordar que cuando niño oía a mi padre hablar acerca de la correspondencia. Era un peso en su corazón. Cada carta era singular y sin embargo la misma: cada carta representaba un corazón roto o una petición especial. Cuando empecé a trabajar, adopté el estilo de mi padre de mantenerme al día con la correspondencia diaria; o por lo menos traté.

En el primer año de mi ministerio tenía una oficina de dos personas y solía preguntarme si el cartero alguna vez hallaría la oficina de la Samaritan's Purse escondida en las colinas de Carolina del Norte. Para 1980 yo había viajado muchas veces por el mundo; pero en cuanto a gerenciar una oficina, no tenía ni la menor idea. No podía esperar a que la talega de correspondencia llegara cada mañana. Responder a cada carta era pura diversión. Estiraba el proceso todo el día simplemente para mantenerme ocupado.

Cuando ahora le hablo a mi personal de «los buenos días de antaño», ni siquiera pueden imaginarse unas pocas cartas. Se sienten afortunados si logran abrir todas las cartas para el fin del día. Las cartas que vienen representan miles de oraciones de hombres, mujeres, adolescentes e incluso niños, fieles que respaldan nuestro ministerio. Algunos sobres contienen expresiones de agradecimiento de aquellos que han recibido ayuda de parte de la Samaritan's Purse o de la AEBG.

Póngale estampillas y franquéelo

Durante el auge del PC en la década de los noventa, algunos de mi personal abogaron por una oficina sin papel. «Podemos abandonar las máquinas de escribir, los archiveros de tarjetas, y archivadores», dijeron, pensando que podían persuadirme para que declarara el fin de las viejas invenciones. Cedí a un compromiso parcial, abriendo paso a lo nuevo mientras que me aferraba a un remanente de lo viejo.

Me encantan los cachivaches y la electrónica de alta tecnología, pero mi zona de comodidad todavía es papel y pluma. Tal vez no pueda leer mi propia letra manuscrita después de haber garrapateado algo, pero si dependiera de encender una computadora y acceder a ella para refrescar mi memoria, nunca lograría llegar a mi próxima cita.

Con respecto a hacer el cambio y enviar correo electrónico en vez de escribir cartas, no lo he hecho totalmente. No creo que mi padre alguna vez haya enviado un correo electrónico o leído uno. Les digo a amigos y colegas que si necesitan enviarme algo, le pongan una estampilla en un sobre y lo franqueen. ¡Estoy convencido de que hay que respaldar la oficina postal de Estados Unidos de América!

No tengo objeción a que otros de mi oficina se comuniquen vía correo electrónico. Eso mantiene las cosas moviéndose a paso rápido; y esa parte me encanta. Me alegro, sin embargo, que esta tecnología no existiera cuando yo era joven. Nunca hubiera conocido la emoción de abrir cartas de mi padre con matasellos de correo de todas partes del mundo; o las sabias y divertidas notas de mi madre que recibí mientras estaba estudiando lejos.

Las epístolas paternales

Mi madre era ávida escritora de cartas. Cuando una carta se abría paso a uno de sus hijos, su manera singular de llegar al grano era inequívoca. Muchas veces, mi padre reforzaba su instrucción con sus propias cartas.

La semana después de la muerte de mi madre, me entregaron en mi oficina varias cajas. Cada caja estaba apropiadamente marcada con mi nombre y una lista de contenido.

Años antes, cuando mi madre dejó de viajar por razones de salud, ella dijo: «Este es buen tiempo para organizar mi pasado». Trepaba por las estrechas escaleras al desván y pasaba horas clasificando. Mi madre definió el significado de *rata empacadora*. Y «la buhardilla de Ruth» estaba llena de evidencias. A menudo, nuestra familia se reía al respecto, sabiendo que con toda certeza las vigas del techo estaban sostenidas por las posesiones que mi madre atesoraba en su corazón. Para ella, cada artículo representaba un recuerdo especial. Separó las pertenencias de cada hijo, identificando con todo cuidado los artículos, la mayoría de los cuales no tenían mayor valor; sin embargo, el hecho de que ella lo guardaba todo hablaba de su sentimiento; un rastreo tangible de sus pasos, y de los nuestros.

Una caja estaba marcada «cachivaches de Franklin»; antiguos cascos del ejército, cajas de fósforos usados y papel para cigarrillos (por qué ella guardó esto jamás lo sabré), monedas internacionales inservibles, incluso mi cobija de nene que el perro al parecer había hecho pedazos (¿o fue una rata?). Al examinar todas estas cosas, me pregunté por qué mi madre guardó todas esas trivialidades.

Pero cuando abrí la caja marcada «Cartas», hallé algunas de las epístolas que se remontaban a cuarenta años atrás. Algunos de los papeles amarillentos y estrujados se desbarataron en mis manos. Las palabras trajeron al recuerdo incidentes largamente olvidados. Como cuando a los catorce años en la secundaria en Stony Brook, Nueva York, las lecciones fueron adoquines que me condujeron a donde estoy hoy.

En 1966, mi padre escribió:

Mi querido Franklin: Sé que debe haber ocasiones cuando sientes que extrañas la casa un poco o te desalientas. Esto será cierto toda tu vida. Pero conforme aprendes a depender de Dios, leer la Biblia y orar, hallarás por cuenta propia un maravilloso sentido de comunión con él. Madre siente que todas las horas que pasó contigo desde que eras un niño, enseñándote la Biblia y orando por ti y contigo, no han sido en vano.

¿Extrañar la casa un poco? Era más como una epidemia seria para mí; pero cartas como esa me mantuvieron avanzando. No quería desilusionar a mis padres. Quería que se complacieran con mi conducta y comportamiento al crecer, pero no siempre logré esa meta. Las cartas me recordaron que había un estándar que se esperaba. Cuando no lo logré, eso produjo remordimiento y gran reflexión.

En octubre de 1966, mi madre escribió:

Sé que hay toda clase de muchachos allí [en la secundaria] pero tú mantén tus ojos en el Señor, y compórtate como tú sabes que él espera que lo hagas, selecciona buenos amigos, y trata bien a todos. No se necesita sino solo un muchacho para hacer que el ser cristiano sea atractivo para los demás; así como solo llevaría un gusano para hacer que los otros se agrien en cuanto a ser cristianos. Estudia duro, pórtate bien, sé amigo con todos; ora y lee tu Biblia. Te quiero. Madre.

Mail Call [Llamada de correo], programa en el History Channel cuyo presentador es el sargento de artillería R. Lee Ermey en 2009, respondía a preguntas en cuanto a las fuerzas armadas. Lee sabía cómo convertir el correo ordinario en entretenimiento. Cuando yo miraba el programa en la televisión, a menudo recordaba en la llamada de correo cuando yo era un estudiante. Yo era el primero en la fila, esperando recibir una carta de casa.

Podía distinguir la letra manuscrita inclinada distintiva de mi madre o un sobre por correo aéreo de mi padre antes de que me lo pusieran en las manos. Me iba volando a mi dormitorio para leer cada línea. Siempre había una palabra de estímulo, y mis padres nunca dejaron de expresar su confianza en mí; de que yo haría lo correcto en toda circunstancia. Sus métodos estaban empacados con psicología a través de la cual yo veía; a veces. Cuando desilusionaba a mi madre, podía tener casi la certeza de que una carta llegaría más pronto que tarde.

Mirando hacia atrás ahora, me pregunto si mi madre trató de modelar sus cartas imitando a los apóstoles. Como ven, ella empezaba con elogios, ¡y luego dejaba caer el porrazo! Una de tales cartas vino poco después de una llamada telefónica a casa.

Yo había despotricado en cuanto a que no se me trataba tan bien como a algunos de mis compañeros. Madre simplemente escuchó. Cuando colgué el teléfono, yo había justificado mi posición… y me sentía completamente miserable; pero no tan miserable como cuando recibí esta carta pocos días después:

12 de diciembre de 1969

Queridísimo Franklin:

Muchacho, te amo. Me desperté a las 4:00 esta mañana preocupada por ti; y todo versículo que leía me daba seguridad. «Toda potestad», dijo Jesús, «me ha sido dada». ¿Necesitas poder? Sabes dónde hallarlo. Te conozco muy bien y tú no te amoscarías tan fácilmente y por esas minucias si todo estuviera bien por dentro. En realidad te amoscas por ti mismo y estás desquitándote en esos «pequeños chisguetes». Tu «me importa un bledo» te delata. Exige un hombre grande ignorar irritaciones pequeñas. Como Proverbios dice: «El sabio ignora el insulto». Sé grande lo suficiente como para reírte de las críticas y asumir plena responsabilidad por sus acciones. Nunca serás feliz sino hasta que seas hombre de Dios el ciento por ciento.

Te amo,
Madre

¿Acciones? Pueden servirnos bien, o hacernos tropezar.

Siempre que recibía una reprimenda de mis padres, parecía que las palabras de las Escrituras la subrayaban. Este es un pequeño ejemplo de lo que nuestro Padre celestial hace mediante su carta a nosotros. ¿Abrimos su carta y la leemos como si él estuviera hablándonos directamente? Deberíamos hacerlo, porque lo está.

Cartas de un predicador

Pablo escribió muchas cartas a la iglesia de Corinto según lo instruyó su Padre celestial. En su día, Corinto era una dinastía metropolitana, ubicada en Grecia. Esta ciudad estaba inmersa en la inmoralidad: y los nuevos creyentes llevaron a la iglesia la conducta de pecado. Pablo se preocupó porque los creyentes parecían incapaces de romper con la cultura de la que habían salido.

La iglesia de Corinto decía que amaba a Dios y le pertenecía; pero se negaba a separarse de la mundanalidad. ¿Parece esto familiar? Parece como la iglesia actual. La iglesia de Corinto flirteaba con sus caminos paganos anteriores. Pablo les había escrito en otras ocasiones, diciendo: «Porque por la mucha tribulación y angustia del corazón os escribí con muchas lágrimas» (2 Corintios 2.4). Su deseo era que la iglesia de Corinto se separara de toda asociación con los miembros que no se arrepentían de sus acciones y asociaciones mundanales, y que siguieran a Cristo. Les predicó que no podían seguir al mundo y seguir al Señor.

Cuando les dijo a los creyentes de Corinto que lo imitaran a él, no estaba sugiriéndoles que se transformaran en viajeros y predicadores como él; estaba instruyéndoles que estudiaran los mandamientos de Dios y que vivieran de acuerdo a ellos a fin de que sus vidas señalaran a otros hacia Cristo.

Mi padre escribió: «El seguir a Cristo se ha hecho demasiado fácil. Cuando los no creyentes no ven nada diferente en el estilo de vida de los creyentes, se preguntan si nuestra profesión de fe es sincera».

La palabra escrita

Mi padre entendía el poder de la palabra hablada y escrita. La Biblia era su autoridad para hablar las mismas palabras del Dios viviente. Pasaba mucho tiempo leyendo cartas y dictando respuestas; agradeciendo a las personas por su respaldo y respondiendo a las críticas, algunas de las cuales parecían brotar de la falta de información. Independientemente del mensaje de una carta, siempre se conectó con el corazón del escritor e incluyó un pasaje de la Palabra de Dios.

Aprendí observando cómo atendía sus asuntos. Él era un firme creyente en el enfoque de Proverbios: «La blanda respuesta quita la ira» (Proverbios 15.1). Algunos tal vez pregunten: «¿Quién podría haberse enfadado con Billy Graham?». La respuesta le sorprendería. En los primeros días de su ministerio algunos se ofendieron por sus trajes, por ejemplo. No que eran ostentosos o costosos. No lo eran. Pero eran llamativos; contradicción a su naturaleza tranquila. Él respondía a las cartas y concordaba con su adversario (Mateo 5.25).

Puede parecer algo pequeño para algunos, pero la etiqueta dice que las primeras impresiones a menudo son las únicas. Mi estilo no es llamativo para nada. Preferiría estar en mis pantalones de mezclilla y camiseta. Y sin embargo la bandera blanca de la rendición gana de cuando en cuando y me hallo de nuevo en traje, camisa y corbata. En un día particular de agosto, me alegré de haber cedido a las banderas de advertencia.

Mis padres estaban celebrando su quincuagésimo aniversario de bodas. Mis hermanas y yo habíamos hecho planes para pasar el día con ellos en su casa en Montreat y preparar una parrillada. La temperatura iba a subir a los cielos esa tarde, así que decidimos hacerlo una celebración informal.

Al salir de Boone me puse a pensar: *este es un día especial para mamá y papá*. Recordé como mi madre siempre se vestía muy bien cuando sabía que yo iba a casa. Regresé a casa, entré corriendo y me puse una chaqueta deportiva, volví al coche y descendí la montaña.

Cuando llegué me alegré mucho de haberlo hecho. Mis hermanas llegaron viéndose hermosas, como de costumbre. Mi madre tampoco me desilusionó. Entró en el cuarto «tan bella como el día en que me casé con ella», dijo mi padre al abrazarle fuerte.

Mi madre se había puesto su traje de bodas, con perlas y todo. Cinco hijos y cincuenta años más tarde, el vestido le quedaba perfectamente. Le dije que se veía tan linda como en sus fotografías de la boda. Cuando ella me abrazó, me dijo: «Y tú te ves como un predicador, o algo así». El momento quedó impreso en película, y cada vez que esa fotografía aparece impresa, pienso en ese día dorado.

Mis padres no eran dados a recibir regalos. Habían empezado a pasar sus recuerdos a sus hijos, nietos y otros familiares y amigos. Pero sí disfrutaban al recibir cartas.

Todo el día llegaron a la casa telegramas y facsímiles. Y cuando llegó el correo, fue divertido verles abrir tarjetas y cartas de todo el país y de todo el mundo. Disfrutaron de todo aspecto, prestando atención a los matasellos, la estampilla, el papel, y el estilo de la letra manuscrita. Pero el regalo real lo hallaron en las expresiones bien pensadas y las firmas que autenticaban los mensajes.

En este nuestro mundo tan acelerado ¿anhela usted de vez en cuando ir al buzón y hallar una nota amistosa escrita a mano en lugar de un montón de facturas? El programa «CBS News Sunday Morning» con Charles Osgood presentó un segmento en 2007 titulado: «¿Qué les sucedió a las cartas?». Lamentaba el arte perdido del toque personal mediante la escritura de cartas.

Una gran parte de la historia se ha documentado en cartas. Algunos dicen que esto se remonta a la era medieval. Pero como hemos visto, la Biblia está repleta de cartas conocidas como epístolas. Sin ellas, no tendríamos mucho del Nuevo Testamento. Dios, en su soberanía, preservó estos valiosos documentos por los que vivimos hoy.

Para mí, una carta de más de dos páginas es una epístola. De tiempo en tiempo recibo una, y me pregunto por qué alguien se tomaría todo el problema de tratar de duplicar el diccionario.

Nuestros primeros padres autenticaron mucho de la historia de nuestra nación en cartas. Tomó visión anticipada preservar estos raros tesoros. El museo postal registra que los primeros colonos estadounidenses escribían a sus familias en Europa y «describían el Nuevo Mundo como un paraíso que supera la imaginación humana». En tanto que el analfabetismo era algo bastante extendido en esa época, las madres hacían un esfuerzo para aprender a leer con un propósito: «para dar instrucción moral a sus hijos con referencia a la Biblia».[1]

Nuestra nación se ha descarriado mucho en poco tiempo. Muchos hoy no tienen una Biblia en su casa, mucho menos su verdad en sus corazones. Una creciente minoría está destruyendo las creencias fundamentales que establecieron la libertad de adoración mientras que reescriben nuestra herencia nacional.

Nuestros antepasados fueron elocuentes escritores de cartas y de diarios íntimos. Sin la atención que dieron a este bello arte, hoy día tendríamos solo un bosquejo de la historia estadounidense. La Biblioteca del Congreso, la biblioteca más grande del mundo, guarda la mayoría de estos documentos; casi 142 millones de artículos en aproximadamente 1300 kilómetros de anaqueles.[2]

Las cartas y las firmas dicen mucho en cuanto a una persona. Estampar el nombre o la firma en algún documento le da una autenticidad personal.

Extinción

Las cartas del reverendo John Witherspoon están entre nuestros tesoros nacionales. A veces se le menciona como el padre fundador olvidado, sin duda porque fue el único predicador que firmó la Declaración de Independencia. Escocés y estadounidense, descendiente directo de Juan Knox. Aunque fue ministro presbiteriano toda su vida, sirvió como presidente de lo que hoy día es la Universidad Princeton y como miembro del Congreso Continental. Su colección de cartas cubre todo, desde las hostilidades con Gran Bretaña a cómo los padres deben cuidar el alma de sus hijos y educarlos de acuerdo con la Palabra de Dios; pero sus escritos no se hallarán en los libros de historia estadounidense de las escuelas del siglo XXI.

El arte de escribir cartas también está extinguiéndose en tanto que el negocio de tarjetas de saludo florece. Acudimos a extraños para echar mano de nuestros pensamientos más profundos o las nociones más frívolas.

Estoy agradecido por los que todavía se sientan a sus escritorios y me escriben. Documentar y catalogar todas las cartas que han sido enviadas con el correr de los años exigiría por lo menos una Biblioteca del Congreso en miniatura.

Cuando la AEBG fue incorporada en 1950, mi padre empezó a escribir cartas a los que habían respaldado sus reuniones o le habían enviado correspondencia. Pronto se desarrolló una lista de correos, y a menudo él expresó gratitud por los que se interesaban en todo lo que Dios estaba haciendo mediante las campañas, como se las llamaba entonces. Realizó muchos de los negocios del ministerio mediante comunicación escrita a fin de que las instrucciones quedaran documentadas.

Hace poco recibí una copia de una carta que mi padre le escribió a George Wilson, que trabajó con él cuando se formó la AEBG. La carta está fechada en agosto de 1950 y franqueada desde Portland, Oregón. En ella delineaba cuidadosamente los pasos necesarios para obtener la personería jurídica de la Asociación Evangelística Billy Graham, dando atención cuidadosa para asegurarse de que todas las contribuciones se anotaran apropiadamente y se enviaran recibos, y que el espacio de la oficina se consiguiera a costo mínimo.

Fue muy bueno que mi padre tuviera la previsión de dar estos pasos prácticos, porque cuando él y su colega Cliff Barrows salieron al aire con la *Hour of Decision*, la respuesta por correo fue abrumadora. Debido al sólido cimiento que había sido colocado en su lugar, pudieron realizar los negocios del ministerio con la más alta integridad.

Les animó que la gente estuviera sintonizando; pero la bendición real vino cuando empezaron a recibir cartas de personas que habían sido salvadas al escuchar el programa radial. Cuando las cruzadas salieron por televisión en vivo en 1957, el barómetro superó todos los gráficos. El correo inundó la oficina de mi padre en Minneapolis.

Temprano en su ministerio él puso en su lugar una prioridad para atender el correo que llegaba con el mayor respeto por los que escribían, dando atención cuidadosa a cada carta. Siempre dijo que la correspondencia diaria era la línea vital de la organización. Sin el respaldo en oración y financiero de socios en el ministerio, habría sido imposible realizar la obra.

Él estaba consciente de que había algunos ministerios que solicitaban respaldo financiero y alegremente recibían los cheques pero descartaban las cartas. Mi padre reconocía que era Dios quien había dirigido a las personas a responder de una variedad de maneras. Fue diligente para cerciorarse de que se agradeciera apropiadamente a los que enviaban contribuciones, y que los que escribían pidiendo oración recibieran respuestas apropiadas. Su corazón se conmovía con la emoción que estas cartas traían, y estoy convencido de que Dios ha honrado su compromiso continuo.

Cuando el volumen de correspondencia llegó a ser demasiado para atenderlo personalmente, mi padre se cuidó de emplear a otros que tenían un corazón similar; personas que podían leer entre líneas en las cartas y, hasta cierto punto, identificarse con las tristezas y necesidades espirituales de las personas. Muchos eran pastores y laicos ya retirados que poseían un conocimiento especial para cumplir con tal responsabilidad.

En los primeros días, cuando mi padre estaba en Minneapolis para las reuniones, le gustaba recorrer los corredores de su oficina y estrecharles la mano a los empleados, agradecerles personalmente por su arduo trabajo y oraciones. Especialmente disfrutaba al pasar tiempo en la Oficina de Orientación Cristiana. Puertas adentro, hablaba con los hombres y mujeres consagrados que oraban por las cartas antes de responder a la diversidad de retos humanos. Este pequeño personal de escritores y guerreros de oración esperaba estas conversaciones espontáneas con mi padre. Le hacían preguntas sobre cómo responder a ciertos temas en particular y él, pacientemente, les daba sus pensamientos y sugerencias sobre cómo hacerlo. Era inspirador ver a estos cordiales colaboradores de Minnesota tomar notas de uno a quien les gustaba llamar «el jefe». A menudo antes de irse, «el jefe» tomaba asiento entre ellos y firmaba personalmente las cartas.

Después de una de estas reuniones, mi padre se sintió impulsado a compilar un manual que atendiera la multitud de preguntas que la gente hacía. Con las respuestas que había dado en una columna periodística titulada «Mi respuesta» y que se había publicado por años, se compiló un libro de referencia que permitiría que el personal supiera exactamente cómo responder a una cuestión en particular.

La más efectiva llamada de correo para él llegó a ser una parte importante de las transmisiones por televisión. Al concluir la invitación, mi padre se volvía a la cámara e invitaba a los televidentes a escribirle. «Si usted ha recibido a Jesucristo como su Salvador personal mientras veía este programa», decía, «por favor escríbame y cuénteme sobre la decisión que ha hecho por Cristo. Quiero enviarle un librito que le ayudará en su nueva vida con Jesucristo. O si tiene una necesidad espiritual en su vida, hágamelo saber. Simplemente escríbame a Billy Graham, Minneapolis, Minnesota; esa es toda la dirección que necesita, y que Dios le bendiga». Esta despedida llegó a ser su firma verbal, por así decirlo.

Los nombres de Billy Graham y Minneapolis, Minnesota, estaban ligados tan estrechamente que cuando la AEBG se mudó de Minneapolis a Charlotte, me preocupé porque mi padre tal vez no podría hacer la transición a la nueva dirección. Pero cuando, con sus ochenta y dos años se volvió a la cámara, fue como si un interruptor se hubiera oprimido en su cerebro, y con facilidad dijo: «Simplemente escríbame a Billy Graham, Número Uno Billy Graham Parkway, Charlotte, Carolina del Norte; esa es toda la dirección que necesita».

Querido cartero

Nuestros corazones fueron bendecidos al ver miles de cartas inundar la oficina cuarenta y ocho horas después de que un programa se trasmitía. En los primeros días era más asombroso ver cómo el aluvión de correo llegaba hasta las oficinas de la AEBG.

Me quito el sombrero ante el Servicio Postal de Estados Unidos. Cómo lograron arreglárselas para entregar apropiadamente algunas de las cartas es un misterio. Con el correr de los años el personal de la AEBG ha acumulado una variedad de sobres dirigidos a Billy Graham; algunos me hacen sonreír y otros me tocan el corazón. A menudo estos escritos continuaban en la lengüeta del sobre.

Se ha dicho que Billy Graham es uno de los pocos estadounidense, junto con el presidente de Estados Unidos, que puede recibir correo que simplemente lleva la dirección: «Billy Graham, Estados Unidos de América», tal como se ha visto confirmado a lo largo de los años, por ejemplo, por los numerosos sobres que han sido entregados.

Una carta, dirigida al «Reverendo Billy Graham», incluía esta nota en el sobre: «Querido cartero. No sé la dirección del reverendo Graham, pero por favor trate de entregarle esta carta; realmente es importante, y gracias. Con amor, Linda». Me pregunto cuántas personas expresaron amor al servicio postal y mostraron fe en su trabajo.

Las cartas llegaban por entrega especial; las cartas llegaban por correo aéreo; venían en toda forma y tamaño; de todas partes.

La gloria es el único lugar no cubierto por ese antiguo y muy conocido juramento postal: «Venga lluvia o brille el sol el cartero entrega la correspondencia a tiempo». Mi padre ya no verá la correspondencia que sigue llegando dirigida a él, pero el servicio postal fielmente entrega la correspondencia dirigida a Billy Graham en nuestra oficina en Charlotte; y consideramos un gran privilegio contestar esas cartas en su ausencia.

Hay una anécdota que dice que cuando mi padre era un joven predicador llegó a una pequeña ciudad para una campaña. Quería enviar una carta, así que le preguntó a un muchacho por la oficina de correos. El muchacho le dio la dirección y, a cambio, mi padre le invitó a la iglesia esa noche. «Voy a decirle a la gente cómo ir al cielo», le dijo. El muchacho le miró y dijo: «No creo que vaya a ir. Usted ni siquiera sabe cómo llegar a la oficina de correos».

Nosotros tal vez no podamos hallar con facilidad una oficina postal, pero de alguna manera ella nos encuentra. El Servicio Postal de Estados Unidos procesa y entrega miles de millones de cartas todos los días a más de 156 millones de viviendas y negocios.[3]

Apelación de corazón

Observar la fascinación de mi padre con las respuestas de las personas a una sencilla sugerencia: «Simplemente escríbame», me dio confianza en mi propio ministerio. El darme cuenta de que el público respondía a una invitación a escribirle a mi padre me dijo que ese público se interesaba en su trabajo. También hablaba del deseo de las personas de que se les oyera, atendiera y entendiera.

Con el paso del tiempo, las personas que habían sido salvas mediante el ministerio de mi padre empezaron a escribir y a preguntar cómo podían ayudar a respaldar financieramente las cruzadas por televisión.

Una carta circular mensual de mi padre llegó a ser, para la AEBG, la fuente primaria de información para nuestros socios. Fue la única manera de comunicar a decenas de miles de personas a la vez lo que el Señor estaba haciendo por todo el mundo, y la respuesta fue abrumadora. Él escribía esas cartas desde su corazón, hablando de las invitaciones recibidas para realizar cruzadas a nivel de ciudad en donde se podía proclamar el evangelio. Pedía a las personas que se unieran a él en oración para que Dios le guiara a tomar las decisiones apropiadas en cuanto a dónde debería realizar la próxima reunión evangelizadora. Al articular la necesidad de oración, las personas respondían con anhelo, queriendo ser parte de lo que Dios estaba haciendo por la causa del evangelio.

Mi padre no se sentía cómodo pidiendo agresivamente dinero. Sentía que era importante hablar de la necesidad y dejar que Dios dirigiera las ofrendas.

«Doctor Graham», escribía alguien, «yo no puedo pararme en un estadio en Hong Kong y predicar a las masas. Ese no es mi llamamiento». Otro decía: «Dirijo una corporación importante y como cristiano quiero hacer mi parte para cumplir la gran comisión respaldándolo». Mi padre pronto se dio cuenta de que Dios estaba moviendo los corazones de las personas para unirse a él para cosechar almas para Cristo.

El corazón de mi padre se conmovió al empezar a ver a los donantes como los que sentían una alianza con él. Sus cartas concluían: «Si usted siente que Dios está tocando su corazón para ayudarnos a ministrar de esta manera, el Señor bendecirá su ofrenda sacrificial para la obra».

Y Dios se ha movido en los corazones de las personas para que unan fuerzas para sembrar la semilla por todo el mundo en su nombre. Todavía hoy estos socios son la espina dorsal del ministerio. «Porque la ministración de este servicio no solamente suple lo que a los santos falta, sino que también abunda en muchas acciones de gracias a Dios; pues por la experiencia de esta ministración glorifican a Dios por la obediencia que profesáis al evangelio de Cristo, y por la liberalidad de vuestra contribución para ellos y para todos; asimismo en la oración de ellos por vosotros [...] ¡Gracias a Dios por su don inefable!» (2 Corintios 9.12–15).

Personal, privado, doloroso

Las cartas personales de mi padre permanecieron exactamente así durante su vida. Se cuidaba de no hablar de las cosas confidenciales que le contaban. Sentía que la confianza que las personas habían depositado en él le daba una responsabilidad delante de Dios para mantener estas cosas cerca de su corazón y orar fervientemente por los que bregaban con estos asuntos agobiantes y dilemas personales.

Pero hubo ocasiones en que personas bien conocidas escogieron hacer públicas sus conversaciones privadas con él. Cuando una crónica aparecía en el periódico, antes de que mi padre incluso supiera lo que había transpirado, las líneas telefónicas se encendían queriendo saber cuál era la respuesta de Billy Graham a las noticias del momento. Una chispa de sorpresa a veces se convertía en una llama que aturdía.

Para empeorar las cosas, mi padre rara vez sabía exactamente cuánto de la conversación había sido revelado, y en qué contexto. Se sentía obligado a mantener en forma confidencial la información que le había sido dicha, pero despertaba preguntas en las mentes de otros en cuanto a lo que mi padre dijo, o no dijo. Hubo también ocasiones en que la gente recordó las palabras de mi padre: «Simplemente escríbame»; y lo hicieron.

Chubasco de verano

Uno de tales incidentes fue con la fallecida ex primera dama Nancy Reagan después de que el presidente Reagan murió. La relación especial de los Reagan ya había quedado en la historia como uno de los grandes romances en tiempos modernos. Su amor indeclinable de uno por otro fue motivo de crónicas y admiración. Decir que Nancy Reagan echaba de menos al hombre que había sido el centro de su todo era quedarse corto.

Poco después de que el expresidente falleció, la señora Reagan telefoneó a mi padre. Muchos años antes le habían pedido que predicara en el servicio fúnebre, pero debido a la salud debilitada al momento, físicamente no podía viajar.

Considerable tiempo después del funeral de Estado y sepultura en la Biblioteca Ronald Reagan en junio del 2004, mi padre estaba en mejor salud y fue a visitar a la señora Reagan en su casa en Santa Mónica. Ella le contó sus pensamientos y lo vacía que era su vida «sin Ronnie». Mi padre le leyó algunos pasajes bíblicos y oró con ella para que Dios le diera consuelo en su pérdida.

En el 2007, la cadena ABC trasmitió una edición especial de *20/20* con Charles Gibson titulada «Pastor to Power: Billy Graham and the Presidents» [Pastor a poder: Billy Graham y los presidentes]. Entrevistó a todos los presidentes de Estados Unidos y primeras damas, junto con Nancy Gibbs y Michael Duffy de la revista *Time*, que acababa de publicar el libro *The Preacher and the Presidents* [El predicador y los presidentes], explorando la relación personal de sesenta años de mi padre con ellos. Cuando Charlie le mencionó a Nancy Reagan que Billy Graham le había consolado diciendo que su esposo estaría esperándole cuando ella muriera, le preguntó a la señora Reagan: «¿Cómo puedes estar segura?». La señora Reagan contestó: «Billy lo dijo».[4]

Hubo unos cuantos bien intencionados cristianos que querían una aclaración de esta afirmación: «Billy lo dijo».

Ellos escribieron: «Dr. Graham: Usted siempre ha dicho que nuestra certeza del cielo viene de nuestra relación personal con Jesucristo». La gente pensó que se había perdido una oportunidad de decirle al mundo la certidumbre de reunirse con los seres queridos en el cielo y pasar la eternidad con Dios; de tener paz con Dios de acuerdo al evangelio.

Nuestro sistema legal protege el privilegio entre abogado y cliente. La comunidad médica respeta el privilegio entre el médico y el paciente. Los clérigos no pueden hacer menos que guardar en confidencia las conversaciones con los que buscan su consejo.

Como ministro, mi padre tomaba en serio este velo de confianza. Aprendió una lección bochornosa temprano en su ministerio cuando divulgó una conversación con el presidente Harry Truman. Siendo joven, no tenía ni idea de que las conversaciones con un presidente de Estados Unidos debían guardarse en confidencia. La prensa lo ridiculizó. Uno no olvida pronto esa clase de humillación pública, y él nunca la olvidó.

Cuando mi padre murió, se llevó consigo un diario de conversaciones confidenciales enterrado en su corazón. No tuvo otra alternativa que volver la otra mejilla cuando otros cuestionaban si había sido franco en cuanto a sus conversaciones privadas con personas de toda forma de vida. Solo ellas saben en dónde están ante el Señor Jesucristo.

Después del intento de asesinato del presidente Reagan en 1981, al presidente le preguntaron si estaba listo para encontrarse con Dios. El presidente dijo públicamente: «Ah sí, estoy listo para encontrarme con Dios porque tengo un Salvador».[5] Parecía que entendía la necesidad de conocer personalmente al Salvador a fin de estar perdonado en la presencia de Dios.

Pocos en la vida han tenido el privilegio de conocer a presidentes y jefes de Estado por más de medio siglo. Mi padre a menudo decía que nunca podía entender por qué se le presentaron esas oportunidades. Él pasó por toda puerta abierta, y nadie nunca cuestionó en dónde estaba cuando se trataba del Señor Jesucristo; tanto que cuando una pregunta surgía en cuanto a cuestiones espirituales, el teléfono de mi padre timbraba.

«Póngame con Billy Graham»

Cuando George H. W. Bush era vicepresidente, un día George W. estaba conversando con su madre. Se enfrascaron en una conversación bastante animada en cuanto quien estaría en el cielo. «Mamá», dijo George, «esto es lo que el Nuevo Testamento dice». Procedió a explicarle. Bárbara Bush llamó a la operadora de la Casa Blanca y dijo: «Póngame con Billy Graham».[6]

Le dijo a mi padre que George W. insistía que solo los cristianos nacidos de nuevo serían bien recibidos en el cielo. La señora Bush le preguntó a mi padre en cuanto a esto y luego le entregó el teléfono a su hijo. Cuando los reportajes empezaron a publicar los detalles de la llamada espontánea, la única parte de la respuesta de mi padre que se imprimió fue: «Ninguno de nosotros puede juzgar el alma de otros».

Pues bien, mi padre tenía razón, pero también George W. Jesús dijo: «De cierto, de cierto te digo, que el que no naciere de nuevo, no puede ver el reino de Dios» (Juan 3.3). Respeto a George W. Bush por su testimonio de la obra de Cristo en su corazón que creyó; y sospecho que en esa ocasión él estaba poniendo en práctica su nueva fe.

Pero de nuevo las cartas de desaliento se abrieron paso a la correspondencia. Unos pocos pensaron que mi padre posiblemente había sobrepasado el asunto a fin de guardar la corrección política. El resto de la respuesta de mi padre decía: «Concuerdo con lo que George dice en cuanto a la interpretación del Nuevo Testamento».

La posición de mi padre jamás cambió en este asunto. Toda su vida dijo: «Hay solo una respuesta que le da a una persona el privilegio, el gozo, de entrar en el cielo y es esta: "Debido a que creo en Jesucristo y le recibí como mi Salvador"».

Cuando se trata del evangelio del Señor Jesucristo, las respuestas rápidas y fragmentos breves pueden ser devastadores, especialmente cuando los reporteros dicen solo la mitad de la historia. Dejar preguntas sin respuesta puede llevar a algunos por el camino errado.

Mi padre siempre se preocupó por esto, y a menudo decía: «Constantemente me preocupa que la prensa cite algo que he dicho, o tal vez decir algo errado, o que lo que yo digo se malinterprete y eso dé reproche al nombre de Cristo».

Cuando se trata de la decisión más importante que un individuo jamás tomará, debemos ejercer gran cuidado para nunca precipitarnos por la oportunidad de mostrarle a alguien lo que Dios dice en las Escrituras. Tampoco debemos cuestionar injustamente la respuesta de otro cuando se guarda lo confidencial. Allí es donde la palabra de una persona es subrayada por su carácter e integridad. Mi padre nunca titubeó en lo que Jesús dijo: «Yo soy el camino, y la verdad, y la vida; nadie viene al Padre, sino por mí» (Juan 14.6).

Al envejecer, mi padre se volvió cauteloso para no lastimar el espíritu de alguien que buscaba la verdad de la Palabra de Dios. Con gentileza persuadía al corazón no creyente para que considerara las afirmaciones de Cristo.

Los embajadores de Cristo no deben diluir lo que la Biblia dice, sin que importe qué respuesta prefiera el oyente. El evangelio no cambia con la personalidad o las circunstancias. ¿Ofenderá la verdad? Sí, si el ofendido no está dispuesto a arrepentirse y humillarse en la presencia de Dios.

Mi padre nunca comprendió por qué Dios lo había puesto en la senda del poder; pero como su hijo que le conocía bien, creo que fue porque él nunca dejó de poner a Cristo en el lugar predominante.

Él debe crecer

Aunque mi padre era un hombre muy privado, vivió una vida muy pública. Disfrutó de momentos tranquilos, pero lo energizaba el reunirse con personas de varios trasfondos.

En ocasiones lo invitaron a cenar con los ricos y famosos, y lo hizo sin hacer acomodos a su fe. Cuando lo invitaban a reuniones sociales, todos los presentes sabían a Quien representaba, lo que se evidenciaba por las preguntas que le hacían.

Se afligió cuando la gente le ponía en un pedestal. Sabía que nadie es inmune a una caída. Mi padre oraba mucho sobre esto y luchó cuando reconoció el poder seductor de la fama.

Nunca olvidaré cuando estuve con mi padre en los Países Bajos para una reunión de evangelistas de todo mundo. Él había reunido una conferencia de predicadores itinerantes, predominantemente de países en vías de desarrollo. La asamblea de delegados era tan colorida como la procesión de banderas internacionales en el gran salón. El Centro RAI en Ámsterdam retumbaba con la charla. Me hizo preguntarme si el sonido era como los días de Babel cuando Dios confundió las lenguas de los hombres.

Pero cuando Cliff Barrows dirigió a la congregación en «¡Cuán grande es Él!» con cada uno cantando en su propio idioma, no había duda del mensaje que alababa al Señor: las voces se elevaban en perfecto unísono. Después de un canto de George Beverly Shea, mi padre pasó al púlpito a una bienvenida entusiasta.

Diez mil representantes de 174 naciones se pusieron de pie. El aplauso era ensordecedor. Gritos brotaron de todas partes del domo. El relampagueo de las cámaras era enceguecedor.

Mi padre pasó al micrófono. «Por favor, tomen asiento. Gracias por su calurosa bienvenida. Por favor…». Pero su voz no pudo superar la bienvenida entusiasta. Él persistió, sin lograrlo.

Mi padre se alejó de la plataforma e inclinó la cabeza. Parecía imposible tranquilizar a la multitud. Entonces se acercó al micrófono y habló con repetitiva gentileza: «Es necesario que él crezca, pero que yo mengüe» (Juan 3.30).

Cuando la multitud vio que mi padre hablaba por el micrófono pero no le podían oir, el silencio empezó a producirse. Sección tras sección la calma corrió por el domo. La cara de mi padre estaba solemne e inolvidable.

Estos evangelistas nunca habían oído a mi padre predicar. Eso le llegó al alma. En tanto que se sentía humilde por el honor que se le daba, se angustió. Cuando todo quedó tranquilo, hizo lo que tenía en su corazón: predicó la Palabra de Dios y señaló a los corazones hacia arriba.

Cuando Dios escribió

Roy Gustafson predicó una vez un fascinante sermón titulado: «Cuando Dios escribió», en el que señaló que Dios escribió mucho desde el cielo. El salmista dijo: «Cuando veo […] [la] obra de tus dedos» (Salmos 8.3).

Dios llamó a Moisés a la cumbre del monte Sinaí y le dio al profeta su ley: los Diez Mandamientos. «Y dio a Moisés, […] dos tablas del testimonio, tablas de piedra escritas con el dedo de Dios» (Éxodo 31.18).

Dios interrumpió la borrachera del rey Belsasar con un mensaje de advertencia escrito a mano: «En aquella misma hora aparecieron los dedos de una mano de hombre, que escribía delante del candelero sobre lo encalado de la pared del palacio real, y el rey veía la mano que escribía. Entonces el rey palideció» (Daniel 5.5–6). Apuesto a que palideció.

Jesús escribió en tierra mientras los fariseos acusaban de adulterio a una mujer, insistiendo en que Jesús también la condenara. «Pero Jesús, inclinado hacia el suelo, escribía en tierra con el dedo. Y como insistieran en preguntarle, se enderezó y les dijo: El que de vosotros esté sin pecado sea el primero en arrojar la piedra contra ella» (Juan 8.6, 7). Las Escrituras no revelan lo que Jesús escribió, pero pienso que escribió en cuanto al perdón.

Por todas las Escrituras hallamos que se repite un ciclo:

- El patrón de Dios para la vida recta.
- La advertencia de Dios cuando fallamos.
- El perdón de Dios con la orden: «Vete y no peques más».

Jesús vino para sacarnos de la inmundicia del pecado y ofrecer perdón como lo ofreció a la mujer acusada. Cuando el hombre brega correctamente con el pecado delante de Dios, el perdón de Dios limpia nuestro pecado y nos hace nuevas criaturas.

El mundo actual quiere respuestas. Tal vez no le gusten, pero quiere la posibilidad de considerar su propio destino. Nuestra responsabilidad es declarar a un mundo moribundo que Jesús salva. Las personas deben oír todo el consejo de Dios; presentado sin avergonzarse y sin editarlo.

La carta del amor de Dios

Mi padre escribió mucho toda su vida. Publicó más de treinta y tres libros, de las cuales las últimas dos fueron lanzados cuando tenía noventa y seis años. Escribió columnas de periódicos, artículos, cartas y sermones; todo basado en la carta de Dios para la humanidad. Estas palabras las escribió años antes de morir: «Dios desea hablar con nosotros a través de su Palabra; es más, esta es su "carta de amor" para nosotros».[7] La Biblia nos dice no solo que nos ama, sino también nos muestra lo que ha hecho para demostrar su amor. Nos dice cómo debemos vivir, porque Dios sabe lo que es mejor para nosotros. Nunca se olvide de que la Biblia es la Palabra de Dios dada a nosotros para que podamos conocerle y seguirle.

Debido a su alto perfil, el ministerio de mi padre ha quedado documentado en más de siete décadas por la pluma de otros. Mi padre nunca se consideró a sí mismo como autor, columnista o escritor. Él era para siempre el predicador porque sea lo que sea a que aplicara su mano, habló y escribió proclamando el mensaje del Rey. Una vez dijo: «Los creyentes en Jesucristo un día serán autografiados por el Autor».

Estoy convencido de que habrá almas que continuarán siendo salvadas mediante los escritos de mi padre porque todos señalan al Salvador del mundo. Billy Graham murió como vivió: reconociendo su debilidad y dependencia de Dios, con la certeza de ser transformado a su semejanza según lo ve nuestro Padre celestial.

Los seguidores de Cristo son testimonios en zapatos. Somos testimonios en habla, pensamiento y acción. ¿Reflejan estos testimonios a Cristo? ¿Qué testimonios están escritos en la tablilla de su corazón?

«Nuestras cartas sois vosotros, escritas en nuestros corazones, conocidas y leídas por todos los hombres; siendo manifiesto que sois carta de Cristo [...] escrita no con tinta, sino con el Espíritu del Dios vivo; no en tablas de piedra, sino en [...] el corazón» (2 Corintios 3.2, 3).

Mi padre escribió una vez: «Algún día usted leerá u oirá que Billy Graham ha muerto. ¡No se lo crea! Estaré más vivo entonces de lo que estoy ahora. Simplemente habré cambiado mi dirección. Me habré ido a la presencia de Dios».[8]

La pluma de escribir de mi padre ya está seca. Algún día nosotros, también, dejaremos a un lado nuestras herramientas de escribir. Nuestros labios quedarán en silencio, nuestros pensamientos callados, pero

Dios seguirá escribiendo. Cuando él tome su pluma al final de los siglos, ¿cambiará nuestra cara como la de Belsasar, consumido en un terrible temor y temblor, o lo miraremos con gozo y adoración?

La Biblia dice que en ese día los que pertenecen a Cristo serán inscritos en la gloria: «Y escribiré sobre él el nombre de mi Dios, y el nombre de la ciudad de mi Dios» (Apocalipsis 3.12).

Y esa es toda la dirección que necesitaremos.

8

En los negocios de mi Padre

Harás bien en encaminarlos como es digno de su servicio a Dios,
para que continúen su viaje.

—3 Juan v. 6

No vengo como emisario de mi gobierno o de mi nación,
sino como ciudadano del reino de Dios [. . .] como embajador de Cristo
[. . .] a predicar el evangelio.

BILLY GRAHAM

Bahía Resurrección. A lo mejor usted piensa que este imponente cuerpo de agua fluye en alguna parte en la tierra de la Biblia, pero en realidad surge por los fiordos tributarios de Estados Unidos de América, a lo largo de la península Kenai, en el gran estado de Alaska.

Alexandr Baranov, explorador y mercader nacido en Rusia, navegaba por esas prístinas aguas cuando una terrible tormenta azotó el Golfo de Alaska. Baranov descubrió una bahía en donde atracar y se agazapó allí hasta que la tempestad dio paso a una aurora bien recibida. Era el Domingo de Resurrección de 1792. Contemplando las aguas en calma y el sol brillante, el alivio y la esperanza lo llenaron, haciéndole llamar a este lugar de seguridad Bahía de Resurrección. Cercado por majestuosas montañas, este fiordo ha sido lugar de seguridad para los barcos.

Cuando pienso en Baranov posando sus ojos sobre esa bahía y poniéndole el nombre por la más grande obra que Jesucristo jamás realizó, su resurrección, me vienen a la mente las palabras del salmista: «¡Alábenlo por sus hechos poderosos!» (Salmos 150.2, DHH).

Alaska ha llegado a ser un lugar de retiro para mí. Un verano cuando mis hijos eran pequeños, llevé a la familia a la Tierra del Sol de Medianoche. Con razón se conoce a Alaska como la última frontera. Empecé a preguntarme si llegaríamos algún día. Una vez que llegamos, no quería dejarla. El próximo año les anuncié que este era nuestro destino de vacaciones. Hace varios años estaba allí cazando osos negros con algunos amigos. Contratamos un bote pequeño en Seward, que está en el extremo norte de la Bahía Resurrección. Tarde una noche, mientras luchábamos por salir de la Bahía y al golfo, las olas azotaban implacablemente nuestro botecito. Las olas nos bailotearon por horas, y a la larga hallamos refugio en un fiordo bastante bien protegido en Prince William Sound. Eso me dio un respeto renovado por los que han atravesado tormentas en alta mar.

Tengo historia con Alaska. En 1970 mi padre hizo arreglos para que yo trabajara allí. Llamó a su amigo, el exgobernador Wally Hickel, y le preguntó si podía buscarme un empleo para mis vacaciones. Nunca soñé que años más tarde yo sería dueño de un pedacito de la tundra de Alaska, y mucho menos que predicaría mi primera cruzada en Juneau, la capital estatal, con el finado doctor John Wesley White.

En 1984 mi padre tuvo una gran cruzada en Anchorage, la ciudad más grande de Alaska. Nueve años después me invitaron a que realizara una cruzada en la misma ciudad, durante la cual muchos llegaron a conocer a Jesucristo como su Salvador.

Alaska es un sitio agreste de fascinación para los que viven allí. Cuando llega diciembre, parte de Alaska no ve el sol por varios meses. Tengo que decir que me alegro de estar de regreso en las montañas

Apalaches en donde los rayos del sol relucen por entre los árboles. Pero en junio, cuando el sol cuelga sobre Alaska noche y día, puedo pescar desde temprano en la mañana hasta muy entrada la noche, y todavía volver a mi cabaña junto al lago para poner la cena en la parrilla.

Tengo maravillosos recuerdos de ir a pescar con mi padre en lagos y ríos. Pienso que por eso me entusiasmaba llevar a mis hijos a pescar cuando empezamos a ir de vacaciones a Alaska. Mi hija Cissie incluso disfrutó del deporte al aire libre; y debería disfrutarlo. Quedó estupefacta cuando, pesando apenas cuarenta kilos, pescó un salmón rey de treinta. Mis hijos y yo nunca le hemos ganado.

Alaska es un sueño para el pescador. Durante mis visitas a este imponente estado he aprendido mucho en cuanto a la pesca del finado George Lye, amigo y compañero de trabajo. Pescar requiere rendimiento, perseverancia y tacto. Para ser un buen pescador, es necesario estudiar la marea, y observar con toda atención el estado del tiempo.

Mi padre a menudo equiparaba la pesca a ganar almas. «Para "pescar" hombres efectivamente», decía, «tenemos que estudiar a Cristo». Jesús les dijo a sus discípulos: «Venid en pos de mí, y os haré pescadores de hombres» (Mateo 4.19). Jesús usaba la verdad de su palabra para atraer a los hombres a sí mismo. El evangelio es el anzuelo que ensarta el alma perdida hambrienta.

¡Qué pesca!

Cuando subo a mi botecito y lanzo el sedal a un sitio profundo, las olas se estrellan suavemente contra el bote mientras yo espero. El mecer de las olas calma el alma y a veces lleva mis pensamientos a otro punto de pesca ubicado como a trescientos metros bajo el nivel del mar. Su historia revela las más asombrosas y memorables crónicas de pesca; no debido a lo que pescaron, sino a los milagros que se extrajeron de sus aguas.

Uno casi puede oír el agua estrellándose contra el barco de madera; y siete pescadores en el mar pescando a altas horas de la noche. Estaban en territorio familiar, haciendo una tarea acostumbrada en un cuerpo de agua que habían recorrido de punta a punta la mayor parte de sus vidas. Pero cuando la aurora rompió, sus redes estaban vacías y ellos estaban desalentados.

«Hijitos», les llamó un hombre, «¿tenéis algo de comer?».

Los hombres respondieron: «No» (Juan 21.5).

«Echad la red a la derecha de la barca, y hallaréis». Y cuando lo hicieron, no la podían sacar, «por la gran cantidad de peces» (v. 6).

Imagínese la emoción en la voz del discípulo cuando Juan le dijo a Pedro: «¡Es el Señor!» (v. 7). Allí, en la orilla, estaba el Cristo resucitado.

Pedro, impulsivo, saltó por la borda. Estaba demasiado entusiasmado como para *tratar de caminar*. Sus extremidades deben de haberlo impulsado por el mar de Galilea como un motor fuera de borda de doscientos caballos de fuerza. Sacó su cuerpo empapado del agua y corrió a Jesús.

Como pescador frustrado yo mismo, puedo apreciar a los discípulos responsables que se quedaron atrás para arrastrar la red. Pero me gustaría pensar que yo hubiera respondido como Pedro: *¡vete a Jesús y olvídate del pescado!*

Pedro halló a Jesús preparando pescado y pan sobre brasas ardientes. Allí en la playa los discípulos se sirvieron el desayuno juntos y disfrutaron de la comunión de su Maestro y Amigo.

Echa el ancla

Antes de que Jesús volviera al cielo, todavía había algunas lecciones que estos hombres tenían que aprender en cuanto a los negocios de su Padre. Jesús los había llamado «hijitos». Había atendido a su hambre. Les había enseñado cómo pescar hombres y alimentar las almas.

«¿Me amas más que éstos?», le preguntó Jesús a Pedro.

Pedro respondió: «Sí, Señor. Tú sabes que te amo».

Jesús le dijo a Pedro: «Apacienta mis corderos».

Le hizo la pregunta a Pedro por segunda vez, y Pedro respondió lo mismo. Jesús le dijo: «Pastorea mis ovejas» (Juan 21.15, 16).

A un Pedro afligido Jesús le hizo la pregunta por tercera vez. Pedro debe haber pensado en su negación de Cristo tres veces antes de la crucifixión. Quería desesperadamente que el Señor supiera su profundo amor por él.

Pero Jesús quería algo más que una simple declaración de amor humano. Era Pedro el que dirigiría a los discípulos de Jesús a dedicarse a los negocios de su Padre. Jesús quería que Pedro le amara más que la pesca. Quería que Pedro le amara a todo costo de placer y deseo. Quería de Pedro la devoción completa que sería necesaria para apacentar y pastorear sus ovejas. La misión de Pedro no era solo convertirse en pescador de hombres, sino también alimentar las almas de los hombres con la Palabra de Dios y luego enviarlos a pescar a otros.

Mi padre exhibió lo que a menudo predicó a los que proclamaban el evangelio. «El que es llamado, y separado, para la obra de evangelista», diría, «debe dedicar su tiempo y esfuerzo con una sola determinación a esta tarea dada por Dios. No debe distraerse por nada que lo desvíe de esto».

Jesús continuó profundizando la comprensión de Pedro al punto de decirle que él, también, perdería su vida por causa de Cristo y en el martirio. Cuando Pedro finalmente se dio cuenta del genuino amor requerido para seguir al Salvador, su corazón echó ancla, estabilizando su resolución de seguir a Jesús costara lo que costara, incluyendo una muerte horrorosa.

Jesús entendió su misión en la tierra y quería que sus discípulos entendieran lo que su amor por él exigía. «Ser discípulo de Jesús quiere decir aprender de él y seguirle obedientemente. El costo puede ser alto», decía mi padre a menudo.

Esto es lo que Jesús les estaba diciendo a los discípulos. La historia demuestra, y las Escrituras documentan, que los discípulos entendieron al punto de perder sus vidas por él.

Le buscaban con angustia

Incluso cuando muchacho Jesús entendió su misión en la tierra. Cuando tenía apenas doce años, fue con sus padres a Jerusalén para la fiesta de la Pascua. Cuando volvían a Nazaret, después de un día de viaje, María y José descubrieron que Jesús no estaba entre la gran caravana de viajeros. Volvieron presurosos a la ciudad y hallaron a Jesús en el templo, «sentado en medio de los doctores de la ley, oyéndoles y preguntándoles. Y todos los que le oían, se maravillaban de su inteligencia y de sus respuestas» (Lucas 2.46, 47).

María le dijo: «Hijo, ¿por qué nos has hecho así? He aquí, tu padre y yo te hemos buscado con angustia» (v. 48).

«¿Por qué me buscabais?», preguntó Jesús. «¿No sabíais que en los negocios de mi Padre me es necesario estar?» (v. 49).

Seguramente, María se daba cuenta de que llegaría el tiempo cuando su hijo enfrentaría el peligro; pero su corazón de madre no podía dejar de tratar de retenerlo hasta aquel día.

Nuestra humanidad quiere aferrarse a lo que nos pertenece. No siempre comprendemos lo que Cristo espera de nosotros. Pero como Pedro aprendió, debemos dejar a un lado todas las cosas a las que nuestras voluntades se aferran. Debemos venir a Jesús con corazones abiertos y manos abiertas a fin de poder dedicarnos a los negocios de nuestro Padre, impulsando a las almas perdidas a buscar con ansias a Jesús.

Preocupación de un presidente

La historia de nuestro país tiene profundas raíces en la obra misionera. En el civilizado Estados Unidos de América es difícil comprender el día cuando gran parte de nuestra nación le faltaba exploración y refinamiento. Desde los notorios exploradores Lewis y Clark, se cuenta el episodio en cuanto a Meriwether Lewis, que abrió el Oeste de la nación siguiendo el río Missouri hasta su nacimiento y luego cruzó las montañas Rocosas para seguir el Columbia hasta el Océano Pacífico.

Yo he seguido el río Missouri de St. Louis a Montana en un avión mirando hacia abajo sobre las orillas silvestres y escabrosas. Tentáculos de tierra penetran en el río reflejando la sombra monstruosa de las montañas de Idaho, en donde los peligros todavía se agazapan doscientos años después de que Lewis y Clark surcaron esas aguas con nada más que remos.

Lewis había recibido una comisión del presidente Tomás Jefferson para explorar el Oeste, indicando que si no era recibido con hospitalidad debía volver a la seguridad.[1]

Esto me hizo recordar el gran cuidado que Jesús mostró en su instrucción a sus discípulos al enviarlos en sus jornadas para llevar el evangelio a Judea. Esto puso en su lugar el cimiento para más tarde ir a todo el mundo para esparcir las buenas noticias.

«Mas en cualquier ciudad o aldea donde entréis, informaos quién en ella sea digno, y posad allí hasta que salgáis. Y al entrar en la casa, saludadla. Y si la casa fuere digna, vuestra paz vendrá sobre ella; mas si no fuere digna, vuestra paz se volverá a vosotros. Y si alguno no os recibiere, ni oyere vuestras palabras, salid de aquella casa o ciudad, y sacudid el polvo de vuestros pies» (Mateo 10.11–14).

Jesús no dejó mandamiento sin instrucción, incluyendo cómo enfrentar la falta de hospitalidad.

Cuando mi padre empezó su ministerio, las ciudades grandes tenían hoteles, pero en ciudades pequeñas no había hoteles de las grandes cadenas. La única opción eran pensiones o los hogares de las personas. Le oí contar algo de la hospitalidad cálida que disfrutó de laicos y hombres de negocios que le abrieron sus casas en esos primeros días, cuyas esposas preparaban el desayuno, almuerzo y merienda, e incluso le lavaban la ropa y le planchaban las camisas. Esas experiencias solidificaron amistades de toda la vida.

Yo también tengo buenos recuerdos del principio del ministerio. Me invitaban dirigentes de iglesias y misioneros a predicar en iglesias de pueblos y reuniones al aire libre en lugares como África e India. Aquellos servidores fieles abrieron sendas para el evangelio en algunos de los rincones más oscuros del mundo. Me abrieron sus brazos en espíritu cristiano que abriga el alma y deja en el corazón una huella duradera de la hospitalidad del Señor.

Pero hubo ocasiones en que me hallé en territorio hostil, y tuve que sacudirme más que el polvo de los zapatos. He tenido que arrastrarme por zanjas lodosas por la frontera de Camboya después de un ataque con mortero, y me he agazapado por la Línea Verde de Beirut, conocida como el Callejón de los Francotiradores, para escapar del peligro.

Viajar por los lugares candentes del mundo me dio una vista de primera mano de lo que soporta el pueblo de Dios. Mi trabajo con Samaritan's Purse se edificó sobre el ministerio del doctor Bob Pierce, fundador del ministerio y amigo de mis padres. El doctor Pierce tenía un corazón grande y compasivo. Mi padre me animó a viajar con él y aprender de él.

Lo observaba mientras andaba en las pisadas de otros de los grandes siervos del Señor, atendiendo a las necesidades de tantos. Dio de comer a los hambrientos; y luego les enseñó a plantar sembríos; vistió a los desnudos, y luego proveyó máquinas de coser y tela; proveyó agua en tierras secas, y luego les enseñó cómo cavar pozos; envió medicina a los enfermos y luego presentó a los médicos el reto de considerar las misiones médicas. Se preocupó por los huérfanos y las viudas, tal como Jesús ordenó.

Cuando murió de leucemia en 1978, me sentí indigno cuando se me pidió que asumiera el liderazgo de Samaritan's Purse, una organización pequeña en ese tiempo, con solo dos secretarias que renunciaron cuando yo acepté. A los veintiséis años no estaba seguro de cómo empezar. Mi padre me señaló las pisadas de los que habían ido antes.

La obra cristiana de auxilio ha cambiado drásticamente, pero sin que importe a dónde voy, las pisadas de los que fueron antes de nosotros todavía son evidentes hoy.

He visto a médicos abandonar todas las conveniencias modernas para seguir en los pasos de David Livingstone en África; a traductores de la Biblia seguir en las pisadas de Juan Wycliffe; a misioneros empacar y mudarse con sus familias a los rincones más lejanos de la tierra. Samaritan's Purse ha colocado enfermeras, médicos, maestros, técnicos, excavadores de pozos y un ejército de voluntarios sobre las huellas del pasado a fin de llevar el evangelio al futuro.

«¡Gracias Bill-iii Graham!»

Mis padres me estimularon en todo este trabajo. Yo había adquirido experiencia en viajes internacionales y aprendido mucho en cuanto a cómo la política internacional podía ayudar o estorbar nuestros esfuerzos en el extranjero.

Así que, naturalmente, consideré un gran privilegio cuando mi padre me pidió que le acompañara a Europa Oriental en varias ocasiones en la década de los 80. Él había hablado abiertamente en cuanto al comunismo, el cual no era muy diferente al secularismo actual, y la amenaza que significaba para el mundo. Especialmente se preocupaba por el estado de la iglesia en los países del bloque comunista. Las tensiones políticas estaban en punto febril, y la persecución de los cristianos detrás de la cortina de hierro se había extendido.

Rusia y sus aliados se habían dedicado a una carrera armamentista que estaban perdiendo ante el mundo libre, llevando su sistema a la bancarrota. El presidente Ronald Reagan había preparado una nueva estrategia llamada «Star Wars» (La guerra de las galaxias); iniciativa defensiva que Estados Unidos de América querían establecer a fin de proveer un escudo de protección contra proyectiles soviéticos.

Cuando mi padre le contó al presidente que quería ir a la Unión Soviética para predicar, el presidente Reagan lo respaldó. Pensaba que Billy Graham, como ministro, podía hasta cierto punto irrumpir por la costra dura del comunismo y ayudar a suavizar su retórica. Mi padre oraba que el resultado fuera la libertad de religión para los de la fe.

Cuando fue a Europa Oriental, quiso identificarse con la iglesia perseguida. Algunos de los medios seculares de comunicación quisieron ponerle una trampa y trataron de hacerle decir algo negativo que socavaría su misión de predicar el evangelio. Le preguntaron: «¿Vio usted alguna persecución?». Mi padre respondió: «No». No había visto nada de eso, pero él sabía que la había. También sabía que el gobierno anfitrión nunca le permitiría ver la persecución.

Por dondequiera que fue, el hambre espiritual y la apertura se manifestaban con claridad evidente en las multitudes que se aglomeraban en las calles y se reunían en las terrazas de los edificios. Gritaban: «¡Gracias, Bill-iii Graham!». Su visita los animó en sus horas oscuras pero esperanzadas en que la libertad de religión era posible.

Yo miraba, escuchaba y observaba todo lo que podía. Anduve en la sombra de las pisadas de mi padre por toda la región. A su lado me senté en reuniones con jefes de estado y líderes de la iglesia en Rumanía, Hungría y la Unión Soviética.

Aprendí tremendas lecciones de él mientras trataba con pensadores astutos. Mi padre parecía hallar puntos de interés para interactuar con los que se oponían a su fe personal en Dios. Escuchaba con atención sus puntos de vista y, cuando se le daba la venia, daba un empujón para abrir la puerta para el diálogo. Lo hacía con respeto y con amor.

Su ministerio en Europa Oriental habría sido imposible si Dios no hubiera puesto al doctor Alexander Haraszti en su vida. Este consejero nacido en Hungría era un hombre brillante, que ostentaba cinco títulos, uno de ellos en comunismo. También era médico especializado en cirugía y hablaba múltiples idiomas. El doctor Haraszti se convirtió en el estratega para abrir el camino a los países del bloque oriental. Conocía la mente comunista y entendía justo en dónde poner a Billy Graham por la causa del evangelio.

En tanto que mi padre se sentía privilegiado al obtener entrada en estos países que se morían de hambre espiritualmente, todo eso fue con mucho temor y temblor. Pasamos mucho tiempo juntos con este equipo orando que Dios revelara maneras específicas para presentar el evangelio.

Había incertidumbres de que se usaría a mi padre para propaganda. En ocasiones él sintió ansiedad de que pudiera sin saberlo hacer acomodos en el mensaje. Lo que más me influyó fue oírle, sin falta, presentar a Jesucristo. Con claridad se dedicó a los negocios de su Padre. Los resultados fueron a menudo como los que obtuvo el apóstol Pablo: algunos rechazaron por completo la verdad mientras otros fueron receptivos; pero nosotros sabíamos que se había dado a conocer la Palabra de Dios.

Recuerdo la tensión que experimenté cuando tomé asiento en la primera reunión con nuestros anfitriones comunistas en Moscú. Me asombró ver con qué maestría mi padre derritió la fachada de hielo de aquellos hombres. Empecé a relajarme al observar a un embajador de Cristo trabajando, maravillándome por su humor gentil y lleno de gracia; sonriendo por su capacidad de relacionarse personalmente. Sea mediante preguntas en cuanto a la familia de ellos, o preguntando cómo pasaban ellos su tiempo de diversión, él siempre tenía su manera de abrigar unos corazones más bien fríos.

Díganos algo nuevo

La visita de Pablo a Atenas fue un pasaje bíblico estimulante para mi padre, especialmente al viajar por Europa Oriental.

El apóstol Pablo estaba en Atenas, esperando la llegada de Silas y Timoteo. Mientras estaba en aquel centro religioso de Grecia, se dedicó a los negocios de su Padre. Vio que la ciudad estaba llena de ídolos. Allí se adoraba a todos los «dioses» que el hombre podía concebir. La Biblia dice que Pablo «discutía en la sinagoga con los judíos y piadosos, y en la plaza cada día con los que concurrían» (Hechos 17.17).

Un gran movimiento actual en la llamada iglesia emergente es algo a lo que se hace referencia como «el mercado de ideas». No hemos visto ninguna idea que emerja en que ya no se hubiera pensado en Atenas.

La Biblia registra ese encuentro: «Y algunos filósofos de los epicúreos y de los estoicos disputaban con [Pablo]; y unos decían: ¿Qué querrá decir este palabrero? Y otros: Parece que es predicador de nuevos dioses; porque les predicaba el evangelio de Jesús, y de la resurrección» (v. 18). Llevaron, pues, a Pablo al tribunal para interrogarle. «¿Podremos saber qué es esta nueva enseñanza de que hablas? Pues traes a nuestros oídos cosas extrañas. Queremos, pues, saber qué quiere decir esto» (vv. 19, 20).

Pablo debe haberse entusiasmado. Nada entusiasma más a un evangelista que oír estas palabras: *dinos qué quiere decir el evangelio.*

Mi padre una vez escribió: «Jesús nos dice que no nos dejemos desviar por las voces de extraños. Hay tantas voces extrañas que se oyen en el mundo religioso de nuestro día. Debemos comparar con la Palabra de Dios lo que esas voces dicen».[2]

Pablo diferenció entre las voces sinceras y las palabras de los escépticos. Sabía que los hombres de Atenas y los extranjeros de la ciudad pasaban su tiempo procurando oír algo nuevo.

Así que se puso de pie y proclamó:

Varones atenienses, en todo observo que sois muy religiosos; porque
pasando y mirando vuestros santuarios, hallé también un altar en el cual
estaba esta inscripción: AL DIOS NO CONOCIDO. Al que vosotros
adoráis, pues, sin conocerle, es a quien yo os anuncio. El Dios que hizo
el mundo y todas las cosas que en él hay, siendo Señor del cielo y de la
tierra, no habita en templos hechos por manos humanas, ni es honrado
por manos de hombres, como si necesitase de algo; pues él es quien da
a todos vida y aliento y todas las cosas. Y de una sangre ha hecho todo
el linaje de los hombres, para que habiten sobre toda la faz de la tierra
[...] para que busquen a Dios [...] [quien] ahora manda a todos los
hombres en todo lugar, que se arrepientan. (Hechos 17.22–27, 30)

Cuando Pablo terminó, algunos se burlaron de él; otros dijeron: «Ya
te oiremos acerca de esto otra vez» (Hechos 17.32). Pablo entonces se
fue con algunos que creyeron.

Este relato es una lección asombrosa para presentar, con diploma-
cia sin acomodos, la verdad de la Palabra de Dios en un territorio
antagónico. La atención cuidadosa que Pablo dio para recalcar a
Cristo, y la aplicación de mi padre para buscar un punto de interés,
como Pablo muy hábilmente lo hizo, es algo que siempre considero
cuando estoy sentado a la mesa con los que no creen en el Dios en
quien yo creo.

Mi padre habló muchas veces en cuanto a la persecución, diciendo:
«Jesús advirtió que el precio de creer en él sería alto. La mofa, la risa,
la persecución e incluso la muerte serían comunes, pero muchos se
negarían a pagar ese precio».

Usted tal vez se halle envuelto en un tiempo como este. Dios es
quien escoge, y Dios es quien usa, y ningún seguidor auténtico de Cristo quiere quedarse un paso corto al presentar la verdad de Dios.

El doctor Charles Stanley, que fue un buen amigo de mi padre, y a
quien escuchaba los domingos por la mañana, se despide del aire con esta
declaración: «Obedezca a Dios y déjele a él todas las consecuencias».[3]

Algo válido nunca envejece

Antiguamente, la gente anhelaba oír algo nuevo, y nuestra sociedad de hoy no es diferente. La cultura actual persigue lo mismo: una nueva experiencia, una nueva emoción, un nuevo conocimiento, nuevas relaciones personales. El problema es que las personas están buscando en el lugar equivocado.

Los reporteros corren detrás del último hecho noticioso para conseguir la exclusiva; los *paparazzi* se disfrazan para conseguir una foto única en su clase; las cámaras de video revolotean en un helicóptero encima de algún acontecimiento social para captar una reunión privada. Todo el mundo está buscando la emoción singular de la vida.

A mi madre siempre le encantó buscar antigüedades. En tanto que esto sigue siendo un gran negocio, nunca he visto a una multitud fuera de una tienda de antigüedades. Pero vaya a Walmart o a Best Buy por lo más reciente o lo más grande, y le garantizo que no le será fácil encontrar dónde estacionar su automóvil.

A menudo la gente anda en busca de lo que no se puede comprar. Todo lo que necesitan estos es mirar la «vieja, vieja historia» del amor de Jesús que se hace nuevo para todo el que cree en él y sigue sus pasos.

Toda generación encuentra lo viejo y lo nuevo. La generación de mis abuelos experimentó la explosión del transbordador espacial *Discovery*, con las invenciones de la electricidad, teléfonos, vehículos impulsados por gasolina, y cosas por el estilo. Vieron más cosas *nuevas* que cualquiera otra generación. Cuando ellos nacieron, los hombres viajaban a caballo y en carretas. A la vuelta del siglo xx, los ministros eran predicadores itinerantes de circuito que viajaban a lomo de caballo de ciudad en ciudad, de iglesia en iglesia, pastoreando muchos rebaños.

Antes de que mis abuelos murieran, los hombres caminaron en la luna. La entrega de correspondencia pasó del Pony Express que tardaba de diez a doce días para entregar una carta a la entrega de la noche a la mañana. Hay un fragmento pequeño de esa generación que todavía vive y que ahora se jacta de comunicarse por correo electrónico. La magnitud de los cambios hubiera parecido estrafalaria a fines del siglo xix.

La generación de mis padres experimentó la explosión de población y los viajes supersónicos. La forma de vida pasó de viajar en trenes y barcos que llevaban semanas y meses, a reactores que pueden ir de uno al otro lado del océano en pocas horas. Muchos dicen que a esa generación no les gustaba el cambio. De hecho, la verdad es que ellos vieron más cambio tal vez que cualquier otra generación. A lo mejor debemos considerar su sabiduría al darse cuenta de que muchos de los cambios en nuestra cultura actual son malos para la sociedad. El cambio no es siempre algo bueno.

Mi generación experimentó la explosión de comunicación, con el desarrollo de computadoras personales, teléfonos celulares, redes sociales y la idea de que la gratificación instantánea da felicidad.

La generación joven actual ha experimentado la edad inalámbrica y la explosión de información, que ha puesto en movimiento una cultura de desencanto y entretenimiento. El popular programa *60 Minutes* [60 minutos] de la cadena CBS llama a la última generación del siglo xx la «generación del milenio».[5] Lo tienen todo y no saben cómo arreglárselas si no lo consiguen rápido. El concepto de esperar por algo es ajeno a ellos.

Sentado con mi padre en su porche del frente una cálida noche de verano, disfrutábamos de un trozo de sandía helada. Él parecía reflexionar al mirar al otro lado del tranquilo Valle Swannanoa. «Franklin» me dijo, «el mundo que conocí cuando muchacho ha desaparecido». «Ni siquiera entiendo el mundo en que vivo hoy. Me ha dejado atrás».

Y, sin embargo, hay muchos en la actual generación joven que desean entender el significado de la vida. Algunos buscan en vano; otros buscan hasta que hallan que una relación personal con Dios por su Hijo Jesucristo llena el vacío de sus vidas.

Fue por esta razón que Billy Graham jamás perdió su visión por los jóvenes. Entendía las necesidades de que las almas se reconcilien con Dios. Satisfacer nuestros deseos no puede llenar el anhelo espiritual del corazón. Habiendo pasado sus primeros años con «Juventud para Cristo», se preocupaba en tener siempre un énfasis juvenil durante sus cruzadas. Ya fuera mediante un testimonio con el cual los adolescentes pudieran identificarse o mediante música especial, nunca dejó de recordar que los jóvenes de hoy serán los líderes mañana.

La persecución crece

Mi generación ha sido bendecida con la facilidad del transporte supersónico, los restaurantes de comida rápida y los hoteles convenientes junto a las autopistas. Para mí, son unos tristes sustitutos de mi camioneta y de mi casa en las montañas, aunque me permiten cubrir mucho territorio en breves periodos de tiempo.

Cuando empecé a predicar, dormía en algún sofá-cama en la sala de alguien, y me despertaba ante ojos curiosos de pequeños.

Hasta hoy, cuando viajo a lugares rústicos, arreglárselas como uno pueda es todavía una forma de vida. Al abrirnos paso por las carreteras minadas de Angola y avanzar por los pantanos de Indonesia, oramos para llegar seguros. No es raro irse a la cama bajo un mosquitero mientras uno mantiene un ojo vigilante en una serpiente que se desliza por el techo de paja encima del catre. Tal es el caso cuando viajo a partes remotas del mundo dedicado a los negocios de mi Padre.

Como mi padre, que alcanzó a la iglesia perseguida en Europa Oriental, yo he tratado de hacer lo mismo en el mundo islámico. Musulmanes radicales persiguen a los cristianos, desde Filipinas, Indonesia y Pakistán, a Irán y los países del Medio Oriente, incluyendo Turquía moderna. A los cristianos se les asesina, se queman sus iglesias y la persecución crece.

«¡Señor presidente, ustedes erraron!»

«Como el agua fría al alma sedienta, así son las buenas nuevas de lejanas tierras» (Proverbios 25.25).

Samaritan's Purse ha estado llevando las buenas noticias a Sudán, en donde la guerra civil ha estado rugiendo por más de treinta años, y los musulmanes del norte masacran a los cristianos negros del sur. Mientras la lucha asolaba la zona rural, pasó a segundo plano ante el conflicto sangriento en Darfur, ubicada en la parte norte del país. Por algún tiempo había estado animando a nuestro liderazgo político para que negociara con el gobierno de Sudán por el bien de vidas inocentes.

En un lugar llamado Lui en el sur del Sudán construimos un hospital para servir a la población local azotada por años de guerra. Poco después de que nuestro equipo estableció una base de operación, el gobierno radical islámico de Sudán empezó a bombardear el hospital. El gobierno trataba de amedrentarnos, pero en lugar de eso, los ataques incesantes fortalecieron nuestra determinación, y el Señor protegió a nuestro personal y al edificio de todo daño.

Un día recibí una carta de la embajada de Sudán en Washington seguida de una llamada telefónica. El embajador sudanés me pedía que me reuniera con él en mi oficina en Boone, Carolina del Norte. Al principio estuve renuente debido a las hostilidades de parte del gobierno islámico, pero cuando pensé en cómo mi padre se había reunido con líderes opuestos a su mensaje y recordé la intrepidez del apóstol Pablo para hablar con los filósofos griegos en cuanto a «cosas extrañas», extendí a la delegación sudanesa una invitación para que vinieran.

Semanas después, el embajador llegó a mi oficina con sus guardaespaldas. Mi personal sirvió café, té y fruta fresca a nuestros invitados. Para los estadounidenses esto no hubiera significado gran cosa, pero ofrecer refrescos a los que vienen de una cultura africana se ve como extendiendo una mano de hospitalidad y mostrar una disposición de reunirse en un ambiente cordial. En otras palabras, para los africanos, tales gestos significan mucho. Con todo, yo sabía que no podía hacer acomodos en mi mensaje.

Después de que se hicieron las presentaciones apropiadas de acuerdo al protocolo, invité al embajador a sentarse y charlar. Escuché con atención mientras él hablaba en cuanto a lo que veía que era el problema en su país. Cuando terminó, le dije: «Señor embajador, su gobierno ha bombardeado nuestro hospital en siete ocasiones separadas. Apreciaría si su presidente detuviera esos ataques. Somos cristianos ayudando al pueblo de Sudán en el nombre de Jesucristo. Nuestra mano se extiende a cristianos y musulmanes. Señor embajador, yo no estoy tomando lados en su política. ¿Pudiera usted pedirle a su presidente que deje de bombardear nuestro hospital? Se están perdiendo vidas inocentes de sus ciudadanos. Puedo asegurarle que haré todo lo que pueda para cooperar en el proceso de paz».

El embajador alzó las cejas, y después de unos pocos momentos de silencio incómodo, se fue prometiendo examinar el asunto. Semanas más tarde, el ministro sudanés de relaciones exteriores llamó, y en diciembre del 2004 yo estaba en camino para reunirme con el contro-vertido presidente de Sudán, Omar al-Bashir. Algunos dicen que él es responsable por la muerte de centenares de miles, no solo en Darfur sino también en el sur.

Yo no estaba seguro de qué clase de recepción recibiría, pero nuestro equipo oraba que Dios pusiera las palabras correctas en mis labios y plantara mis pies firmemente en sus pisadas. Para mi sorpresa, se nos invitó a quedarnos en la casa presidencial de huéspedes. Estaba agrade-cido de tener a mi lado a mi amigo de confianza, el reverendo Sami Dagher, de Líbano. Él servía como mi intérprete para asegurar que el testimonio del evangelio se tradujera con claridad.

Al próximo día se me escoltó a la oficina del presidente al-Bashir. «Señor presidente», empecé, «gracias por reunirse conmigo para hablar sobre cómo podemos trabajar juntos por la paz en su país». Le conté que nuestro hospital estaba atendiendo a la gente de Sudán.

Con una sonrisa engreída se volvió a uno de sus ayudantes y dijo en inglés: «¿Acaso nosotros no bombardeamos ese hospital?». Cuando su ayudante dijo: «Sí», el presidente al-Bashir se rio.

Le miré directamente a los ojos, sonreí cortésmente y le dije: «Pero, señor presidente, ¡ustedes erraron!».

Su risa se apagó.

Entonces dijo: «Señor Grajum, me gustaría hacerlo musulmán».

«Señor presidente» le contesté, «me encantaría darle la oportunidad para que lo intente». Entonces le pedí permiso para predicar en su país en cuanto a mi esperanza de paz. No dijo que sí ni dijo que no. Cuando la paz llegue al Sudán, tal vez sea posible.

Dos años después, estuve de nuevo con el presidente al-Bashir en Jartum, capital de Sudán, para hablar sobre Darfur. De nuevo él dijo: «Quiero hacerlo musulmán». No se daba por vencido, ni tampoco yo.

Pensé en la forma en que mi padre trataba con líderes difíciles. Nunca fue irrespetuoso con sus sistemas de creencias. Al mostrar interés en sus vidas personales, estaba tratando de derribar barreras que algún día no impidieran que acogieran la verdad de Dios.

Presenté una petición de las iglesias y escuelas pidiendo para que el gobierno de Sudán reconociera el trabajo de las iglesias y las escuelas en cuanto a ayudar en la educación de su pueblo. Expliqué mi preocupación por los civiles inocentes en el país, la persecución de la iglesia, y los pastores que habían sido asesinados.

Los líderes cristianos de Sudán habían pedido ciertos derechos: permiso para comprar terrenos para construir iglesias (hasta ese tiempo a los cristianos no se les permitía comprar propiedad); reconocimiento de certificados de las universidades cristianas (no reconocidas por el gobierno musulmán de ese tiempo); educación cristiana para los niños y transmisiones radiales de mensajes cristianos en Sudán.

Para asombro mío, el presidente al-Bashir se mostró cooperativo; quinientas doce iglesias habían sido reconstruidas, y hoy día continuamos enseñando a nuevos pastores para reemplazar a los que han sido asesinados.

Yo tenía varias peticiones a nombre de Samaritan's Purse. Pedí permiso para trabajar con las iglesias y comprar tiempo para televisar un programa especial de Navidad. Quería que el gobernador de Hamesh Khoreb nos diera acceso a un hospital que habíamos construido y del cual se nos había expulsado. Y mi última petición fue quince millones de dólares del gobierno del Sudán para ayudarnos a reconstruir las iglesias que habían destruido durante la guerra en el Sur y que fue parte de su plan para erradicar a las iglesias cristianas.

Sami Dagher tradujo el mensaje con destreza haciendo énfasis en que los ciudadanos sudaneses más nobles eran cristianos que no destruían ni tierra ni personas, sino que más bien construían poblaciones y animaban a sus prójimos mediante la paz y el amor. El presidente no pudo argumentar. Los hechos eran evidentes; en donde quiera que había presente una comunidad cristiana, había personas que trabajaban duro procurando vivir vidas tranquilas y pacíficas.

El presidente sudanés ha concedido todo lo que pedimos, excepto los quince millones de dólares. Confiamos en que el Señor proveerá. Solo él sabe cuánto tiempo estará abierta la puerta para iniciar iglesias en esta asolada nación africana.

Hay personas por todo el mundo orando diligentemente por los seguidores de Cristo en Sudán que han aprendido, a gran costo, lo que es vivir por Cristo. Los radicales islámicos dentro del gobierno de Sudán habían dicho algún tiempo atrás que deseaban extirpar a la iglesia cristiana en todo Sudán e instituir la ley sharia. Con todo, el Señor usó nuestra visita para abrir al evangelio las ondas del aire por todo Sudán.

Mediante el programa de televisión de evangelización mundial de la AEBG, se nos permitió comprar tiempo en la televisión sudanesa y trasmitir Mi esperanza, lo que resultó en que casi tres mil personas hallaran la salvación de Jesucristo. Esto es una gran victoria en cualquier país, pero especialmente notable en una nación musulmana. A pesar de la hostilidad hacia nuestro trabajo, el Señor proveyó una manera para que fortaleciéramos su iglesia en aquel país.

Mis padres siempre creyeron que al extender la mano de la hospitalidad, se puede ablandar los corazones endurecidos. He visto esto funcionar efectivamente. En contraste, el odio puede abrir un aluvión de opresión demoníaca como presenciamos poco después del nacimiento del siglo xxi.

Terror atenazador

El 11 de septiembre del 2001 los estadounidenses contemplaron con horror cuando los noticieros de la mañana transmitían imágenes en vivo de los aviones que se estrellaban contra el Centro Mundial de Comercio en Nueva York. En pocas horas, las dos imponentes torres que una vez reflejaron la prosperidad financiera de Estados Unidos de América se derrumbaron, enviando nubes de humo y escombros al cielo. La secuela del atroz ataque terrorista se extendió por todo el mundo libre.

Tres años más tarde, el 26 de diciembre del 2004, el mundo encendió sus televisores para contemplar la devastación del gran tsunami que barrió parte de la playa Indonesia al Océano Índico. Un pueblo en el norte, en la punta de Sumatra fue arrastrado por completo al mar, dejando ochenta mil muertos. Un camarógrafo aficionado captó en video el evento, y las imágenes fueron trasmitidas por todo el mundo, haciendo que la temporada de Navidad se detuviera en seco.

Al año siguiente, Estados Unidos de América contuvio la respiración y fijó sus ojos en la cobertura minuto por minuto tratando de ver si las predicciones se hacían realidad; que el huracán Katrina borraría del mapa a Nueva Orleans y otras ciudades en la costa del Golfo de México.

He aprendido muchas cosas al observar cómo trabajaba mi padre, dedicado a los negocios del Reino en el nombre del Señor Jesús. Cuando la tragedia ataca, una cosa es siempre cierta: los tiempos difíciles hacen que la gente piense en Dios. Para los seguidores de Cristo, los tiempos de adversidad proveen oportunidades para hablar del amor de Cristo y del perdón a los angustiados.

En su libro *Aviso de tormenta*, mi padre escribió: «El mundo entero está en conflicto [...] Vivimos en una época de enormes conflictos y de transformación cultural. [...] Hemos quedado atónitos por las olas de choque alrededor del globo [...] Mientras que los mundialistas [...] continúan con su cantaleta de "paz, paz", debemos recordar que la Biblia dice que no puede haber paz duradera hasta el retorno de Cristo».[5]

Mi deseo ha sido, mediante la AEBG y Samaritan's Purse, dedicarme a los negocios de mi Padre en respuesta a las necesidades que llegan llamando a nuestra puerta a velocidad vertiginosa. Casi ni podemos abrir un centro de respuesta antes de que otra tragedia acontezca. Pero en todo eso, Dios provee la capacitación proveyendo los fondos mediante su pueblo y poder mediante las oraciones de los santos.

Mi padre escribió que cuando las tormentas vienen, «no tenemos que depender de las circunstancias que nos rodean, ¡sino más bien de los recursos de Dios!».[6] Siempre oró que Dios abriera las puertas para la proclamación de la Palabra (Colosenses 4.3). Y muchas veces las puertas abiertas llevan derecho a corazones atormentados y en problemas.

Samaritan's Purse ha provisto ayuda práctica en tiempo de angustia, y la AEBG ha provisto consuelo espiritual mediante programas como nuestros equipos de respuesta rápida. Nos hemos visto abrumados por la reacción de todas partes de Estados Unidos y Canadá; personas que quieren tomar sus vacaciones, o licencia de su trabajo, para trabajar voluntariamente con nuestros ministerios que sirven en alguna parte cada año ayudando a los que están en aguda necesidad.

Días después del ataque terrorista en 2001, el presidente llamó a mi padre para que se dirigiera a la nación, pidiendo que la gente orara. Mientras él se preparaba para hablar, yo me hice cargo de los asuntos de mi padre, preparando consejeros y obreros de auxilio para que fueran a Nueva York para consolar a los sufrientes, almas heridas y agotadas que necesitaban la seguridad de que, con todo, Dios todavía las amaba.

El 14 de septiembre de 2001 mi padre habló en la Catedral Nacional de Washington en presencia del presidente George W. Bush y de otros cuatro de los cinco expresidentes vivos: Gerald Ford, Jimmy Carter, George H. W. Bush y Bill Clinton.

En la secuela del tsunami, Billy Graham envió ayuda financiera de la AEBG a la región, y yo despaché un equipo de Samaritan's Purse para que llevara provisiones de socorro a la gente de India y países vecinos. Todavía estamos viendo a Dios obrando por su pueblo, que están alcanzando a aquellos cuyas vidas han sufrido gran pérdida.

De mi padre aprendí la importancia de una respuesta rápida en tiempos de crisis. ¡Cuán bien recuerdo el gigantesco ciclón que azotó el sur de India en 1977! Mi padre llegó la misma semana para tener una campaña. Al ver la devastación provocada por aquel feroz temporal, sintió la abrumadora necesidad de ayudar. El presidente de India proveyó un helicóptero para que mi padre pudiera recorrer la región devastada. Cuando él vio los destrozos, prometió reconstruir uno de los pueblos. Vi con mis propios ojos cómo esto abrió las puertas para el ministerio y los corazones para el evangelio.

Samaritan's Purse y la AEBG responden en pocas horas a las tragedias, trabajando mediante las iglesias locales y aliados cristianos para reconstruir pueblos, iglesias, viviendas, escuelas y hospitales en el nombre de Jesús.

Creo que muchas veces Dios permite estas aturdidoras tragedias para guiar a los perdidos a Jesucristo y mantener a los suyos dedicados a los negocios de su Padre.

De catástrofes a cruzadas

En los últimos años de su ministerio, Billy Graham cubrió Estados Unidos de América de costa a costa, de Los Ángeles a Nueva York. Aunque su deseo de predicar nunca se redujo, su cuerpo debilitado no podía mantenerse a la par de ese deseo. Su última cruzada la llevó a cabo en 2005 en Flushing Meadows, Nueva York.

Yo trataba de persuadirlo a que se mantuviera ocupado, pero él, con un gentil regaño me decía: «Franklin, no entiendes. Ya no tengo la fuerza. Espera a que pases de los ochenta». Fue lo suficiente sabio para saber cuándo había llegado el momento de descansar.

Cada vez que visitaba a mi padre, regresaba a casa sintiéndome yo mismo más débil, deseando poder ayudarle a terminar con fuerzas. Regresando un día a Boone, no podía quitarme de la cabeza el pensamiento: *¿cómo puedo ayudarle a seguir haciendo lo que su alma anhela hacer: predicar?*

Hablé con él un día y le dije: «¿Considerarías predicar por lo menos una noche en cada una de mis cruzadas este año si te sientes con fuerza?». Él al instante dijo que no. Probablemente yo debí haber dejado las cosas tranquilas en ese momento, pero una de las cosas que caracteriza a los Graham es que no nos damos por vencidos fácilmente.

«Papá», le dije, «en tanto y en cuanto puedas predicar, debes seguir predicando. No tiene que ser tu propia cruzada en la cual toda la responsabilidad está sobre sus hombros».

Mi padre temía comprometerse a algo que no pudiera cumplir. No quería desilusionar a las iglesias que nos respaldaban si, debido a la mala salud, tuviera que cancelar algo.

Algún tiempo más tarde, estando otra vez conversando él y yo, me dijo: «Franklin, he estado orando en cuanto a lo que dijiste. Trataré de predicar una noche en Baltimore, y realmente me gustaría estar contigo en Nueva Orleans si tengo la fuerza. Siento una carga por esa ciudad». Su corazón se había conmovido profundamente al ver las noticias del noveno distrito y parroquias de Nueva Orleans después del mortal huracán Katrina.

Las iglesias locales me habían invitado para que realizara un Festival de Esperanza un fin de semana en Nueva Orleans, conocida como la Ciudad de la Media Luna, para llevar un mensaje de consuelo a las personas de la región que habían perdido seres queridos, viviendas, empleos y toda esperanza.

Para mi sorpresa, cuando llegó el momento, mi padre abordó un avión en Asheville y voló a la ciudad en recuperación. Expresó interés en visitar algunas de las comunidades, y hablar con los ciudadanos y pastores; y lo hizo. La gente se asombró al ver a este envejecido predicador del evangelio interesarse lo suficiente para ir y abrazarlos, asegurándoles sus oraciones, y especialmente recordándoles el amor, consuelo y paz de Dios en medio de la adversidad.

La Biblia dice: «Bendito sea el [...] Padre de misericordias y Dios de toda consolación, el cual nos consuela en todas nuestras tribulaciones, para que podamos también nosotros consolar a los que están en cualquier tribulación» (2 Corintios 1.3–4).

Cuando mi padre pasó al púlpito en la arena de Nueva Orleans, abrió la Biblia y les predicó que Jesús entendía su aflicción y su dolor, que entendía que lo habían perdido todo, y que los amaba. Pienso que conforme los que tenían su corazón partido veían a mi padre predicar con una voz que era casi un susurro, se renovó su esperanza de que ellos también podían seguir adelante, recogiendo los retazos de su vida y mirando al Señor con esperanza de que no habían quedado en el olvido.

A Billy Graham le han llamado muchas cosas en su vida, refiriéndose a él como «el niño Billy» cuando estaba comenzando y «el Flautista de Hamelin» cuando empezó a reunir multitudes, y «Embajador de

Dios» cuando fue probado y soportó las pruebas. Se ha dicho que predicaba desde el «púlpito de Billy» y del «tronco del predicador». Nada de eso realmente importa. Toda su vida adulta lo consumía la compulsión para llevar las buenas noticias a los que estaban cerca y a los que estaban lejos. En cuanto hijo, tengo el privilegio de continuar su ministerio que ha sido puesto en mis manos.

Aunque mi padre no era un hombre de negocios, fue un hombre dedicado a los negocios de su Padre. Buscó sabiduría en otros que llegaron a su lado y pusieron pies y manos a la responsabilidad que en última instancia recaía sobre él. Él escogió con todo cuidado hombres y mujeres que tenían su misma visión, y ellos le ayudaron a llevar la carga de administrar la parte de negocios de una de las organizaciones cristianas más grandes y más respetadas del mundo, para la gloria de Dios.

Con el respaldo de su junta de directores, mi padre me confió la tarea de guiar a la AEBG al siglo XXI. Debido a lo que aprendí de él y de los que le sirvieron fielmente, tengo el privilegio de sumar esta experiencia a la mía propia, y descubrir otras avenidas por las que se puede realizar efectivamente el ministerio. Para asegurar la más alta integridad ante el gobierno y el público, notando el requisito bíblico «de los administradores, que cada uno sea hallado fiel» (1 Corintios 4.2) mi padre deseaba ir la milla extra para rendir cuentas en todo nivel, fuera en cuanto a finanzas o en cuanto al alcance del ministerio. Su organización siempre ha buscado la más alta responsabilidad en cuentas. A menudo decía: «Nuestro trabajo no es ser exitosos, sino ser fieles».

Mi oración es que nosotros, a quienes se nos ha dado el liderazgo de este ministerio, también seamos hallados mayordomos fieles, de modo que los que están observándonos digan del trabajo hecho: «Es tu mano [...] tú, Jehová, has hecho esto» (Salmos 109.27).

¿Cuál es el nombre del Hijo?

Dios no solo habló para que las Escrituras existieran, sino que también nos instruye hoy. La humanidad tiene muchas preguntas, y Dios tiene las respuestas.

Hay dos libros del Antiguo Testamento escritos por padre e hijo que contrastan el fracaso del hombre y la fidelidad de Dios. El rey David escribió muchos de los Salmos, y su hijo el rey Salomón escribió mucho del libro de sabiduría: Proverbios. Sus escritos arrojan luz en cuanto a dedicarse a los negocios del Padre.

El libro de Proverbios nos habla de un hombre que tenía muchas preguntas. Estaba buscando la verdad en cuanto a la creación y al Creador. Luego hizo unas cuantas preguntas asombrosas:

¿Quién subió al cielo, y descendió?
¿Quién encerró los vientos en sus puños?
¿Quién ató las aguas en un paño?
¿Quién afirmó todos los términos de la tierra?
¿Cuál es su nombre, y el nombre de su hijo, si sabes?
(Proverbios 30.4)

Cuando leo este pasaje, quiero gritar a voz en cuello: «¡Yo conozco su nombre, se llama Jesús! Quiero hablarte de él».

Este pasaje profético me energiza para la obra de evangelización hoy. Solo mediante el poder del Espíritu Santo puedo declarar la verdad.

¿Cuál es el nombre del Hijo? ¡El Señor Jesucristo! Todavía hoy él está dedicado a los negocios de su Padre. ¿Lo estamos nosotros?

9

Usted no está viniendo a mí...

—CÓDIGO MORSE DE NÚMEROS 23.23, NVI

❦

Venga y aprenda más en cuanto a Dios y su Palabra.
BILLY GRAHAM

¡Muy pronto! Es el más grande anzuelo promocional de todos los tiempos. Los publicistas se esfuerzan por pensar qué debe seguir a estas palabras que cautivan al ojo. La implacable curiosidad del hombre persigue la etiqueta.

Recuerdo que mientras estaba sentado en un pequeño restaurante y me servía café una mañana en Kiev, Ucrania, mi mente inquisitiva siguió el titular del periódico: ¿Qué es lo que viene pronto?.

EL NUEVO iPHONE SERÁ LANZADO AL MERCADO
EN LOS ALMACENES DE ESTADOS UNIDOS.

Los nuevos dueños tendrán en la palma de su mano un teléfono, videograbadora, cámara, estéreo Bluetooth, mientras que tienen la capacidad, mediante una pantalla dactilar, de hacer llamadas internacionales, mostrar videos y fotografías, tocar música digital que se sincroniza con iTunes, enviar y recibir correo electrónico y utilizar el buscador Safari.

Me llevó varias tazas de café digerir toda esa capacidad de alta tecnología. Nada de enchufes, nada de cables: un completo sistema inalámbrico de comunicación que cabe en nuestros bolsillos y que puede echar mano al cosmos de conocimiento.

Conmigo estaba el actual campeón mundial de peso pesado, Oleg Maskaev, un ruso que surgió a la fama en el mundo del boxeo y a quien se le ha llegado a conocer como «el gran O». Oleg, cristiano con un testimonio poderoso, había venido para hablar junto a mí desde la plataforma en nuestra cruzada en Kiev, contando lo que Dios había hecho en su vida.

Con vistas a toda la antigua ciudad de Kiev se erguía el domo dorado de la catedral de San Vladimir, en donde mi padre predicó diecinueve años atrás, con miembros del partido comunista entre los asistentes. Él había esperado realizar una cruzada en esta ciudad, pero a fines de los ochenta el clima político empezó a cambiar.

Era difícil creer que apenas pocos años después yo estaba, en cierto sentido, cumpliendo uno de los sueños de mi padre: predicar a Cristo en el estadio olímpico de Ucrania. Yo había conocido a personas que habían recibido a Cristo cuando mi padre había predicado en la ciudad casi dos décadas atrás.

El tiempo había enfriado. Los organizadores no estaban seguros de cómo esto afectaría la asistencia. Muchos, que habían viajado seis o siete horas por tren o autobús, esperaron por horas bajo la lluvia helada para entrar al estadio.

Cuando tomé asiento detrás de la plataforma, el viento empezó a soplar en ráfagas, haciendo que la plataforma se tambaleara. La orquesta del ejército ucraniano, dirigida por un firme creyente evangélico, tocaba mientras las estrellas empezaban a brillar en el cielo. Su imponente música resonó en la cancha y en los graderíos en donde había sentadas varias unidades del ejército.

El que se abriera la oportunidad de predicar detrás de lo que había sido la Cortina de Hierro, y mucho menos a unidades de las fuerzas militares ucranianas, era algo que pensé que nunca sucedería. Pero mi padre había abierto el camino, y Dios de nuevo abrió la puerta para el mensaje de su evangelio.

Esta era la primera vez en la historia de Ucrania en que a los evangélicos se les permitía realizar una cruzada nacional en el estadio olímpico. Los cristianos habían venido trayendo paraguas y también a sus familiares y amigos no salvados.

Mientras predicaba, llovía, pero eso no enfrió el espíritu de la gente. Cuando se extendió la invitación, cientos pasaron al frente, cubriéndose la cabeza con coloridos paraguas y corazones lavados con la sangre limpiadora del Salvador.

Mi mente empezó a dar vueltas al día siguiente cuando pensé en que la cruzada se estaba trasmitiendo por enlace de satélite a las regiones periféricas. Mi mente volvió al iPhone y a cuánto había progresado el mundo en tecnología de la comunicación y el efecto que esto estaba teniendo para esparcir el evangelio.

Lo inalámbrico no es nada nuevo

«¡Oíd todos, oíd todos!». Los pregoneros de la ciudad habían sido los trasmisores originales de noticias. Su oficio había empezado en la antigua Grecia. Como heraldos, disfrutaban de la protección real, puesto que tenían la autoridad para hablar a nombre del rey.

El heraldo no hacía otra cosa que dar a conocer el pronunciamiento del rey. Nosotros tendemos a pensar que la era inalámbrica fue inventada por el hombre moderno, pero correr por calles empedradas gritando las últimas noticias es todo lo inalámbrico que se puede lograr.

Siglos más tarde, cuando las noticias se imprimieron, se despachaba a muchachos que gritaban en las esquinas de las calles: «Extra, extra… ¡Lean todo al respecto!», era la forma en que llamaban la atención.

¿Leer en cuanto a qué? Pues bien, en 1844 usted podría haber comprado un periódico en cualquier esquina de una calle principal por un centavo, y el titular tal vez diría:

LÍNEA TELEGRÁFICA ELÉCTRICA DE LARGA DISTANCIA
TRASMITE MENSAJE CON CÓDIGO MORSE

Se acredita a Samuel Finley Breese Morse la invención del telégrafo electromagnético de un solo alambre. Pero sin un idioma para que el telégrafo se comunicara, el artefacto era inservible. Con gran ingenuidad, Morse resolvió ese obstáculo produciendo el patrón de comunicación que usa rayas y puntos y que se llegó a conocer como el Código Morse. Se cree que sus logros empezaron una de las revoluciones más importantes en la historia estadounidense: la revolución de comunicación.[1]

Morse fue el primer hijo del geógrafo y pastor Jedidías Morse, poderoso predicador. El joven Samuel se convirtió en pintor de retratos; pero más adelante en su vida, durante un viaje trasatlántico en 1832, en un barco llamado *Sully*, su interés se dirigió a la tecnología y conceptualizó cómo instilarle vida al telégrafo.[2] Preocupado por el hecho de que la comunicación de larga distancia se movía solo a la velocidad de los cascos de los caballos, Morse se preguntó cómo la corriente eléctrica podía enviar información por un alambre. Inspirado por Job 38.35: «¿Enviarás tú los relámpagos, para que ellos vayan? ¿Y te dirán ellos: Henos aquí?», la respuesta de Morse fue «sí»; y concluyó que con toda certeza era posible trasmitir mensajes «rápidos como el relámpago».[3]

Henry Ellsworth, amigo de Morse de los días en la Universidad Yale, creyó en el sueño de Samuel para producir un nuevo método de comunicación. Según se informa, él escribió a sus amigos que «si se pone un instrumento de telégrafo en el Capitolio y otro conectado al mismo en la ciudad de Nueva York, la gente de la ciudad de Nueva York podrá conocer los resultados de una votación en el Congreso antes de que se sepa en la Casa Blanca en el otro extremo de la Avenida

Pennsylvania...».[4] Hasta ese entonces, la manera más rápida de enviar los resultados de una votación en el Congreso del Capitolio a la Casa Blanca era a través de un mensajero montado en un caballo veloz.

Morse y Ellsworth cabildearon en busca de respaldo congregacional para construir una línea experimental de telégrafo. El proyecto fue aprobado en la Cámara de Representantes, aunque con mucha oposición, y fue enviado al Senado. En el último día de sesiones, Morse salió del Capitolio alicaído, puesto que parecía que el proyecto se había estancado. Compró su boleto del tren para regresar a casa al día siguiente y se retiró por la noche a su pensión, sintiéndose derrotado y quebrado con apenas un dólar en el bolsillo.

Sin embargo, Henry Ellsworth se mantuvo optimista y no dejó el Senado sino hasta cuando cayó el mazo, cerrando la sesión. Resultó que el presidente estaba en el edificio y firmó el proyecto para transformarlo en ley cinco minutos antes de la medianoche.

Temprano a la mañana siguiente, Ellsworth, comisionado de la oficina de patentes de Estados Unidos, anunció la victoria a su familia. Su hija de diecisiete años, Annie, le pidió permiso para darle las buenas noticias al señor Morse. Cuando llegó a la pensión, halló a Samuel Morse en el comedor desayunando.

«¿Ha oído las buenas noticias, señor Morse?», le preguntó, entusiasmada.

«Me temo que no he oído ninguna buena noticia recientemente», dijo él.

Cuando Annie le anunció que se había aprobado el proyecto de ley, Samuel Morse le agradeció; y por entregar el mensaje con tanto entusiasmo, la premió pidiéndole que seleccionara el primer mensaje que se enviaría por alambre cuando se completara la construcción del telégrafo.[5]

Dios habla por el alambre

Cuando se completó el trabajo un año después, Annie le dijo a Morse que ella y su madre habían estado leyendo la Biblia, buscando el mensaje perfecto para trasmitir.

Desde los salones de la Corte Suprema en el Capitolio de Estados Unidos de América en Washington D. C.: a la Estación Ferroviaria B&O en Baltimore a unos sesenta kilómetros, el mensaje fue enviado por el alambre y volvió con éxito.

_ _ ·· ·_· · _· ·_·· _ _ _ _ _ _·_ ··_ · _··· ·· _ _ _ ··· ···· ·_ ···· · _·_· ···· _ _ _

«¡Miren lo que Dios ha hecho!» (Números 23.23, NVI).

Las palabras tomadas de tiempos antiguos inauguraron un nuevo descubrimiento: el telégrafo.

¡La Palabra de Dios fue lo primero que se envió por el alambre! Morse dijo: «La Palabra de Dios bautizó el telégrafo estadounidense con el nombre de su Autor».[6]

Annie Ellsworth no podía haber seleccionado un mensaje más poderoso para enviar: «¡MIREN LO QUE DIOS HA HECHO!». Samuel Morse tomó este mensaje, proclamado tres mil años antes, y lo envió por alambres colgados a lo largo de kilómetros en postes de madera.

Aunque la prensa publicó la noticia del exitoso experimento, muchos periódicos se negaron a imprimir el mensaje real que se había enviado; pero la Palabra de Dios no volvió vacía (Isaías 55.11). Siglo y medio más tarde, cuando alguien quiere buscar cualquier número de sitios web por «Samuel Morse», «telégrafo», o «código Morse», se hallará con estas palabras: «¡Miren lo que Dios ha hecho!».

Lo que Samuel Morse logró es solo un atisbo de lo que Dios ha hecho. Él quiso comunicarse con la humanidad. Envió a su Hijo a la tierra con su mensaje de salvación; pero los seres humanos no entendieron. Así que el Padre levantó a su Hijo de las aguas del bautismo, colocándole sobre un madero, y el mensaje se hizo claro: *miren lo que he hecho por ustedes.*

«Levantad en alto vuestros ojos, y mirad quién creó estas cosas» (Isaías 40.26).

El telégrafo transformó la forma en que la humanidad se comunica hoy día y ha energizado la gran comisión: predicar el evangelio al mundo.

Venga acá, quiero verlo

Pisándole los talones al chasquido de los cables telegráficos, otra invención sorprendió a la humanidad. El doctor Alejandro Graham Bell y su ayudante instalaron alambres dentro de una casa, de cuarto a cuarto, y el doctor Bell hizo una llamada. Cuando su colega fue a contestar la llamada, oyó que le decían: «Venga acá Señor Watson, quiero verlo».[7] Al instante, Watson respondió. Bell quería ver a Watson para celebrar lo que habían logrado: trasmitir una voz humana por cables. La telegrafía acústica llegaría a conocerse como teléfono, revolucionando una vez más la comunicación.

El teléfono ha sido la conexión con mi familia esparcida por todo el mundo. Me ha dado la capacidad de mantener el contacto con mis oficinas internacionales desde nuestra sede. Sea que esté en mi camioneta o en la cabina de mando de un avión, me encuentro apenas a una distancia de una llamada telefónica.

Esta asombrosa herramienta de comunicación no fue sorpresa para Dios. Él ha estado llamando desde el principio del tiempo: «Adán, ¿dónde estás tú?» (Génesis 3.9). Y todavía sigue llamando.

La Palabra de Dios a la humanidad no es pasiva. Dios manda «a todos los hombres en todo lugar, que se arrepientan» (Hechos 17.30), y provee la forma en que la humanidad pueda recibir lo que Dios quiere darle.

Mi padre se vio obligado a usar toda forma de tecnología moderna para alcanzar almas para Cristo. Hizo exactamente lo que la compañía telefónica Bell decía en su publicidad: «Extiéndase y alcance a alguien».[8]

En 1980 mi padre dirigió el impulso de la AEBG para desarrollar centros de llamadas, permitiendo que los televidentes respondieran a su invitación llamando a un número telefónico de llamada gratis que aparecía en las pantallas de los televisores. Durante las horas de mayor audiencia, mi padre vio este programa crecer a cuarenta centros regionales de llamadas por todo el país, utilizando a más de seis mil voluntarios capacitados y poniendo aproximadamente seiscientos teléfonos a trabajar cuando se trasmitían nuestros programas, con un promedio de entre cincuenta a setenta mil llamadas por programa.

A principios de su ministerio, mi padre ni siquiera soñó que el evangelio se predicaría por televisión, resultando en que las personas llegaran a conocer al Señor al hablar con voluntarios por teléfono. En la sabiduría de Dios él diseña maneras para que la humanidad oiga lo que Dios ha hecho por nosotros.

El Padre de la invención

Se ha dicho que la necesidad es la madre de la invención. Benjamín Franklin, Tomás Edison y los hermanos Wright, entre muchos otros, han recibido el título de «padre de la invención». En tanto que su legado histórico ha forjado el presente y disfrutará de longevidad en el futuro, ninguno de ellos puede reclamar el título singular de Padre de la invención.

¿Que es una necesidad? Mi madre solía decir que necesidad era pan, agua y una cama caliente. Nosotros podríamos decir que en años idos la necesidad era ver mejor, y así aplaudir las invenciones de los bifocales de Benjamín Franklin y de los bombillos eléctricos de Tomás Edison. Hoy todos saludaríamos la memoria de Henry Ford cuando nos subimos a nuestros automóviles de familia, agradecidos de que él diseñara la manera de producir en masa lo que muchos dirían que es su posesión más preciada. Nos quedamos boquiabiertos cuando vemos aeroplanos transportando personas y carga al otro lado de los océanos. Pero cuando se suple una necesidad, por lo general se produce otra. El hombre nunca está satisfecho.

Los descubrimientos parecen producir más necesidad, y siempre habrá alguien que esté preparado para superar lo último.

Así que, ¿quién es *el* Padre de la invención?

¿Quién inventará un método de calmar una tempestad o acallar el viento?

¿Quién creará a un ser todo conocedor?

¿Quién dará a luz a un cuerpo que nunca muera?

La Biblia responde a estas preguntas: «Como tú no sabes cuál es el camino del viento [...] así ignoras la obra de Dios, el cual hace todas las cosas» (Eclesiastés 11.5). La humanidad se maravilla por su propio brillo pero echa dudas sobre Dios Creador, que en su gracia permite que el hombre descubra las obras de sus manos en varias ocasiones.

«¿Hay algo de que se puede decir: He aquí esto es nuevo? Ya fue en los siglos que nos han precedido» (Eclesiastés 1.10).

Dios es el Gran Comunicador y Padre de la invención, sin ataduras a corriente eléctrica o tecnología. Con su palabra el mundo aparece en el espacio. Abre su boca y cierra las fauces de los leones. Ordena y abre la boca de un burro para que hable. Sopla y el viento sopla. Truena y las olas se precipitan a la orilla. Susurra y el alma cobra vida.

Un método inalámbrico para un mensaje eterno

Nuestro Dios es el Creador de todo; pero más importante, *es* el mensaje que sale por medios que él pone a disposición de la humanidad. Cada hombre, mujer y niño tiene la oportunidad de recibir el mensaje con gran alegría, o borrarlo para ruina inminente.

Annie Ellsworth no pudo esperar para darle las buenas noticias a Samuel Morse. ¿Por qué vamos nosotros a vacilar para proclamar las más grandes noticias que jamás han llegado al hombre? Mi padre captó el mensaje y lo predicó toda su vida.

La Biblia dice:

> Dios [...] en toda nación se agrada del que le teme y hace justicia. Dios envió mensaje a los hijos de Israel, anunciando el evangelio de la paz por medio de Jesucristo; éste es Señor de todos [...] a quien mataron colgándole en un madero. A éste levantó Dios al tercer día, e hizo que se manifestase [...] después que resucitó de los muertos [...] De éste dan testimonio todos los profetas, que todos los que en él creyeren, recibirán perdón de pecados por su nombre. (Hechos 10.34–36, 39–41, 43)

Este es el evangelio que cientos de millones han oído. Este es el evangelio que miles de millones todavía necesitan oír.

En realidad no vas a predicar...

Cuando empecé a predicar hace años, los medios de comunicación se interesaron en entrevistarme, en parte, porque en un tiempo me habían identificado como el hijo rebelde de Billy Graham, y porque yo ya había pasado varios años viajando por los puntos candentes en conflicto por todo el mundo. Por años, había observado a mi padre interactuar con los reporteros, y aprendí muchas cosas de su vasta experiencia. Pero no fue sino cuando apliqué en la práctica estas lecciones que me di cuenta del impacto de que mis comentarios aparecieran impresos.

Una de las primeras entrevistas que hice resultó en el titular: El hijo de Billy Graham predica del infierno.

Algunos dijeron que nadie vendría para oírme predicar un mensaje negativo. Otros pensaron que me proponía hablar sobre mi rebelión pasada. Pero mi padre diría: «Si desde el púlpito se predicara más sobre el infierno, tendríamos menos infierno en las bancas».

El circuito de oradores rebosa hoy con presentaciones positivas del evangelio, metas productivas y vida próspera. No hay nada de malo en esto cuando se lo pone en la perspectiva apropiada. Sin embargo, la Biblia es un libro de contrastes.

Muchos aducen que el evangelio es exclusivo (para un grupo selecto), y no incluyente (para todos). Yo discrepo. Jesús en efecto predicó un evangelio *exclusivo*: un mensaje especialmente diseñado para la humanidad, el mundo entero. Jesús también predicó un evangelio *incluyente*: un mensaje en cuanto a todo lo que la humanidad hace; y cuando digo todo, quiero decir todo.

Jesús predicó exclusivamente para que toda persona pudiera disfrutar del perdón de los pecados. Predicó de manera incluyente en cuanto a que toda persona recibirá una sentencia vitalicia: el cielo o el infierno. No puedo pensar en un mensaje más lleno de esperanza y amor que este porque él nos deja la decisión a nosotros. Nos tocará a nosotros vivir o morir con la conclusión.

Nadie puede leer la Biblia por entero y aducir que Dios dejó alguna piedra sin remover. Él deja al descubierto el corazón del hombre tal como es: corrupto, vil, egoísta y grosero.

Lo maravilloso es que Dios no deja al hombre en este estado sin esperanza. Él prometió: «Os daré corazón nuevo, y pondré espíritu nuevo dentro de vosotros» (Ezequiel 36.26). Él quiere hacerle al hombre un trasplante de corazón. Usted bien podría llamarle OA: Operación Arrepentimiento. Él quiere hacerle una cirugía celestial: quitarle su corazón de pecado y reemplazarlo con el corazón de él. No solo que el Gran Médico hará la cirugía, sino que ya ha pagado el precio con su propia sangre. Pero tenemos que entrar en la sala de operaciones. Esta es una cirugía electiva en la que el hombre entra por fe.

Cuando Dios transforma un corazón, lo llena con un compañero permanente: el Espíritu Santo, y el paciente entra en una vida nueva. Su nuevo corazón le da una nueva manera de pensar que le guiará en todo paso. La obra del Espíritu Santo le ayudará a «renovar[se] en el espíritu de [su] mente, y vestir[se] del nuevo hombre, creado según Dios en la justicia y santidad de la verdad» (Efesios 4.23, 24).

Muchas veces Jesús habló en parábolas, contrastando la luz y la oscuridad. Predicó a fariseos y a campesinos, a legisladores y a maleantes, predicó en cuanto a demonios y seres celestiales, en cuanto a la vida destructiva y la vida disciplinada.

La ira de Dios y su amor van de la mano. Él quiere salvar de su ira al hombre y envolverlo con su amor. Su mensaje es para todos, y su verdad fue el mensaje concentrado de mi padre. Me siento privilegiado al haber aprendido de él la efectividad de proclamar la Palabra de Dios.

Él dijo muchas veces: «Demasiados programas cristianos han sido preparados para complacer, entretener y ganarse el favor de este mundo. La tentación es hacer acomodos, hacer el evangelio más seductor y atractivo».

En tanto que mi padre predicó el amor de Dios, no se cohibió de predicar que la naturaleza del hombre es mala; esas son las malas noticias. El otro lado de la moneda es la verdad de que el evangelio ofrece a la humanidad la oportunidad de cambiar nuestra naturaleza perversa por la naturaleza de Dios; esas son las buenas noticias.

Hubo un joven predicador por televisión que hace poco dijo: «A mi abuelo lo han criticado por no predicar en cuanto al pecado». Luego dijo: «Ya hay suficientes personas haciendo eso. Yo voy a predicar el lado positivo». Esta filosofía choca con el evangelio. La salvación no se puede impartir si no se ha lidiado con el pecado; por consiguiente, hay que predicarlo.

Las buenas noticias tienen el poder de convertir al malo en bueno, y la oscuridad en luz. Proveen un escape de la angustia del fuego del infierno para pasar a la gloria de la luz celestial.

Así que si me intereso en las almas perdidas que están atadas eternamente al padre de la mentira, ¿cómo no voy a advertirles en cuanto a su sentencia? Como Pablo dijo: «¡Ay de mí si no anunciare el evangelio!» (1 Corintios 9.16). Si predico el evangelio, debo predicar en cuanto al pecado y su veredicto eterno.

Mantenlo sencillo

Cuando voy a una ciudad a predicar frecuentemente me preguntan: «¿Sobre qué va a hablar esta semana?». Al principio daba una respuesta larga, confiando en que algo que dijera despertaría el interés de los que oirían o leerían la crónica y vendrían a la cruzada. Mi padre siempre me dijo: «Franklin, mantenlo sencillo». Así que con el paso del tiempo, acorté mi respuesta.

Por eso, cuando un reportero me preguntó acerca de qué iba a hablar, sonreí y recordé la recomendación de mi padre; así es que le dije que no *hablaría*, sino que *predicaría* sobre el pecado.

El reportero se sorprendió. «¿Pecado? ¿Qué pecado?», preguntó.

¿Mi respuesta? «No *qué* pecado, sino pecado *de quién*. No voy a hablar acerca del pecado; voy a predicar sobre el pecado de la humanidad. La Biblia dice: "Por cuanto todos pecaron, y están destituidos de la gloria de Dios"» (Romanos 3.23).

La vida está entre dos apoyalibros:

Nacimiento y muerte; principio y fin.

Enfermedad y salud; agotamiento y descanso.

Rebelión y obediencia; mentiras y verdad.

Codicia y generosidad; pecado y perdón.

Arrepentimiento y salvación; aflicción y gozo.

El odio del hombre a Dios, y el amor de Dios por el hombre.

Muchos dicen que se puede predicar el evangelio sin mencionar el infierno. Insisten en que debe prevalecer el amor. Prevalecer habla de ganar *sobre* algo. Para que el amor prevalezca, ¿sobre qué está prevaleciendo? Jesús respondió esto muchas veces: «El amor cubrirá todas las faltas» (Proverbios 10.12).

Mi padre era un sabueso de noticias

Para mi padre era importante la preparación de una cruzada. Llegaba a la ciudad con varios días, tal vez una semana, de antelación a fin de aclimatarse al área. Hasta los últimos años de su ministerio siempre disfrutó caminar por las calles y por los parques, hablar con la gente, conversar con tenderos y almaceneros y disfrutar de los restaurantes del lugar con líderes de la iglesia y hombres de negocios.

Al preparar sus sermones para la semana, algo que nunca dejó de hacer fue devorar los periódicos locales. Él personificó el término *sabueso de noticias*. Todo su ministerio aguzó su ojo por un titular que con certeza captaría la atención, o sonaría de modo de cautivar el oído del oyente. No era raro entrar a su habitación de hotel y hallar recortes de noticias regados por todo el piso o sobre la mesa de café. Le encantaba el reto de mirar en las Escrituras para exponer lo que Dios diría en cuanto a un tema que tenía que ver con un acontecimiento actual.

«Yo no tengo que hacer relevante el evangelio», diría. «Siempre es relevante en cualquier parte del mundo. No dejes que los titulares de los periódicos te asusten. Dios sigue siendo soberano. Él todavía está en su trono».

Nuestra sociedad ha quedado saturada con las noticias. Rara vez se ve un titular que grita A-L-E-G-R-Í-A. Generalmente los titulares berrean problemas; *malos* problemas. Dondequiera que uno va, sea en el país o en el extranjero, los titulares se pueden resumir en seis letras: P-E-C-A-D-O.

Egoísmo, inseguridad, necesidad.

Yo mismo me he convertido en algo así como sabueso de noticias. Cuando estoy viajando busco el periódico de la mañana ante mi puerta y tengo apps de noticias en mi iPhone. Sin embargo, cuando he leído los titulares, eso me deja preguntándome: «¿Hay alguna buena noticia?». Entonces recuerdo la verdad de Dios: «El amor cubrirá todas las faltas».

Al preparar cruzadas por más de dos décadas, he acumulado toda una colección: de Canadá a Ecuador, de Japón a Escocia:

MÉDICO DECLARADO CONVICTO DE TRÁFICO DE DROGAS

CAMIONERO ENCARCELADO ACUSADO DE PORNOGRAFÍA INFANTIL

BORRACHO HABLANDO POR CELULAR EN CHOQUE FATAL

OFICIALES DE POLICÍA DADOS DE BAJA POR HACER TRAMPAS EN PRUEBA DE LIDERAZGO

CUATRO DETENIDOS DESPUÉS DE TIROTEAR Y ROBAR A UNA MUJER

UN HOMBRE RECIBE CADENA PERPETUA POR ASESINATOS

MENTIR POR UN EMPLEO; SOLICITANTES DE EMPLEO SORPRENDIDOS EN EL ACTO.

Mentir para esconder el mal, matar por cólera y celos, engañar para avanzar, traficar drogas para enriquecerse, conducir borracho debido a un desencanto, conducta abusiva debido a la pornografía; todo eso son expresiones del pecado del hombre. Convicciones, cadena perpetua, arrestos, multas; expresiones del juicio del hombre.

El mundo dice: «Vive como quieras»; pero la Biblia dice: «Sabed que vuestro pecado os alcanzará» (Números 32.23).

Sin embargo, las malas obras no son las que envían a la gente al infierno. Estas obras son el desbordamiento del corazón humano. La Biblia dice: «Engañoso es el corazón más que todas las cosas, y perverso; ¿quién lo conocerá? Yo Jehová, que escudriño la mente, que pruebo el corazón» (Jeremías 17.9–10).

La mayoría de los habitantes del mundo se enorgullecen de ser ciudadanos que obedecen la ley, siempre y cuando la ley esté de su lado. El hombre quiere vivir una vida sin preocupaciones, sin pensar en Dios, y sin pensar en las consecuencias; a menos, por supuesto, que otro viole algo de él; entonces quiere justicia. Quiere que al perpetrador se le exija cuenta de sus acciones, y se le hagan sentir las consecuencias.

Un depredador infantil es sometido a juicio, y el mundo suspira aliviado cuando el jurado lo declara culpable. En la corte estallan gritos y porras cuando el juez dicta sentencia: ¡Muerte! Pero nos rezongamos cuando nos imponen una multa debido a que nos sorprendieron excediendo el límite de velocidad en la carretera.

La ley es la ley, y se aplica a todos.

Estamos más que contentos en dejar que un juez, un mero hombre o mujer, dicte un veredicto sobre alguien que el jurado ha hallado culpable. La humanidad acusando a la humanidad; y nos parece bien. Sin embargo, los hombres rechazan el hecho de que Dios tiene el poder, y el derecho, de juzgar el corazón del hombre. Tenemos la audacia de patalear y gritar: «¿Qué clase de Dios es ese que va a enviar a alguien al infierno?».

La verdad es que Dios no quiere que su juicio envíe a nadie al infierno. Jesús dijo: «Para juicio he venido yo a este mundo; para que los que no ven, vean» (Juan 9.39). Esta decisión queda solo con usted y conmigo. Dios en su misericordia y gracia permite que la humanidad tome una decisión tal que altera la eternidad. Nosotros andamos a ciegas, pero Jesús abrirá nuestros ojos si se lo permitimos.

El único pecado que nos impide tener la vida eterna en el cielo es rechazar a Cristo. Hace no muchos años esto se predicaba con pasión; pero hoy no nos gusta oír la verdad. Queremos que se nos afirme en nuestras acciones.

El desierto llamado pecado

Los hombres luchan con el tema del pecado. Algunos incluso se ríen de eso; pero el pecado no es cosa de risa.

Miremos a este tirano llamado pecado. ¿Exactamente qué es pecado? ¿Qué hace el pecado? ¿Y quién peca? Salmos 51.5 dice que todos somos pecadores de nacimiento debido a que nuestra carne es pecaminosa. Si usted no cree eso, nunca ha estado cerca de un bebé.

Los padres no tienen que enseñarle a llorar, a quejarse, a patalear o a chillar; todo eso surge naturalmente. A los que gatean no hay que darles lecciones sobre cómo desobedecer o entremeterse en lo que no deben. A los adolescentes no hay que enseñarles a ser respondones o rebelarse. No hay necesidad que la humanidad tome un curso para aprender el arte de mentir o hacer trampas; estos comportamientos comienzan en la infancia y siguen hasta la edad adulta.

Pero cuando a alguien se le confronta con esto que se llama *pecado*, le cambia de nombre para apaciguar su mente. Todos nacemos con una conciencia, que es una revelación general del Creador. Pero cuando se la ignora repetidamente, la conciencia se endurece y ya no se oye su advertencia: *no hagas eso.*

Los seguidores de Jesucristo tenemos dentro de nosotros al Espíritu Santo, que instila vida a nuestra conciencia y nunca nos deja solos. Si habitualmente cometemos pecado debemos honestamente preguntarnos si en realidad estuvimos en Cristo alguna vez.

Algunos dicen: «Si siquiera tuviéramos una señal de que Dios realmente está con nosotros, no caeríamos en pecado». Pues bien, expliquemos esto con un ejemplo: supongamos que se nos retiene contra nuestra voluntad en un país extranjero. No hay manera de escapar. De repente, Dios envía a alguien al rescate, y nosotros empacamos nuestras pertenencias y nos dirigimos a la salida. Entonces notamos que nuestro captor se acerca para no dejarnos escapar.

¿Suena algo peregrino? Esta es la historia de los hijos de Israel escapando de Egipto. Le suplicaron a Dios que los librara de la esclavitud. Moisés encabezó la marcha por el desierto con el ángel del Señor a sus espaldas protegiendo a los israelitas. El carro del faraón salió a perseguirlos con su ejército pisándoles los talones. De repente, el Mar Rojo se abrió, y el pueblo escogido de Dios pasó por un gigantesco corredor de agua sobre tierra seca. En el momento en que el último israelita puso su pie en la orilla opuesta, las aguas volvieron a su lugar, ahogando al faraón y a todo el ejército egipcio.

¿Acaso no saltaríamos de alegría? ¿Acaso no rebobinaríamos la cinta para presenciar una vez más el milagro? ¿No nos postraríamos sobre nuestros rostros y glorificaríamos la mano salvadora del Dios Todopoderoso?

Esto fue exactamente lo que los hijos de Israel hicieron. Después de tomar en cuenta el hecho que la mano de Dios se había movido sobre ellos, le dieron la espalda al mar y enfilaron a la Tierra Prometida. La resonante victoria sobre el enemigo les proveyó de la energía que necesitaban para el largo viaje de *tres días enteros*. Pero mientras cruzaban el seco y desolado desierto empezaron a quejarse. ¿De qué? De todas las cosas, ¡*agua!*

Pobre Moisés. Dios acababa de librarlos a través del mar, ¡y ahora querían agua! ¿Qué podía hacer Moisés con todos estos hombres, mujeres y niños sedientos? Sencillamente se enfrentaba a otra derrota, pero el caso es que debido a que el pueblo se quejó y dudó de Dios, peregrinaron cuarenta años justo en el Desierto de Sin. «Partió luego de Elim [...] al desierto de Sin, que está entre Elim y Sinaí» (Éxodo 16.1); y allí toda la congregación de Israel se quejó contra Moisés y Aarón.*

Uno pensaría que después de presenciar lo que Dios había hecho, ellos harían lo que él ordenó. Pero la Biblia dice: «Pero aún volvieron a pecar contra él, rebelándose contra el Altísimo en el desierto» (Salmos 78.17).

No seamos demasiado duros con el pueblo de Dios. Todos hacemos lo mismo. Dios bendice y nos regocijamos. Dios guarda silencio por un tiempo, y nos quejamos. Pecamos y Dios disciplina. Nos arrepentimos, y Dios perdona.

¿Puede imaginarse los noticieros nocturnos cubriendo un episodio como este? Recuerdo cuando fui a Indonesia después del tsunami del 2004. Fue un desastre épico en tiempos modernos. Fue captado en video y trasmitido por todo el globo. Por cierto que hubo episodios de

---

* Nota del traductor: Curiosamente, el nombre del desierto, Sin, es una palabra que en el idioma inglés significa *pecado*. Y es sobre el pecado (sin) que el autor reflexiona.

escape por un pelo, pero nada se puede comparar con el triunfo en el Mar Rojo. A mi imaginación con certeza le encanta deambular por la visión: ¿cómo reportaría un presentador de noticias este drama hoy?

UN MILLÓN DE ESCLAVOS ESCAPA POR EL MAR ROJO A PIE...
¡EJÉRCITO SE AHOGA EN AGUAS CORRENTOSAS!

Los reporteros en el terreno ni siquiera sabrían cómo cubrir tal milagro. No estarían colocando a sus camarógrafos en lugares estratégicos para las entrevistas. Pienso que caerían postrados sobre sus rostros, junto con el pueblo de Dios postrados en reverencia ante el Libertador invencible.

Una poderosa red de trabajo

Los medios de comunicación sin duda son una fuerza poderosa; una fuente diaria de información que moldea nuestro pensamiento de muchas maneras. Continuamente alimenta nuestras mentes con noticias.

Hay otro tipo de red de trabajo que a la humanidad le encanta más que esta: es una composición, por así decirlo, de todo lo perverso que Satanás y sus productores demoníacos pueden concebir y aplicar por medio de sus corresponsales. Sintonicemos por un momento la Cadena de Transmisión del Pecado: la Red Influyente de Satanás.

¿Cuál es el propósito de esta cadena de transmisión?
• Separar de Dios al hombre (Isaías 59.2).
• Meterse en el cuerpo y la mente (Efesios 2.3).
• Negar la justicia (Salmos 52.3).

¿Quién sintoniza estas trasmisiones?
• La naturaleza
• Egoísta e
• Indulgente.

¿Cuál es el efecto?

- Deseos pecaminosos (Efesios 2.3).
- Inclinación al mal (Jeremías 17.9).
- Afán de satisfacer los propios deseos (Santiago 1.14).

¿Qué podemos hacer al respecto? ¡Todo lo que tenemos que hacer es decir no!

Cuando yo era niño, uno de los primeros versículos que mi madre me ayudó a aprender de memoria fue: «Hijo mío, si los pecadores te quisieren engañar, no consientas» (Proverbios 1.10). Pero mi madre parafraseó el versículo para asegurarse de que yo entendía su mensaje: «Cuando los niños malos quieren que hagas cosas malas, diles que *no*». ¡Eso lo comprendí!

Mi padre una vez escribió: «El mundo exuda energía demoníaca. Solo la fuerza interior suprema puede resistir su acoso incesante».[9]

Cuando el hombre conecta su corazón y alma con la red de trasmisiones del pecado, corre las cortinas, y echa llave a las puertas, y dice: «No hay espacio para ti aquí, Dios». Se enreda con todo pensamiento y acción de perversidad. La Biblia plantea la pregunta: ¿qué tienen en común la oscuridad y la luz? (2 Corintios 6.14). Dios no puede mirar el pecado (Habacuc 1.13).

Cambie de canal. Elimínelo. Podemos decirle que no al pecado si invocamos el Poder Mayor.

Hoy, casi todo el mundo entiende el nuevo idioma de la alta tecnología: bloguear, surfear, navegar y cosas por el estilo. Es casi imposible moverse en el ciberespacio sin entender su vocabulario.

Samuel Morse escribió el Código Morse, pero si él no lo hubiera demostrado a otros, y si ellos no hubieran comprendido el idioma, se hubieran perdido el mensaje.

Eso fue lo que mi padre hizo a lo largo de todo su ministerio. En el poder de Dios, predicó:

Si su corazón no está sintonizado con Dios, se volverá un receptáculo en donde caerá todo artificio del diablo. Sí. Satanás está trabajando en nuestro mundo y tiene el control de los corazones que nunca han sido cautivados por Jesucristo. Tiene cientos de agentes escribiendo literatura pornográfica y produciendo películas para contaminar la mente. Tiene intelectuales en altos cargos enseñando una filosofía hedonista y permisiva. Yo entro en contacto con hombres y mujeres atrapados en la angustia de su propia falta de preparación [...] y anhelo llevar a cada uno de ellos por la mano conduciéndolo a la presencia de Aquel que dijo: «Ven».

¿Acaso no deberíamos pedir que Dios abra nuestros corazones para que comprendamos su vocabulario de amor, su perdón, y lo que significa el pecado y cómo extirparlo mediante su poder divino?

No conozco a nadie que quiera pasar la eternidad en el infierno. Todos quieren ir al cielo, pero muchos no quieren cambiar la condición de sus corazones ennegrecidos a fin de entrar en la luz eterna.

Si queremos que alguien haga algo por nosotros, generalmente lo llamamos y se lo pedimos. Eso es lo que Cristo quiere que el hombre haga. Él está esperando oír la llamada; y contestará. La Biblia dice que invoquemos el nombre del Señor, y él limpiará nuestros pecados (Hechos 22.16).

Tenemos que aceptar el hecho de que somos pecadores y arrepentirnos de nuestros pecados;

Tenemos que creer que Jesús murió por nuestros pecados y resucitó a nueva vida, y rendirle nuestras vidas al Maestro;

Tenemos que confesarle nuestros pecados a Cristo, que perdona, y abandonar nuestras obras de pecado.

La Biblia dice: «Así que, arrepentíos y convertíos, para que sean borrados vuestros pecados» (Hechos 3.19). Esto es lo que significa convertirse; ser transformado. «Porque me vistió con vestiduras de salvación, me rodeó de manto de justicia» (Isaías 61.10).

El valle de la decisión

Temprano en su ministerio, mi padre empezó a asociarse con las iglesias locales en las ciudades en donde iba a realizar cruzadas, sondeando las comunidades vecinas y animando la participación con el propósito de la evangelización, abriendo el camino para que los que asistían a las iglesias invitaran a amigos y vecinos para que oyeran el evangelio.

Él creía que los evangelistas deben trabajar mano a mano con la iglesia local. En más de setenta años de ministerio Dios honró este método. La iglesia edifica al evangelista en su misión, y el evangelista canaliza a los convertidos hacia el cuerpo local de creyentes.

Toda iglesia actual que cree en la Biblia, y todo servidor de Jesucristo, tiene el llamamiento supremo: vivir un testimonio que señala a las almas hacia el Salvador. Muchas iglesias locales han sido un tremendo estímulo en nuestro trabajo. Han abierto sus puertas a Samaritan's Purse y se han asociado con nosotros mediante la operación Christmas Child (Niño de Navidad), alcanzando a niños por todo el mundo. Han invitado a la AEBG a ir a sus comunidades y realizar cruzadas de evangelización a nivel de ciudad respaldándonos con voluntarios, guerreros de oración y finanzas; todo con el propósito de predicar el evangelio a los perdidos, canalizar a los nuevos creyentes a sus congregaciones para discipulado y nutrición en las Escrituras. Esto fortalece tanto a la iglesia como a la comunidad.

Antes de que vayamos a ciudades para cruzadas, se presta cuidadosa atención al cultivo del respaldo de las iglesias. Sin esto, nuestras reuniones serían inefectivas. A menudo realizamos concentraciones de antemano en un esfuerzo por promover el respaldo de voluntarios que ayudarán en nuestro esfuerzo: ver una gran cosecha de almas para el Señor.

Un componente importante de nuestra estrategia es la Operación Andrés. Mi padre usó este programa para motivar a los cristianos a identificar amigos, parientes y compañeros de trabajo perdidos, animándoles a orar e invitarlos a la cruzada.

Él escribió: «Por todas partes alrededor de nosotros hay personas que necesitan a Cristo [...] ¿Estamos orando por ellas? ¿Estamos pidiéndole a Dios que nos use para hablarles de Cristo? [...] Usted tal vez nunca los llegue a conocer pero en el cielo tal vez descubra que sus oraciones fueron parte para lograr la salvación eterna de ellas».[10]

Cuando nos preparábamos para una cruzada en el gran estado de Texas un colega compuso un canto para el uso de nuestro ministerio. Más tarde este canto fue grabado en California por el conjunto de alabanza, el Tommy Coomes Praise Band:

Personas todas a nuestro alrededor
necesitan hoy de Cristo,
oír que él murió para hacerlas nuevas,
sigamos trabajando para cumplir la gran comisión.
Señor, te pedimos que bendigas este trabajo;
así que reúnete ahora, iglesia de Jesús,
mano a mano para alcanzar a los perdidos.
Señor, conmueve nuestros corazones por los que no te conocen,
ayúdanos a mostrarles el camino a la cruz.[11]

Nos codeamos con almas perdidas todos los días. Ah, pueden exhibir sonrisas, y pueden reírse y hacer bromas, pero no conocemos sus heridas internas. Están en valles profundos, oscuros, en la casa de al lado, calle abajo, en el cubículo junto al suyo en la oficina, o tal vez en la banca o en la silla a su lado en la iglesia.

Tal vez usted piense que es extraño alcanzar a alguien que está perdido. Si saben que usted es cristiano, tal vez ellos piensen que es extraño que usted no lo haga.

Siempre hay personas a nuestro alrededor que necesitan a Jesús. Pídale al Señor que le ayude a identificar a alguien que tal vez está esperando que usted le conduzca a la cruz. No lo deje para luego. La Biblia dice: «Exhortaos los unos a los otros cada día, entre tanto que se dice: Hoy» (Hebreos 3.13).

Mi padre decía: «Las cruzadas masivas, en las cuales creo y a las que he dedicado mi vida, nunca lograrán cumplir la gran comisión; pero el ministerio de uno por uno sí lo hará». El evangelio es un mensaje urgente. Hay «muchos pueblos en el valle de la decisión; porque cercano está el día de Jehová en el valle de la decisión» (Joel 3.14).

El llamado efectivo del Padre

A menudo se me pregunta lo que más recuerdo de mi padre. Si me encuentro tranquilo, puedo oír su voz calmada: una palabra de estímulo, una palabra de advertencia. Visualmente puedo recordarlo en una variedad de escenarios: sentado conmigo en casa riéndose y disfrutando de las comidas, abrazando con ternura a sus nietos, hablando y caminando con él por la cresta de la montaña sobre la casa. Este es Billy Graham el padre, abuelo y bisabuelo.

Pero tengo que ser sincero; la visión más impresionante grabada en mi memoria es mi padre, el evangelista, en una plataforma en un estadio al aire libre, con su voz retumbando por el micrófono: «*¡Así dice el Señor!*». Luego recuerdo que él salía de detrás del púlpito, avanzaba al borde de la plataforma, y extendía su brazo, como si hubiese podido llevarlos a todos al cielo.

Si tan solo él pudiera.

De él aprendí una lección muy importante en cuanto a extender la invitación. Al principio de su sermón, y muchas veces a través del mismo, decía a todos los que lo oían: «En unos pocos momentos voy a pedirle que pase al frente y se pare delante de este púlpito para recibir el perdón de Cristo. Hay solo Uno que puede perdonar el pecado. Escuche al acicate del Espíritu Santo y alístese para responder». Era importante hacer saber a la gente al principio del mensaje lo que iba a pedirles que hicieran.

La imagen de mi padre extendiendo la invitación es vívida, con su grande y vieja Biblia en la mano, bien abierta, con las páginas soplando en la brisa nocturna como si Dios estuviera gentilmente susurrando:

vengan. Vengan a mí todos ustedes que están trabajados y cargados y yo les haré descansar (Mateo 11.28, parafraseado).

Allí es donde el predicador que había en él se quedaba en silencio, y se alzaba un guerrero de oración para rogar por las almas perdidas de jóvenes y viejos. Un silencio caía sobre la multitud, como reconociendo una hueste celestial expectante, contemplando y esperando.

El susurro de las pisadas y el murmullo de voces se combinaban con la música mientras mi padre hacía el llamado, y el coro cantaba:

Tal como soy, sin más decir,

que a otro yo no puedo ir,

y Tú me invitas a venir;

bendito Cristo, heme aquí.[12]

Multitudes viniendo, llenando el piso con los consejeros cerca, mi padre gentilmente persuadía a los que demoraban la respuesta al llamado del Salvador: *¡venga!*

«Cuando usted oiga mi voz por los altoparlantes por todo este amplio lugar» decía, «no se demore; no ignore la súplica de Dios. *Levántese de su asiento* y venga a Cristo. Él es quien le está llamando. Él es quien está rogando por su alma. Él está atrayéndolo. No se resista.

»Él está esperándole con los brazos abiertos; los brazos que se extendieron en el travesaño de aquella vieja cruz para acercarlo a usted. No escuche las patrañas de Satanás que dicen: "Tal vez mañana". Escuche a la voz suave y delicada que le dice esta promesa: "Hoy es el día de salvación" (2 Corintios 6.2).

»Usted no está viniendo a mí», decía mi padre. «Usted no está viniendo al hombre; el hombre no puede salvarle. Usted no está viniendo a Billy Graham; yo no puedo salvarle. Yo soy un pecador salvado por la misma gracia que le ofrezco a usted. Yo solo soy el mensajero de Dios. Venga a Cristo. Le esperamos; venga ahora».

Este cuadro del predicador del evangelio llamando a los pecadores al arrepentimiento inunda mis pensamientos cada vez que me paro detrás de un púlpito. Es el retrato de mi padre enmarcado en aquella cruz antigua y rústica.

Tal vez yo no predique como él, y tal vez Dios no me use de la misma manera, pero he aprendido por su ejemplo que debemos permitir que Dios hable por medio de nosotros para comunicar el evangelio.

El Señor nos ha dado maravillosas herramientas para usar, y su mensaje está siendo oído por cables y de forma inalámbrica. Más importante, el mensaje está penetrando en los corazones y llamando a las almas: «Vengan a mí» (Mateo 19.14).

Mi padre proclamó este evangelio ante reyes y ante mendigos sin avergonzarse. Predicó en su propia lengua y por medio de intérpretes ante multitudes en el extranjero. Se paró bajo los rayos candentes del sol en las selvas africanas y bajo las lluvias torrenciales del Amazonas. Estuvo en los corredores del Kremlin y en la Oficina Oval, y miró a los graderíos de estadios estadounidenses y coliseos canadienses para decir: «Venid, oíd todos [...] contaré lo que [Dios] ha hecho a mi alma» (Salmos 66.16). Él escribió: «Dios está enviando su mensaje de amor, pero usted debe sintonizarlo. Debe estar dispuesto a escuchar y a recibir este mensaje, y luego obedecerlo».[13]

¿Cómo ha respondido usted a la invitación de Dios? ¿Se burla de su llamado? ¿O ha recibido el mensaje que ha pasado por sus oídos y ojos a lo profundo de su alma y dicho: «Sí, creo que el mensaje de Dios puede limpiar mi alma y permitir que su amor fluya dentro de mí»? ¿Le ha reconocido usted?

Cristo llama; ¿está usted escuchando?

Cristo oye; ¿está usted orando?

Cristo redime; ¿se ha arrepentido usted?

Cristo está cerca; ¿está usted acercándose?

Cristo salva por gracia; ¿está usted recibiéndola?

Cristo transforma; ¿está usted dispuesto a ser hecho una nueva persona?

La humanidad se burló del mensaje y mató al Mensajero, pensando que así silenciaba el lenguaje de amor.

El código de amor de Dios toca a las puertas de nuestros corazones; y Dios espera. Él escucha desde el cielo esperando nuestra respuesta. Cuando clamamos a la misericordia y recibimos su gracia, él envía su mensaje: *yo te perdono y te limpio. Yo te transformaré y te haré mío.*

Estas, amigos míos, son las buenas noticias; son las mejores noticias; son las únicas noticias que comunican el lenguaje de amor de Dios.

¡Viene pronto! Sí, Jesús viene pronto. ¿Estará usted listo para la eternidad? Para los que no puede contestar que sí, me hago eco del llamado de mi padre. Yo no puedo hacer nada por usted; pero mire a lo que Jesús ha hecho; él dio su vida por usted.

Tal vez hoy es su hora de decisión.

IO

En sus pasos

También Cristo padeció por nosotros, dejándonos ejemplo, para
que sigáis sus pisadas.

—1 PEDRO 2.21

La santidad de carácter es la herencia propia del cristiano en su andar terrenal.
BILLY GRAHAM

Andar es el modo primigenio de transporte.

Antes de que hubiera aviones, trenes y automóviles, estaba el «caballo de fuerza» de cuatro patas tirando carretas y carros. Pero antes del
caballo estaba el hombre... con sus dos pies. Cuando viajaba andando,
a lomo de camello, de burro o de caballo, la única manera de llegar a
algún destino era dar un paso tras otro.

¿Cuándo fue la última vez que usted caminó para llegar a alguna
parte? Algunos en las grandes ciudades caminan una corta distancia al
transporte público. Imagínese caminar de la ciudad de Nueva York,
cruzando el puente George Washington a Nueva Jersey simplemente
para llegar a casa. Eso cambiaría su estilo de vida.

Johann Wolfgang von Goethe, poeta alemán, dijo: «Las alturas nos encantan, pero los pasos no».[1] Quizás Sir Edmund Hillary haya pensado en esto en su ascenso histórico para conquistar el monte Everest.

Muchos quieren solazarse en la gloria del viaje escénico, pero no quieren ir a pie. ¿Por qué no nos gusta dar un paso a la vez? Para mí el proceso es demasiado lento, tengo que admitirlo. Ascender paso a paso a la cumbre del monte McKinley, la joya corona del pico más alto de Norteamérica, o caminar por el perímetro de un lago para llegar al otro lado no me entusiasmaría tanto como subirme a la cabina de mando de un avión y remontarme por encima de los picos de las montañas o subir un hidroplano deslizándose por la superficie cristalina de los lagos de Alaska que se extienden delante del porche frontal de mi cabaña.

¿Por qué es que caminar, como forma de transporte, es tan insufrible para muchos? Parece tedioso, por un lado, y hace imposible llegar a ciertos destinos. Uno puede caminar para cruzar un río, pero nunca un mar; a menos, por supuesto, que uno sea Moisés. Un astronauta puede dar un paso pequeño para la humanidad en la luna, pero nunca llegará a la luna caminando.

Cuando mi padre era más joven y tenía buena salud, caminaba bajando la colina hasta nuestra puerta de entrada, como dos kilómetros, y regresaba a paso vivo. A veces lo hacía tres veces al día. En sus últimos años usaba un andador, y caminaba una distancia muy corta, pero con todo se obligaba a caminar. Después de la muerte de mi madre, sus caminatas se volvieron de reflexión al recordar cómo ella había escogido esa montaña para vivir y criar a su familia.

Aunque andaba de viaje mucho tiempo, con su ejemplo mi padre hizo un impacto profundo en mis hermanos y en mí. Esperábamos anhelantes su retorno a casa, sabiendo que él hallaría algo especial para que hiciéramos juntos. A veces nos reunía, tomaba su bordón y nos llevaba a caminar por la montaña encima de nuestra casa. Siempre lo hacía divertido. Solía usar su bordón para examinar el terreno que había por delante, advirtiéndonos de lo que había. Él encabezaba la marcha, y nosotros seguíamos en sus pasos.

Eso es lo que Dios hace. Camina delante de nosotros con advertencias y también con estímulo para que sigamos en sus pasos.

Mi padre anduvo en todo país que alguna vez visitó y aprendió mucho de su gente y su forma de vida. A menudo caminaba con los que viajaban con él, hombres como T. W. Wilson, Maury Scobee y David Bruce. Al reflexionar en esas caminatas decía: «Solía caminar por los senderos alrededor de mi casa y derramar mi corazón ante el Señor. En algunas de las horas más oscuras, pude sentir el toque de su mano [mediante la oración]».

Mi madre solía reírse de una caminata que mi padre dio cuando estuvieron en Europa trabajando en un libro. Sentada en la playa, distinguió a un hombre a cierta distancia. Y pensó: *vaya, ¿quién es ese hombre que se acerca caminando? Debe ser estadounidense.* Llevaba grandes gafas de sol, una gorra de golf, iba sin camiseta, y llevaba pantalones cortos amplios plisados, calcetines negros y zapatos del diario. *Es el hombre más ridículo que he visto,* pensó. Cuando él se acercó, ella se quedó boquiabierta: *¡ay no, es mi esposo!*

Él se inventaba algunos disfraces bastante extraños, pero eso le permitía dar sus caminatas cada día sin que se lo reconociera.

Nunca más volveré a dar una caminata por la tarde con mi padre en esta vida, pero los pasos que él dejó atrás siempre me guiarán.

Sin pasos, habría un progreso muy lento en nuestras vidas físicas. Es lo mismo cuando se trata de nuestras vidas espirituales. Madurar y marchar a paso con el Señor requiere disfrutar de su palabra. Los cristianos debemos mirar hacia atrás para ver cuánto hemos avanzado en nuestro andar espiritual. ¿Vemos un progreso de crecimiento en nuestros pasos diarios?

El mundo ha convertido el ejercicio más básico, caminar, en un gran negocio. Hay catálogos de productos dirigidos a los que caminan: zapatos para caminar, bastones para caminar, medidores para caminar y sensores de caminata. Los publicistas producen libros y revistas en cuanto a senderos para caminar. Hay incluso un diccionario de caminar. ¿Quién se tomaría el tiempo para leer eso? La respuesta, supongo, es el que quiere ser el mejor caminador del mundo. Tome una revista en casi cualquier oficina, y hallará anuncios que promueven andar para condicionamiento físico, andar por una obra de beneficencia, o andar como recreación. Se puede comprar una membresía en un club de caminadores, o incluso pagarle a un compañero para caminar.

Andar, como palabra de acción, quiere decir poner un pie delante del otro, con un pie siempre haciendo contacto con la tierra, paso a paso. Habla de movimiento y progreso. Muchos hacen de caminar parte de su rutina regular de ejercicio y, sin embargo, se olvidan de aplicar los mismos principios a su andar espiritual. Andar con Cristo nos condicionará mejor para el reino de Dios, nos ayudará a alcanzar a otros y refrescará nuestros espíritus. Lo mejor es que podemos dar cada paso con Cristo.

La película basada en el libro *One Man's Wilderness: An Alaskan Odeys* [La espesura de un hombre: una odisea en Alaska] cuenta la experiencia de Dick Proenneke, quien se jubiló a los cincuenta años y se mudó a las orillas de los lagos Twin Lakes, al occidente de Anchorage, Alaska. Allí construyó una cabaña de troncos nada conspicua y vivió solo sus treinta años restantes en el norte congelado.[2]

Conocí a Dick una vez antes de que muriera. Solía caminar de Twin Lakes al Lago Clark, como noventa kilómetros por terreno escabroso, pantanos, ríos correntosos y profundos abismos. Le llevaba horas llegar a su destino: la cabaña de troncos de su amigo, el exgobernador Jay Hammond, en la boca del Arroyo Miller en el lago Clark.

Le pregunté a mi amigo Glen Alsworth cómo hacía Dick ese traicionero recorrido. Glen dijo: «Una vez le hice la misma pregunta, Franklin. Dick dijo: "Simplemente pongo un pie delante del otro"».

En tanto que tal vez no escojamos andar por placer, todos los que pueden físicamente andan todos los días. Para mí, yo prefiero correr. Algunos dicen que estoy acelerando mi camino al deterioro de mis rodillas. El punto para mí es que estoy *andando a toda velocidad*.

Empecé a trotar pocos años antes de cumplir los cincuenta. Un amigo mío, el doctor Richard Furman, me convenció de que era buen ejercicio. Yo estaba aterrado al principio, pero la disciplina me energizó y me obligó a ponerme en forma.

Al recorrer kilómetro tras kilómetro, sea trotando o caminando, uno ve cosas que no ve cuando va en coche o en motocicleta. Me da un nuevo aprecio por las hojas de los árboles, la hierba soplando con la brisa, y me hace darme cuenta de que toda carrera empieza con un primer paso. El régimen me ha ayudado a ver lo que me estoy perdiendo en mi carrera acelerada por la vida.

Considere, entonces, el mandamiento del apóstol Pedro de que debemos seguir en los pasos de Jesús. Debemos detenernos para mirar con cuidado lo que eso quiere decir. Hacerlo nos da un vistazo de lo que Jesús nos ordena hacer cuando seguimos en sus pasos.

Note que Jesús no envió a los doce hombres al mundo cuando inicialmente los llamó. Se podría decir que los hizo atravesar un campamento espiritual básico. Ellos anduvieron con él por tres años, observando sus pasos y practicando todo lo que les ordenó. Él les instruyó, los capacitó, y los amó.

Haga que cada paso cuente

Aparte de un viaje ocasional en barco cruzando el Mar de Galilea y su entrada triunfal a Jerusalén a lomo de burro, Jesús fue a pie a todas partes; absolutamente a todas partes. El Hijo de Dios vino al mundo y anduvo entre pecadores.

Sus primeros pasos anotados en la Biblia le llevaron cuando muchacho al templo de Jerusalén. La próxima vez que le encontramos en las Escrituras, vemos al hombre Jesús entrando al río Jordán. ¿No es interesante que tan pronto como Jesús fue bautizado, el Espíritu dirigió sus pasos de inmediato al desierto para ser tentado por el diablo? Después de que Jesús reprendió a Satanás y le obligó a irse, empezó su ministerio público, paso a paso, de acuerdo a la voluntad de su Padre.

Jesús anduvo todos los días por caminos polvorientos. Sus pies recorrieron riscos rocosos. Cruzó las faldas de las montañas en donde abundaban los lirios de los valles; su propia creación de inmensa belleza.

Mientras Jesús andaba, todo lo que enseñó a sus discípulos prefiguraba sus pasos. Mientras atravesaban potreros, habló de pastores y sus rebaños de ovejas. Los pescadores exitosos aprendieron de él el secreto real de pescar peces… y hombres. Cuando sus pies se cansaron, se sentaron debajo de árboles y comieron de sus frutos. Me imagino que cuando Jesús andaba por los bosques, miraba a los árboles de manera diferente a la forma en que los discípulos los miraban. Debe haber pensado en cuáles árboles harían buenas vigas y cuál tipo de madera serviría para una mesa o una banca; después de todo, era carpintero.

Así es como Dios nos mira. Él sabe de qué estamos hechos. La Biblia dice: «Somos hechura suya» (Efesios 2.10). Tal vez él haya dicho: *ella será una buena escritora, o madre*, o *lo haré un buen soldado, o pastor.*

Al principio los discípulos no se dieron cuenta de que esto era lo que Jesús hacía en sus vidas. Los estaba haciendo pescadores efectivos de hombres. Ellos no comprendieron por completo, sin embargo, que él, el buen pastor, debía poner primero su vida por sus ovejas en un viejo madero hecho con material que él mismo había creado. Al principio, no tenían todo el cuadro, pero con el tiempo se reveló que cada paso de Jesús estaba lleno de propósito. Cada paso era una herramienta de enseñanza. Cada paso condujo a los discípulos a que lo comprendieran a él más profundamente.

¿Qué nos enseñan nuestros pasos en cuanto a nosotros mismos? ¿Qué les enseñan nuestros pasos a otros? ¿Hacen un impacto para el bien? Se supone que deberían hacerlo. Cada día nuestros pasos nos hacen avanzar. Cada paso nos expone a algo. ¿Andamos en una línea delgada tentando el borde del acomodo? ¿Nos contentamos con poner nuestros pasos justo en medio del camino a fin de que nadie realmente sepa en dónde estamos? ¿O siguen nuestros pasos consistentemente a los de Cristo, sin dejar en los otros ninguna duda de dónde estamos? Hay un viejo dicho que dice: *haz que cada paso cuente.* ¿Lo hacemos?

La Biblia dice: «Por Jehová son ordenados los pasos del hombre» (Salmos 37.23). Jesús puso el ejemplo cuando anduvo por las playas de Galilea y llamó a los pescadores a que le siguieran. Sus pasos le llevaron al imponente escenario en las faldas de una montaña en donde predicó el sermón más grande de todos los tiempos, el Sermón del Monte. Las pisadas llevaron a Jesús por ciudades y pueblos como Tiro y Sidón. Anduvo por las estrechas calles de Capernaúm sanando enfermos, revivificando muertos en Betania, echando fuera demonios en la región de Tiberias, y reprochando a escribas y fariseos en Jerusalén. Mientras andaba, llamaba a individuos de los caminos, a bajarse de los árboles, y a salir de las cuevas.

Muchas veces he cruzado el mar de Galilea en un barquito en una gira y he pensado en que Jesús anduvo sobre el agua. Cuando Pedro escribió que debemos seguir los pasos de Jesús, me pregunto si estaba reviviendo el momento en que se bajó en esas aguas negras como la medianoche de Galilea para ir caminando a Jesús. ¿Puede usted imaginarse a un robusto pescador andando sobre las estruendosas olas? Pedro lo hizo muy bien. Luego quitó sus ojos del Maestro del mar y se hundió. Me imagino que esos vacilantes pasos le enseñaron a Pedro *a fijar sus ojos en Jesús.*

¿Sabía usted que si mira sus pies al caminar, eso puede hacerle perder el equilibrio? Si quiere mantenerse en equilibrio, mantenga sus ojos enfocados en lo que tiene por delante. Si está caminando en los pasos de Jesús, sus ojos estarán fijos en Aquel que dijo: «Sígueme».

Una caminata con Jesús

Nos gusta la idea de seguir a alguien que entusiasma. ¿Quién no va a querer caminar por las playas de Galilea? ¿Quién no va a querer andar sobre el agua? Pero paso a paso Jesús estaba avanzando hacia la cruz del Calvario. ¿Quién está dispuesto a caminar con él hasta el pie de la cruz?

Mi padre a menudo decía: «Vivir por Cristo y andar en su camino no es un sendero fácil; frecuentemente, la fe verdadera y el sufrimiento van de la mano».

Por tres años, los pasos de Jesús pisaron lo que nosotros llamamos la tierra de la Biblia. ¿Adónde lo condujeron luego? De regreso a Betania. Los pies de Jesús anduvieron muchas veces rumbo al hogar de María, Marta y Lázaro, pero la noche en que Jesús cenó con Simón el leproso, María ungió los pies del Señor.

Luego vino la Pascua. Jesús subió las gradas al Aposento Alto. Paso a paso ascendió al lugar en donde se serviría la última cena con los discípulos. Esa noche dio una caminata con ellos. Los discípulos lo siguieron para cruzar el valle del Cedrón al Huerto del Getsemaní, en donde él agonizó en oración.

Después de que Judas le traicionó, Jesús dio otra caminata; esta vez preso. Tal como había andado obedientemente en el huerto para ser traicionado, anduvo en obediencia al patio del sumo sacerdote para comparecer en el juicio. Jesús fue llevado a la presencia de Pilato y oyó que se pronunciaba su sentencia: «¡Crucifíquenle!».

Toda una guarnición (unos seiscientos hombres) lo llevaron al pretorio, palacio del gobernador. Allí le vistieron de púrpura y le coronaron de espinas; le flagelaron, se burlaron de él, le golpearon y le escupieron. Luego, paso tras paso agonizante, Jesús, llevando nuestro pecado, simbolizado por el peso de su pesada cruz, ascendió al monte Calvario.

En presencia de sus discípulos, sus seguidores, sus enemigos, sus perseguidores, su madre y todo el cielo, Jesús fue colocado en aquella cruz rústica. Sus pies preciosos que anduvieron por la tierra, y sus manos que habían sanado a los ciegos, fueron clavados al madero. Los soldados pensaban que se habían asegurado de que sus pasos se habían detenido para siempre; y los que le amaban en realidad nunca creyeron que esos pies volverían a caminar.

Piénselo. Jesús mismo dijo que él resucitaría en tres días, pero ni siquiera los discípulos que habían seguido sus pasos día tras día comprendieron plenamente su afirmación de que su templo resucitaría en tres días. Si lo hubieran creído, sus pies los hubieran llevado a la tumba la mañana de resurrección, para darle de nuevo la bienvenida y adorarle, postrados. Más bien, después de su crucifixión huyeron, aterrados porque sus vidas estaban en peligro por creer en su Rey; ya muerto.

Pero entonces... pasos.

Más pasos.

De la tumba él resucitó.

Y el Salvador resucitado dio una caminata en la mañana, solo.

¿Puede imaginarse?

En el camino, Jesús vio a María Magdalena y a María, madre de Jacobo. Ellas le adoraron a sus pies, pies que tenían las huellas de los clavos. Él animó a las mujeres a que fueran a decirles a los discípulos que él estaba vivo; y luego continuó caminando,

paso

a

paso.

Hubo otros andando esa mañana gloriosa, pero estos estaban llenos de desesperanza y no de júbilo. Dos hombres andaban por el camino a Emaús, con el corazón afligido y probablemente arrastrando los pies, con toda esperanza desaparecida. Jesús les oyó hablando sobre lo que había ocurrido. Ellos habían oído que la tumba estaba vacía; pero ni así comprendían la promesa.

Luego vino Jesús.

Andando junto a él, ellos no lo reconocieron en su cuerpo resucitado y glorificado. Después de un momento Jesús les preguntó por qué estaban tan tristes. Ellos respondieron: «¿Eres tú el único forastero en Jerusalén que no has sabido las cosas que en ella han acontecido en estos días? [...] Nosotros esperábamos que él era el que había de redimir a Israel» (Lucas 24.18, 21).

Paso a paso, Jesús anduvo y habló con ellos, todo el camino hasta el pueblo de Emaús, como a once kilómetros de Jerusalén. Cuando los hombres insistieron en que los acompañara a comer, Jesús tomó el pan y lo bendijo. Entonces sus ojos fueron abiertos; se dieron cuenta de que habían estado caminando con el Salvador.

Durante cuarenta días después de su resurrección, Jesús se apareció como a quinientas personas. Entonces sus discípulos siguieron sus pasos y subieron al monte de los Olivos, y observaron sus pies dejar la tierra mientras él ascendía.

¿Está usted siguiendo a Jesús? ¿Está permaneciendo en él? ¿Está andando paso a paso con él?

¿Qué paso dar?

¿Nos detenemos lo suficiente como para considerar que los pasos mal dirigidos pueden conducirnos derecho a la tentación? Tal vez no nos lleven al pecado, pero pueden conducirnos por una senda desviada de Dios. Mi padre enfrentó esta realidad en varias ocasiones en su vida.

Algunos conocidos trataron de persuadirle que se convirtiera en actor de Hollywood. Otros insistieron en que se postulara para presidente de Estados Unidos de América. Yo no pienso que mi padre alguna vez tuvo tiempo para considerar aquellas posibilidades. Si lo hubiera hecho, mi madre habría plantado bien sus pies, créanme, y eso siempre fue un paso gigantesco. No que mi padre jamás hubiera pensado en eso en serio, pero la influencia de los pasos de mi madre en su vida fue poderosa.

Tengo un amigo que a menudo habla de sus luchas al ceder a la tentación. Él mantiene un pie en el mundo y el otro en la fe, siempre apoyándose en la gracia de Dios. «Soy perdonado cuando peco», dice, «pero quisiera poder vencer».

La respuesta maravillosa es que él puede. La respuesta absoluta es que debe. ¿Puede hacerlo por sus propias fuerzas? No. Pero la Palabra de Dios promete a los que andan en los caminos de Dios que «sabe el Señor librar de tentación a los piadosos» (2 Pedro 2.9).

Las tentaciones vendrán; pero si nuestros pasos se mantienen en su senda, estaremos tan conscientes de su poder en nuestras vidas que tomaremos la decisión correcta.

La Biblia tiene mucho que decir en cuanto a nuestros pasos. «Por el camino de la sabiduría te he encaminado, y por veredas derechas te he hecho andar. Cuando anduvieres, no se estrecharán tus pasos, y si corrieres, no tropezarás […] No entres por la vereda de los impíos, ni vayas por el camino de los malos. Déjala, no pases por ella; apártate de ella, pasa» (Proverbios 4.11, 12, 14, 15).

¿Cómo podemos determinar si un sendero es bueno o malo? Muchos hallan esto difícil. La Biblia lo dice con claridad: todo lo que no glorifica al Padre celestial es malo. La Biblia dice: «Despojémonos de todo peso y del pecado que nos asedia, y corramos con paciencia la carrera que tenemos por delante» (Hebreos 12.1).

Con el correr de los años observé a mi padre evitar las trampas. Aprendí, al observar sus pasos, que no puedo hacerlo todo. Recibo invitaciones todo el tiempo para ser parte de varias causas; muchas son buenas pero erradas para mí, porque me distraen de lo que he sido llamado a hacer.

Crecí en el campo. Cuando cazaba ardillas, no quería que mis perros persiguieran conejos. Roy Gustafson a menudo me recordaba cuando yo estaba luchando en cuanto a alguna oportunidad que se me presentaba delante: «No te salgas por la tangente, Franklin. Mantén lo principal como principal».

¿Qué es lo principal? ¿Qué es lo que Dios nos ha llamado a hacer? Para mí es predicar el evangelio. Estos son los pasos que él ordenó para mi vida; y el Padre celestial me dio el gran don de un padre terrenal que fue ejemplo toda su vida.

José y sus dos vestidos

Temprano en el ministerio, mi padre y su equipo se preocuparon por las trampas que enredan a los ministerios y hacen que los hombres fracasen y se salgan de su andar con Dios. Él y su equipo íntimo prepararon sus propios estándares de responsabilidad a los cuales apegarse. Otros ministerios, con el correr de los años, han adoptado estas normas. En la vida cristiana, es vital que anclemos nuestros estándares en los principios bíblicos expuestos en la Palabra de Dios.

Vemos en las Escrituras a un joven destacado cuyos pasos le condujeron al lugar de poder porque anduvo rectamente. Mi padre predicó muchas veces en cuanto a José y su vestido de muchos colores, y cómo sus hermanos se lo quitaron. Después de que vendieron a José como esclavo a Potifar, oficial del faraón y capitán de la guardia egipcia, José halló favor en el reino y llegó a ser supervisor de la casa de Potifar en donde recibió, y perdió, otro vestido.

A José se le dio lo mejor de todo; vestía la mejor ropa y se le dio plena autoridad en la casa de su amo. Un día, mientras su amo estaba fuera, José se encontró con la esposa de Potifar, quien trató de seducirlo. La Biblia dice que ella «puso sus ojos en José» (Génesis 39.7). Pero José, que todavía no cumplía los treinta, anduvo sabiamente. Entendió que los pasos de una adúltera son inestables y conducen al infierno (Proverbios 5.5, 6); y sabía la solución de Dios: «Aleja de ella tu camino» (v. 8).

Eso fue exactamente lo que hizo. Cuando la esposa de Potifar agarró el vestido de José en un esfuerzo por atraparlo, él huyó y la dejó sola, agarrada de su vestido.

La Biblia dice que José huyó. Su salida fue tan súbita que la esposa de Potifar no tuvo poder sobre él. Allí se quedó ella rechazada, humillada y furiosa. Debe haber mirado ese vestido vacío preguntándose por qué sus encantos no habían ejercido la magia que esperaba. José no se detuvo para considerar los pros y los contras. Puso sus pies en movimiento. Dio los pasos correctos en el momento preciso.

La Palabra de Dios nos da ejemplos para guiarnos. La vida cristiana está diseñada con un propósito mayor que simplemente seguir la corriente. ¿Cuán precisos son sus pasos?

Cuerpo de evidencia

Una serie de televisión documental llamada *Body of Evidence* [Cuerpo de evidencia] trataba de una abogada criminalista que ha resuelto crímenes de casos difíciles. Compiló hechos basados en perfiles de sospechosos examinando sus patrones de vida y, literalmente, sus pasos. Dando un paso a la vez, produjo prototipos al usar muestras de ADN, lo que los científicos llaman «el mapa de la vida misma».[3]

¿Cómo se puede producir un perfil tan preciso de los seguidores de Jesucristo? ¿De qué manera nuestro ADN espiritual se iguala a la preciosa sangre que Jesús derramó en la cruz por nuestros pecados? Nuestro andar debe ser tan claro a otros que ellos puedan ver un cuerpo de evidencia con un vínculo inequívoco con el Salvador del mundo.

Algunos viven sus vidas como un personaje de la alta sociedad; siempre buscando alguna novedad porque sus vidas carecen de profundidad. Pero andar es un estilo de vida que puede dar estabilidad y un profundo sentido de pertenencia. ¿Practicamos lo que predicamos? ¿Observan las personas nuestros pasos y saben en qué dirección nos dirigimos? Deberían poder hacerlo. Nuestro testimonio externo revela nuestra creencia interna.

Cuando un verdadero seguidor de Jesucristo tropieza en pecado, el Espíritu Santo que vive en su interior inmediatamente lo convence. Como mi padre siempre señaló: «No ignores esa voz suave, delicada, por dentro. Ese es el poder convencedor del Espíritu Santo».

Dios se preocupa por los pasos que damos. Su Palabra no es simplemente letra impresa en un libro. Es el manual de instrucciones sobre cómo andar:

- Andar humildemente (Miqueas 6.8).
- Andar decentemente (Romanos 13.13).
- Andar ordenadamente (Hechos 21.24).
- Andar como es digno (Efesios 4.1).
- Andar por fe (2 Corintios 5.7).
- Andar en la verdad (3 Juan v. 3).
- Andar en integridad (Salmos 26.11).
- Andar en el Espíritu (Gálatas 5.16).
- Andar en la luz (Efesios 5.8).
- Andar en sabiduría (Colosenses 4.5).
- Andar en amor (2 Juan v. 6).
- Andar en vida nueva (Romanos 6.4).
- Andar en él (Colosenses 2.6).

«Hijitos míos, estas cosas os escribo para que no pequéis; y si alguno hubiere pecado, abogado tenemos para con el Padre, a Jesucristo el justo [...] El que dice que permanece en él, debe andar como él anduvo» (1 Juan 2.1, 6).

Las pisadas de un padre

Probablemente, todos hemos usado frases llamativas para comunicar un pensamiento, como «da un paso a la vez» o «él está un paso adelante». Otra expresión familiar es «seguir los pasos de otro».

Hay quienes siguen los pasos de hombres de negocios exitosos, comediantes aclamados, soldados condecorados y atletas victoriosos. Otros escogen seguir los pasos de un criminal o de un defraudador. También hay otros que vuelven sobre pasos que dejan marcas increíbles que hay que explorar.

Leí una de esas historias en el quincuagésimo aniversario de la batalla infame de Iwo Jima de la Segunda Guerra Mundial. Un hombre llamado David contó que su padre había servido en el Cuerpo de Marina de Estados Unidos y que había sobrevivido la matanza sangrienta. El padre había vuelto a casa para conocer a un hijo al que nunca había visto. Al crecer, David rara vez oyó a su padre hablar de sus hazañas militares. Atareado y creciendo, a David nunca se le ocurrió preguntar.

Cuando llegó a la edad adulta, y se dio cuenta de que su padre había sido una parte significativa de la historia estadounidense y un héroe victorioso de la guerra, deseó haberse interesado por su vida, que había quedado marcada para siempre como resultado del conflicto.

Cuando la salud de su padre se deterioró, David empezó a hacerle preguntas, pero las respuestas estaban sepultadas muy profundo en un hombre que ya no podía comunicarse. Era demasiado tarde para escuchar los relatos golpe a golpe de su servicio al país que amaba, sirvió y por el cual estuvo dispuesto a dar su vida.

Después de la muerte de su padre, David anunció a su familia y amigos que «iría a un lugar en donde nunca había estado para conmemorar una batalla que había tenido lugar antes de que él naciera».[4]

Al recordar las pocas cosas que había oído de su padre, se dijo: «Si Iwo Jima fue lo suficientemente importante como para morir por ella, tiene que ser lo suficientemente importante como para recordarla».[5] Así, David fue a Iwo Jima para recorrer las pisadas de su padre.

Lo que él dijo era bien dicho. Iwo Jima hizo un impacto en su vida antes de que naciera porque aseguró su libertad futura como estadounidense. Es lo mismo con los seguidores de Jesucristo. Si Jesús se preocupó lo suficiente como para morir por nosotros antes de que naciéramos, debe ser lo suficientemente importante como para recordar y debe hacer un impacto que cambie la vida en cuanto a cómo andamos aquí en camino a la eternidad.

Yo he podido volver sobre algunos de los pasos dados por mis bisabuelos que lucharon en la Guerra Civil estadounidense. También he vuelto a recorrer algunos de los pasos de mis padres. Anduve en donde ellos anduvieron cuando niños, de Corea del Norte a Carolina del Norte. A menudo hoy camino junto a sus tumbas para reflexionar en los pasos que ellos dieron en la vida.

Por la senda del sufrimiento

Los que tienen el privilegio de vivir en Occidente no se dan cuenta de que en muchos países el modo de transporte sigue siendo a pie.

He estado muchas veces en Bangkok, Tailandia. Si uno se queda atascado en un embotellamiento de tráfico, tal vez no avance más de una manzana en una hora y si ocurre un accidente, puede llevar horas para desenredarlo. Cuando eso sucede, caminar no es tan malo.

Hace pocos años el pesado tráfico de bicicletas atiborraba Pekín, con miles pedaleando por las calles. Es lo mismo en Vietnam. Gracias al crecimiento económico masivo, en Hanoi cientos de miles tienen ahora motocicletas. Pero en Pyongyang, Corea del Norte, vi algo con lo que nunca me había encontrado en una gran ciudad. Las calles no estaban atiborradas ni de coches, ni de bicicletas ni de motocicletas. Había miles de personas caminando. Vi pocos automóviles personales pero sí gran cantidad de hombres, mujeres y niños caminando.

Nunca olvidaré a mi padre andando entre las ruinas de la región de San Martín Jilotepeque en Guatemala después del terremoto de 1976. Para él era importante identificarse con las personas en su momento de adversidad. Para comprender a plenitud la aflicción de otros, uno debe andar por la senda del sufrimiento de los afectados por las tormentas de la vida. Mi padre enseñó esto con el ejemplo. Vívidamente recuerdo el impacto que hizo al llegar para estar junto a aquellos en Guatemala. Buscó maneras de alcanzar con compasión a las personas devastadas por tal tragedia.

En mi trabajo con Samaritan's Purse y con la AEBG me he visto expuesto a la adversidad de personas en prácticamente todos los continentes. Y al observar los pasos de mi padre, he aprendido grandes lecciones acerca de la compasión de Dios.

Para esto vino Jesús a la tierra: para identificarse con la raza humana en su hora de necesidad; para mostrarnos un camino mejor. Nos dejó un ejemplo de cómo andar en sus pasos.

Ya he perdido la cuenta de cuántas veces he cruzado el río Jordán, o he volado a Ammán para visitar un pequeño hospital de tuberculosos en Jordania del Norte en un lugar llamado Mafraq. Mafraq quiere decir «cruce de caminos». Y, en efecto, el norte le lleva a uno a Damasco; el oriente, a Bagdad; el este, a Ammán; y el oeste, a Haifa, Israel.

Ya he mencionado mi viaje a Jordania en 1971, que mi padre hizo posible. Hasta hoy cuando viajo por el desierto hacia la clínica, veo a muchos caminando hacia el Sanatorio Annur. Los viajeros, debilitados por la enfermedad que padecen, caminan desde Siria, Irak y desde el vasto desierto de Jordania en donde Abraham, Isaac y Jacob cruzaron desde la tierra de Ur, en Irak del día presente, al Israel del día presente. Cruzaron el mismo desierto paso a paso. Nosotros hemos podido sostener el ministerio allí gracias a las ofrendas generosas del pueblo de Dios.

En cierta ocasión caminé con hombres de una tribu africana que escapaban del fragor de la batalla o simplemente buscaban una mejor forma de vida. Descalzos, con sus pies endurecidos por los callos y chamuscados por el sol.

Retroceda mentalmente al principio del tiempo y piense en lo que debe haber sido ser una de las únicas dos personas en toda la tierra. Ninguna otra voz, ni máquinas, ni radios, ni televisores, ni construcción, ni industria, ni embotellamientos de tráfico, ni sirenas de policía, ni sirenas de bomberos, ni contaminación del aire o de ruido, ni zapatos;

simplemente el susurro de las pisadas de Dios. Me imagino que los oídos agudos de dos personas recogerían el más ligero movimiento en la exuberante hierba que alfombraba el Edén.

«Y [Adán y Eva] oyeron la voz de Jehová Dios que se paseaba en el huerto, al aire del día» (Génesis 3.8).

Uno tiene que preguntarse si la primera pareja de la creación habría disfrutado de caminatas vespertinas con su Hacedor. Tal vez seguían sus pasos mientras él les instruía en cuanto a todo lo que su mano había formado: los días soleados, las noches de luna, y las estrellas atisbando por entre los telones de los cielos como ojos de ángeles.

¿Status de celebridad o siervo llamado?

Hay una clase de andar que puede descarriar a un corazón sincero. Tiene que ver con andar tras algo en lugar de andar en una senda meritoria. Los pasos que persiguen la fama y la aclamación no caracterizan los pasos del verdadero siervo de Dios. Tampoco son característica del que camina en los pasos de Jesús.

Las celebridades son los ídolos de los días modernos. Como los ídolos de antaño, se les ve exhibiéndose en nuestras ciudades llenas de complejos deportivos, salas de conciertos y teatros y cines. Las viviendas albergan cosas que pueden convertirse en ídolos: televisores, computadoras, y lo más reciente y lo más grande de lo que sea que sea nuevo. Los ídolos devoran nuestro tiempo: trabajando para amasar fortunas, viviendo para el entretenimiento y la diversión. Los ídolos pisotean los corazones: el amor a las cosas, el amor al ajetreo, y el amor al placer.

Hace años mi padre escribió acerca de Alan Redpath, que en un tiempo sirvió como pastor de la iglesia Moody de Chicago. En la pared de su estudio tenía este letrero: «Cuídate de lo vacío de una vida atareada».[6]

¿Cómo gastamos nuestro tiempo, y qué ejemplo le damos a la generación joven? Mi padre solía decir: «Los jóvenes anhelan un líder en quien puedan confiar y a quien adorar». Miran en todos los lugares errados, y a menudo se sumergen en las artes.

Las bandas de música son el furor de estos días y lo han sido por décadas. En mi adolescencia, eran los Beatles y los Rolling Stones. En la primera década del siglo xxi, la banda U2, que ha existido como por cuarenta años, es la que encabeza la manada. Estos iconos culturales tienen poder para efectuar cambios, especialmente en los jóvenes.

Me gustaría presentarle a una banda escogida personalmente por Jesús. Incluso los que estaban contra ellos tuvieron que aceptarlos: «Estos [son hombres] que trastornan el mundo entero» (Hechos 17.6). Pero los líderes de las ciudades no les extendieron la alfombra roja; más bien, los expulsaron de la ciudad.

Esta banda de hombres conocidos como discípulos sabía lo que era ir contra la tendencia y la corriente. No tuvieron miedo de ser diferentes; en lugar de eso, tuvieron el privilegio de andar en los pasos del Maestro de milagros; pero también anduvieron en los pasos del Varón de dolores. Las pisadas que él dejó los llevaron a poner en práctica la orden de llevar su Palabra hasta lo último de la tierra.

Cuando terminaron su trabajo, anduvieron rumbo al martirio en los pasos del Señor crucificado. Fueron decapitados, apedreados, arrastrados hasta destrozarlos, atravesados con lanzas, ahorcados, les redujeron a pulpa sus cerebros con un garrote de batanero, y los crucificaron.[7]

No hubo glamour, ni comodidad, ni confort. ¿Reflectores? Ninguno. ¿Bienvenidas como celebridades? Ni en sueños. Hubo agonía, adversidad y sufrimiento; y una promesa de Jesús: «Voy, pues, a preparar lugar para vosotros» (Juan 14.2). Nuestro tesoro está guardado en el cielo, no aquí abajo en la tierra (Mateo 6.19, 20).

Al predicar sobre los discípulos, mi padre decía: «Los hombres que siguieron a Cristo fueron únicos en su generación. Trastornaron el mundo debido a que sus corazones fueron trastornados correctamente [...] y desde entonces, el mundo nunca ha sido el mismo».

Hay muchos que desean andar en los pasos de Billy Graham. ¿Por qué? ¿Les atrae, acaso, el pensamiento de viajar por todo el mundo, ir de lugar en lugar, predicar en coliseos, estadios, por televisión, y en los *webcast*? ¿Desean seguir sus pasos de predicar ante multitudes? ¿Se imaginan que aparecerán en portadas de revistas o que sus palabras aparecerán citadas en los noticieros? Mi padre diría que la predicación del evangelio no trata de nada de esto.

¿En realidad quieren predicar por todo el mundo, cueste lo que cueste? ¿Están dispuestos a hacerlo a la manera de Dios? ¿Están tan apasionados, tan dedicados, tan llamados por Dios que dependerán de él en todo? ¿Qué tal si es difícil levantar sostenimiento financiero? ¿Qué tal si se reúnen solo pequeños grupos? ¿Qué tal si solo unos pocos, o nadie, responde a la invitación?

Sí, mi padre se convirtió en una figura mundial. Sí, Billy Graham en efecto alcanzó un status que le abrió las puertas a palacios reales y a asientos de primera fila. Pero cuando empezó a predicar la Palabra de Dios, no tenía ni idea de que esto le esperaba.

Mi padre sería el primero en decirles: «Deja que Dios hable a tu corazón y entonces sé obediente a su llamado». Ha habido quienes se han sentido inspirados a considerar el llamado de Dios al ministerio debido al ejemplo de mi padre.

Hay incontables pastores, misioneros y evangelistas debido a que Dios usó la vida de mi padre para presentarles el reto. Pero Billy Graham predicaba: «Sigue los pasos de Cristo. Acepta las cargas que vienen, porque Dios las llevará sobre sus hombros. Acepta las bendiciones que vienen, y humildemente devuélveselas a Dios».

«Si alguno habla, hable conforme a las palabras de Dios; si alguno ministra, ministre conforme al poder que Dios da, para que en todo sea Dios glorificado por Jesucristo» (1 Pedro 4.11).

Considere una respuesta de algunos de los siervos escogidos de Dios cuando se vieron confrontados con la adoración de parte de los hombres.

Pablo y Bernabé estaban predicando en Listra, ciudad de la provincia de Galacia. Pablo había sanado a un joven que nunca había andado. Cuando la gente vio lo que había hecho, gritaron que los dioses habían descendido a ellos en forma de hombres.

La gente empezó a tratarlos como dioses, pero cuando ellos vieron eso «rasgaron sus ropas, y se lanzaron entre la multitud, dando voces y diciendo: Varones, ¿por qué hacéis esto? Nosotros también somos hombres semejantes a vosotros, que os anunciamos que de estas vanidades os convirtáis al Dios vivo, que hizo el cielo y la tierra, el mar, y todo lo que en ellos hay. En las edades pasadas él ha dejado a todas las gentes andar en sus propios caminos» (Hechos 14.14–16).

Pablo les dijo que a los hombres no había que adorarlos. Ni aclamarlos. Los hombres deben andar en los pasos de Jesús. Solo él merece la adoración. Todos los seguidores de Jesucristo tienen solo un paso que dar: andar con él.

Lo que observé en mi padre

Los hijos a veces tienden a seguir los pasos de sus padres. A menudo, los médicos engendran médicos, los abogados engendran abogados, los agricultores engendran agricultores, y los predicadores engendran predicadores, por así decirlo.

Cuando se trata de la predicación del evangelio, el llamado a predicar no puede pasar de generación a generación. Muchas veces los predicadores siguen generación tras generación, pero uno debe estar seguro de su llamamiento a fin de recibir el poder de Dios para proclamar fielmente su Palabra. En tanto que no hay nada de malo con desear servir como ministro del evangelio, hay quienes lo hacen por las razones equivocadas.

El poder de predicar viene del llamado de Dios. Hay un requisito para los que predican el evangelio de Dios. La Biblia dice que deben andar como Cristo anduvo. Los pasos de Cristo están descritos claramente en su Palabra. Es un gran honor predicar en su nombre, pero justo al lomo del honor hay algo llamado responsabilidad —responsabilidad pesada— que muchos ignoran. Los que tienen corazón puro y genuino ven la responsabilidad no como un deber sino como un privilegio.

En la iglesia a la que asistía un buen amigo mío el pastor aconsejaba a los jóvenes que deseaban predicar el evangelio. Les animaba con la Palabra de Dios, pero pintaba un cuadro desilusionador de lo que encontrarían. Muchos se alejaban de su decisión de servir al Señor. ¿Por qué? Debido a que el llamamiento que sentían procedía de sus mentes y no de sus corazones. Unos pocos, sin embargo, persistieron con la resolución más absoluta de que su llamamiento para servirle con todo su corazón, costara lo que costara venía del Señor Jesucristo.

Mi hijo mayor, William Franklin Graham IV (Will), sintió el llamado de Dios en su juventud. Yo no quise presionarlo a que siguiera en mis pisadas o en las de su abuelo. Pero él buscó la dirección de Dios, y después de varios años de estudios bíblicos, seminario y de pastorear su propia iglesia, se unió a mí en el ministerio y ha empezado a predicar por sí mismo en cruzadas de evangelización.

Pasos dados

Los pasos más importantes que una persona puede dar le llevan hasta el pie de la cruz de Cristo. Es allí donde dejamos nuestro vestido terrenal de pecado y nos ponemos un vestido de justicia. La perfección de nuestros cuerpos no vendrá en esta vida, pero podemos andar en vida nueva siguiendo las pisadas de Jesús.

Si perseguimos la cultura quiere decir que estamos siguiendo a los que promueven tendencias en lugar de conducir hasta el pie de la cruz. El hecho es que el mundo no nos reconocerá como seguidores de Cristo si estamos empapados de las cosas del mundo. Pero Jesús ha prometido que si seguimos sus pasos en la tierra, seguiremos sus pasos en la vida venidera.

La realidad es que un gran día Jesucristo volverá a este mundo enfermo por el pecado y lo erradicará. Él pasará por las puertas de gloria, y el ruido de los cascos retumbará al viento.

Hace años, mi padre escribió un maravilloso libro titulado *Approaching Hoofbeats* [Ruido de cascos que se acercan]. Él estaría de acuerdo conmigo en que estas pisadas venideras no se podrían decir más vívidas o más entusiastamente que a través de la pluma de Juan el Revelador:

> Entonces vi el cielo abierto; y he aquí un caballo blanco,
> y el que lo montaba se llamaba Fiel y Verdadero,
> y con justicia juzga y pelea.

Sus ojos eran como llama de fuego,

y había en su cabeza muchas diademas;

y tenía un nombre escrito que ninguno conocía *sino él*

    mismo.

Estaba vestido de una ropa teñida en sangre; y su nombre es: EL

    VERBO DE DIOS.

Y los ejércitos celestiales, vestidos de lino finísimo, blanco y limpio, le

    seguían en caballos blancos.

De su boca sale una espada aguda,

para herir con ella a las naciones,

y él las regirá con vara de hierro;

y él pisa el lagar del vino del furor y de la ira del Dios

    Todopoderoso.

Y en su vestidura y en su muslo tiene escrito este nombre:

REY DE REYES

Y

SEÑOR DE SEÑORES.

(Apocalipsis 19.11–16; formato añadido)

Es a Jesús a quien quiero seguir en ese día. Anhelo ver a mi Salvador montado en ese majestuoso caballo blanco, llegando a la tierra, atronador, en toda su gloria.

Una caminata con mi padre

En 1974, cuando cumplí veintidós años, di una caminata con mi padre por el lago Ginebra en Lausana, Suiza. Llegó a ser para mí una caminata decisiva que me llevó a dar un giro de ciento ochenta grados.

Dentro de mí libraba una batalla espiritual que yo no comprendí por completo sino cuando mi padre con bondad me confrontó. Mientras caminaba junto a él, me dijo: «Franklin, tu madre y yo percibimos que hay una lucha que tiene lugar en tu vida». La verdad de sus palabras me aturdió. Yo pensé que había estado tapando mis pecados muy bien. Él dijo: «Vas a tener que tomar la decisión, bien sea recibir a Cristo, o rechazarlo. No puedes continuar jugando a medias tintas. Tendrás que escoger seguirlo y obedecerle o rechazarlo».

Me pregunté cómo él podía saber lo que pasaba en mi corazón; pero era mi padre que había orado por mí y me enseñó en cuanto a vivir por Cristo. Sin embargo, no podía hacerlo sin reconocer mi propio pecado y pedir perdón.

Me dio una palmadita en el hombro y no dijo nada más en todo el resto de la caminata. Varios días después, mientras estaba en Jerusalén, fue aquella caminata lo que me hizo caer de rodillas ante el Padre celestial y recibir a su Hijo, Jesucristo, como mi Señor y Salvador.

Mi padre había predicado a mamás y papás, a hijos e hijas. Había invitado a millones a arrepentirse de sus pecados y recibir a Jesucristo como su Salvador. Me alegro de que mi padre hiciera la obra de evangelista con su propio hijo esa tarde en Suiza, dándome la oportunidad de una vez por todas de dejar una vida de pecado y acudir a Jesucristo y andar en sus pasos.

II

De adoquines a hitos

He anunciado justicia en grande congregación;
He aquí, no refrené mis labios,
Jehová, tú lo sabes.
No encubrí tu justicia dentro de mi corazón;
He publicado tu fidelidad y tu salvación.

—Salmos 40.9, 10

Si me recuerdas, acaso, recuérdame como predicador del evangelio del Señor Jesucristo.

BILLY GRAHAM

Ahora que mi padre está en el cielo, claramente puedo ver la senda por la que Dios le guió a cada paso del camino, de principio a fin. La lectura de la apertura de un sermón titulado *A Memorable Milestone* [Un hito memorable] que Carlos H. Spurgeon predicó a su congregación en Londres en 1904 me ayudó a entender por qué mi padre a menudo citaba a este príncipe de los predicadores.

He anunciado justicia en grande congregación;

He aquí, no refrené mis labios (Salmos 40.9)

Aquí hay... un testimonio continuo... Pero todos nosotros que somos siervos del Señor hemos dado, espero, nuestro testimonio de acuerdo a nuestras oportunidades y capacidades.

Ha sido imperfecto, pero ha sido sincero. Al mirar hacia atrás a nuestro testimonio para Dios... podemos decir con toda honestidad que ha sido dado sinceramente a la medida de la capacidad que nos fue dada. Ha sido dado... porque no se lo podía silenciar. Les he predicado el evangelio... porque creía en él, y si lo que les he predicado no es verdad, ¡estoy perdido! Para mí no hay gozo en la vida ni esperanza en la muerte excepto en ese evangelio... Para mí no es una teoría... ¡Para mí ha llegado a ser cuestión de hecho absoluto! Está entretejido en mi conciencia. Es parte de mi ser. Cada día lo hace más amado para mí, mis gozos me atan a él, ¡mis aflicciones me empujan a él! Todo lo que hay detrás de mí, y todo lo que hay por delante de mí, y todo lo que está por encima de mí, y todo lo que está debajo de mí, —todo me impulsa a decir que mi testimonio ha sido dado con mi corazón, mente, alma y fuerza— y estoy agradecido a Dios.[1]

Noventa y más por venir

Este es también el testimonio de mi padre, y cuando él se acercaba a cumplir los noventa, tuvo otra oportunidad de proclamar el mensaje del amor de Dios a los que le rodeaban.

Un año después de que enterramos a mi madre, mi padre viajó a Virginia Occidental para una reunión de ministerio con sus asociados de largo tiempo y muchas personas nuevas, y más jóvenes, que habían venido para ayudarme en el trabajo de la Asociación Evangelizadora Billy Graham. Familiares y donantes fieles nos acompañaron en una noche especial para celebrar los noventa años de mi padre; cumpleaños al que él pensó que nunca llegaría.

Era noviembre de 2008. Él habló a los presentes y agradeció a su equipo que fielmente había servido al Señor con él. Sus emocionantes comentarios animaron a todos a continuar y, sobre todo, a predicar el evangelio.

Entonces, con una chispa de humor y un guiño en sus ojos, invitó a los presentes a celebrar con él cuando cumpliera noventa y cinco años, entre ellos la presentadora (en ese tiempo) de Fox News Greta Van Susteren y su esposo, John Coale. En su condición debilitada yo no veía como él podía vivir mucho más tiempo. Pero durante los años que siguieron, Greta y John a menudo comentaron: «¡Esperamos el día en que tu papá cumpla los noventa y cinco!». Ellos lo creyeron; y cuando llegó el momento, ellos estuvieron presentes.

Con la mano todavía en el arado

El año que precedió a ese momento fue un reto para mi padre. Cuando yo tomé el liderazgo de la BGEA en el 2000, hubo dos cosas primarias que me motivaron. Primero, mantener el ministerio en la senda de proclamar el evangelio de Jesucristo al mundo, la visión sobre la cual mi padre había fundado el ministerio; y, segundo, ayudarle a terminar bien.

Hubo ocasiones en que él recuperó algo de fuerza; parecía siempre estar conectado con oportunidades para el ministerio, incluso al punto en que hablaba acerca de querer pararse detrás del púlpito en un estadio una vez más para proclamar a la nación un mensaje final sobre el arrepentimiento.

Pusimos su púlpito en The Cove, junto con una pantalla grande de modo de que él pudiera ver con claridad las notas. Hubo luces, cámara, pero no acción. Mi padre simplemente no tenía la fortaleza para ponerse de pie. Me miró con aquellos ojos azules de acero y dijo: «Pensé que podría hacerlo, pero simplemente no puedo».

La próxima vez que nos reunimos, quise animarle y le pregunté si consideraría poner su mensaje en un libro; algo que duraría mucho después de que él estuviera en el cielo.

«Pensé que ya había escrito mi último libro, pero voy a intentarlo», dijo. Acicateado por la desesperanza del mundo, se sentía obligado a seguir adelante.

«Franklin, me preocupa que el mensaje de la salvación ha sido diluido. Quisiera tener la oportunidad de poner mi mensaje en un libro para que las personas entiendan que la salvación en Jesucristo produce una transformación en la vida. Hay ocasiones en que siento que en los últimos años de mi ministerio no enfaticé esta verdad lo suficiente. Este mensaje es como un peso en mi corazón. Quiero predicar un mensaje a la iglesia, un mensaje a los que nunca entrarían en una iglesia, un mensaje a la nación, un mensaje de la Palabra de Dios al mundo. ¿Qué piensas?». Oí una hebra de entusiasmo en su voz.

«Por supuesto que puedes hacerlo, papá. Suena como si ya lo tuvieras realizado en tu mente. Te ayudaremos».

«Necesito un escritor que trabaje conmigo», dijo, y preguntó acerca de alguien con quien ambos habíamos trabajado por muchos años.

«Lo llamaré y arreglaré la ocasión para conversarlo», le animé. Eso lo alegró, pero yo estaba todavía inclinado a grabar su mensaje a fin de que otros pudieran oír su voz proclamar, una vez más, el evangelio de Dios.

La razón de mi esperanza: Salvación

A los pocos días él empezó a poner su mensaje en forma de manuscrito con la instrucción: «Quiero titular este libro *Salvación*. Tengo una profunda preocupación por los que dicen que creen en Cristo, pero no viven para él. Pienso que el Señor quiere que yo proclame un mensaje para desvanecer la idea de que en verdad podemos ser salvados sin vivir de acuerdo a su Palabra. Las personas necesitan esperanza; ¡Cristo es la única esperanza para el mundo!».

Se entusiasmó y trabajó todos los meses del invierno, y del verano y del otoño, siempre buscando en las Escrituras pensamientos frescos en cuanto al inmutable mensaje de que Jesucristo vino a la tierra para vivir entre nosotros, morir por nosotros y ser resucitado a la vida; y preparar un lugar en el cielo para los que ponen su fe en él.

El predicador en él estaba emergiendo de nuevo mientras él pensaba en el sermón que sentía como peso en su corazón. Aunque estaba sentado en una mecedora, su voz y la resolución en sus ojos eran las de un profeta con un mensaje ardiente. Su anhelo de proclamar la Palabra de Dios una vez más al mundo era tan fresco y dirigido hacia adelante como cuando empuñó por primera vez el arado del evangelio cuando estudiaba la Biblia en su juventud. En sus noventa, Billy Graham todavía era el soldado que esgrimía la espada de la verdad que cambia vidas. «Esto», dijo, «es la razón de mi esperanza: Salvación».[2] Y así le puso ese tituló a su libro.

Empezaba y terminaba cada sesión en oración. Era la chispa que lo encendía.

> Señor, pedimos en oración que el mensaje de este libro hable a los que no te conocen, y a aquellos en la iglesia que piensan que están salvados pero están engañados, aduciendo que pertenecen a Cristo sin conocer el cambio que se produce cuando el Espíritu Santo del Dios viviente mora por dentro.

Al bosquejar los puntos principales que ese libro contendría, las Escrituras guiaban e enriquecían cada tema acerca de la misión de rescate de Dios y su gran plan de redención, lo que el mundo piensa del pecado, y del cielo y del infierno, y el precio que Cristo pagó para perdonar a los pecadores y darnos la victoria sobre el «pecado que nos asedia» (Hebreos 12.1).

«Quiero un capítulo entero sobre la cruz, y uno sobre la resurrección de Cristo, porque sin la resurrección no hay salvación», dijo. «¡Entonces me gustaría terminar con un capítulo sobre el retorno de Cristo! Lamento no haber predicado más sobre la resurrección y los últimos días cuando Cristo vuelva». Sus comentarios revelaban que Dios no había terminado con él. Había otro sermón, tal vez más, todavía por predicarse.

«Quiero anclar el mensaje a 1 Pedro 1.3–5», continuó; y luego citó: «Por su grande misericordia nos hizo renacer para una esperanza viva, por la resurrección de Jesucristo de los muertos [...] para vosotros, que sois guardados por el poder de Dios mediante la fe, para alcanzar la salvación que está preparada para ser manifestada».

El *púlpito en la sala*

Parecía tan entusiasmado al trabajar en el libro que le pregunté si le gustaría tratar de nuevo de grabar el mensaje esencial.

«Me encantaría hacerlo, pero simplemente no puedo hacerlo, Franklin». Su voz era enfática.

«Pruébalo, papá», le insté. Su anhelo me hacía perseverar.

«En efecto siento el deseo de predicar por lo menos una vez más, pero simplemente no tengo la fuerza», dijo con un tono de lamento. Sus ojos me decían que tenía la voluntad, pero sus labios llevaban las palabras desilusionadoras: «No, simplemente no puedo hacerlo. Franklin», dijo, «no entiendes. Cuando llegues a mi edad, te darás cuenta por qué no puedo hacerlo». Hace unos pocos años no lograba entenderlo, pero ahora estoy empezando a sentir el peso de los años por mí mismo, y comprendo su frustración con algo más de compasión.

No obstante, le animé a que se aferrara firmemente a ese mensaje que le impulsaba a seguir adelante. «Oremos para que el Señor nos muestre cómo puedes hacer esto». Pienso que mi padre se agradó de que la oración fuera la piedra angular para buscar la dirección de Dios sobre el asunto. Después de todo, él me enseñó por su ejemplo a orar en cuanto a todo, y a entregárselo a la voluntad soberana de Dios.

Un día, cuando me estaba contando sobre el progreso de su libro, su voz parecía más fuerte, y empezó a hablar de predicar una vez más.

Un amigo me dijo que yo redefiní la palabra *persistencia*, así que decidí vivir a la altura de la reputación. «Papá, estoy de acuerdo con que no tienes la fuerza para pararte delante de una multitud y predicar en un estadio, pero puedes predicar aquí mismo desde tu casa. ¿Lo intentarías?». Francamente, estaba preparado para oírle decir no con vigor evangelizador.

En lugar de eso, pensativamente preguntó: «Cómo funcionaría eso?».

«Esto es lo que podemos hacer», dije y me incliné sobre el borde de la mesa. «Tú escoge los puntos que quieres hacer, y yo enviaré a un camarógrafo de video aquí a la casa. ¿Por qué no predicar el mensaje vivo del Salvador viviente justo desde la sala? Puedes grabar el mensaje en segmentos aquí mismo en casa conforme tengas fuerza. Podemos organizar un programa alrededor del mensaje que se puede transmitir a la nación como *"My Hope America" with Billy Graham [Mi esperanza Estados Unidos con Billy Graham]* como lo hemos hecho por todo el mundo mediante el Proyecto de Televisión de Evangelización Mundial de la BGEA». No dijo que no, y acordamos proceder.

Llamé al doctor Don Wilton, pastor principal de la First Baptist Church de Spartanburg, Carolina del Sur. Pocos años atrás mi padre había empezado a escuchar su trasmisión de los domingos por la mañana y le había invitado para almorzar. Debido a que ya no podía asistir a la iglesia, Don se dedicó a ser su pastor. El resto de la vida de mi padre, este fiel predicador del evangelio hacía todas las semanas el viaje redondo de tres horas a la casa de troncos de mi padre.

Cuando empezó la grabación, Don estaba allí para estimularle con preguntas que le hacían más fácil responder en un ambiente que era cómodo; justo desde su casa que daba una vista panorámica de las montañas Blue Ridge.

La cruz que rompe las cadenas

El mensaje poderoso que emergió llegó a ser la pieza central del programa de treinta minutos titulado *La cruz*, dándole a la BGEA la herramienta para embarcarse en el más grande alcance evangelizador en (hasta ese momento) sus sesenta y tres años de ministerio. Parecía apropiado que mi padre predicara de una manera que era inimaginable; ¡desde la sala de su casa a las salas de todo el mundo a la manera de *Mi esperanza!*

Él esperaba con interés cada sección de grabación. Su mensaje se finalizó, y respaldado de música y testimonios que seguían el modelo de sus cruzadas, el programa «*My Hope America*» *with Billy Graham* estaba listo para su trasmisión.

Mientras tanto, la BGEA inscribió y entrenó a más de veinte mil congregaciones en iglesias para que participaran. Los miembros de la iglesia aprendieron cómo utilizar de la mejor manera el programa para influenciar vidas con el evangelio. Se hizo planes para transmitir el mensaje por televisión, en iglesias y en hogares por toda Norteamérica, como hemos hecho por todo el mundo. Se realizó entrenamiento masivo, ayudando a las personas a usar las Escrituras para ser testigos de Cristo, dando dirección sobre cómo extender una invitación y llevar a personas a la cruz de Jesús en arrepentimiento y fe.

Se usaron testimonios de los artistas cristianos Lecrae Moore y Lacey Sturm para demostrar cómo Dios toma corazones quebrantados y angustiados y los transforma con su gracia sublime. Pero no hubo duda de que el punto de poder en el programa fue la proclamación de la Palabra de Dios de los labios de mi padre:

La Biblia dice que todos somos pecadores, que hemos quebrantado la ley de Dios y sus mandamientos. Le hemos dado la espalda. Esto es muy peligroso para nuestro país, para nosotros como individuos y para nuestras familias. Las personas no quieren creer que son pecadoras. El pecado es una enfermedad del corazón humano. Afecta la mente, la voluntad, las emociones; toda parte de nuestro ser.

Por eso la cruz ofende; confronta directamente el mal que domina tanto del mundo. Merecemos el infierno, merecemos el castigo y lo que eso significa. ¿Cómo podemos romper esta esclavitud? ¿Cómo podemos ser hechos libres?

Dios nos ayuda a romper estas cadenas. Quiero hablarles a las personas sobre el significado de la cruz; no una cruz que cuelga del cuello. La cruz es donde Jesucristo tomó sobre sí mismo los pecados del mundo. Dios puede hacernos totalmente nuevos. La Palabra de Dios exige —no sugiere—una nueva vida en Cristo; y él nos ayudará a vencer el

Mi padre asiste a mi cruzada en Wilmington, Carolina del Norte (1995)
(De izquierda a derecha: mi primo hermano Mel Graham, mi hijo William Franklin
Graham IV, mi padre y yo).

Con ocasión de su 90 cumpleaños, un año después de la muerte de mi madre, mi padre
saluda a sus invitados y les invita para que vuelvan para su 95 cumpleaños (2008)

Mi hijo Edward escolta a mi padre en la celebración y alcance evangelístico de Mi esperanza América en honor de su 95 cumpleaños el 7 de noviembre de 2013.

En un intercambio improvisado entre mi padre y su viejo amigo y colega, Cliff Barrows dice: «Feliz cumpleaños, querido Bill… Alabo al Señor por el camino que hemos recorrido juntos». (2013)

Greta Van Susteren felicita a mi padre con ocasión de su 95 cumpleaños y le sujeta el micrófono para que se dirija a los invitados bajo la atención de Donald Trump y Rupert Murdoch (2013)

Artistas se congregan para cantar «Cumpleaños feliz, Billy Graham» (2013) (De izquierda a derecha: Lecrae Moore, Lacey Strum, Ricky Skaggs, Michael W. Smith y Kathie Lee Gifford)

Mi padre disfruta la presencia de algunos viejos amigos que le honran en su 95 cumpleaños. Entre ellos, de izquierda a derecha, están J. W. «Bill» Marriott Jr.; mi mujer, Jane Austin; Melania y Donald Trump; John Coale; Greta Van Susteren; yo; el gobernador de Carolina del Norte Pat McCrory; y Sarah y Todd Palin; y sentados, de izquierda a derecha, mi hijo Edward, mi padre y Rupert Murdoch (2013)

Orando en la inauguración del 45.º presidente de Estados Unidos, Donald J. Trump (20 de enero, 2017)

Arropado con una manta escuchando las noticias por sus auriculares, se unió a su amiguito peludo, Cat, para tomar una siesta por la tarde. Esta es la última foto que se tomó de mi padre (18 de febrero, 2018)

El ataúd de mi padre, debidamente colocado detrás del púlpito, en The Cove, donde asistieron los colaboradores de muchos años, amigos, cuidadores y la familia para presentar sus respetos (23 de febrero, 2018)

Los vecinos y personas de buena voluntad despidiéndose mientras la caravana de ceremonias se desplazaba de Ashville y Black Mountain a Charlotte.

Miles presentaron sus respetos, también el expresidente George W. Bush y la ex primera dama Laura Bush en la casa de la infancia de mi padre.

La familia Graham se conmovió por todo el apoyo expresado por el presidente y la señora Trump, el vicepresidente y la señora Pence, el presidente de la Cámara Ryan, el líder de la mayoría del Senado McConnell y cada rama del gobierno estadounidense que rindieron homenaje a mi padre

Un predicador del evangelio recibe el saludo de honor bajo la cúpula del Capitolio

Mi esposa, Jane Austin y yo con nuestros cuatro hijos en la rotonda
(De izquierda a derecha: Roy, Will, Cissie y Edward)

El presidente Trump el vicepresidente Pence leen los nombres grabados de los prisioneros que construyeron el ataúd de mi padre.

BGEA

Mi padre pidió que el evangelio de Jesucristo fuera proclamado en su funeral; consideré un honor honrar a mi padre y a mi madre

BGEA

Edward escolta al presidente Trump, la primera dama Melania, el vicepresidente Pence y la segunda dama Karen a la catedral de lona para la celebración del funeral (2 de marzo, 2018)

BGEA

Mi padre amaba a sus hijos y sus nietos. Fue un privilegio para sus nietos cargar con el féretro de su abuelo

BGEA

Una humilde lápida reposa sobre la tumba de mi padre en el jardín de oración de la biblioteca Billy Graham. Incluso en su muerte deseaba predicar el evangelio del Señor Jesucristo (Juan 14.6)

Juntos de nuevo

pecado. La Biblia dice: «De modo que si alguno está en Cristo, nueva criatura es; las cosas viejas pasaron; he aquí todas son hechas nuevas» (2 Corintios 5.17).

Empezó el proceso con las redes televisoras para negociar las horas para transmitir el programa el 7 de noviembre. Pedimos a cristianos por todo el país que invitaran a personas a sus hogares, y que las iglesias mostraran el programa. Pensamos que sería maravilloso que mi padre hiciera lo que estábamos pidiendo que otros hicieran: invitar a personas para comer y usar la ocasión como una oportunidad evangelizadora, ¡en su cumpleaños noventa y cinco!

Seis semanas antes yo le había pedido a la familia, miembros de la junta, personal y amigos que cada uno auspiciara una mesa, invitando a sus vecinos no salvados y colegas de negocios. A mi padre le gustó la idea de que su equipo hiciera esto juntos, y parecía ser una gran razón para reunirse, no por su cumpleaños, sino para una presentación del evangelio. Pero dejó en claro que no quería comprometerse a hablar durante la cena. Convine en que usaríamos solamente su mensaje que había sido grabado digitalmente. Su temor era que cuando llegara el día, no se sentiría en condiciones de asistir. Con todo, se entusiasmó porque las personas vendrían para ver el programa y empezó a orar por cada uno que asistiría.

Su temor casi se realiza cuando, una semana antes del evento, fue llevado al hospital con una infección bronquial. Había duda de que se recuperaría a tiempo para ser parte de la celebración de su propio cumpleaños.

Las noticias por cable transmiten las buenas noticias

No debería haberme sorprendido tanto cuando la salud de mi padre mejoró continuamente; personas por todo el mundo habían estado orando por él, y él volvió a casa. Su libro *La razón para mi esperanza: Salvación* acababa de ser lanzado al público por la editorial Grupo Nelson, y muchos que leyeron el libro declararon que era su «obra maestra».

Días después, entre familiares, amigos y cientos de invitados, Billy Graham entró en el hotel Omni Grove Park Inn en Asheville, Carolina del Norte, a pocos kilómetros de su casa, ante una ovación entusiasta, mientras mi hijo Edward, un mayor del ejército de Estados Unidos, le escoltaba a su mesa. Se unió a más de ochocientos invitados que vieron el debut del programa *The Cross*.

Entre los muchos que expresaron sus buenos deseos estaban dignatarios y amigos de mucho tiempo: Rupert Murdoch y J. W. «Bill» Marriott. Donald Trump (empresario en ese tiempo) y su esposa, Melania, también estuvieron allí. ¿Quién podía saber que teníamos entre nosotros al futuro presidente y la primera dama?

Greta Van Susteren y John Coale estuvieron presentes, tal como habían prometido. La exgobernadora de Alaska Sara Palin y su esposo, Todd, y el gobernador de Carolina del Norte Pat McCrory también se unieron a los muchos presentes, junto con una variedad de pastores destacados de todo el país que estuvieron a nuestro lado en este esfuerzo evangelizador sin precedentes.

Planeábamos transmitir el programa en Norteamérica solamente, y no nos dimos cuenta de que la semana que escogimos resultó ser la «semana de sondeos» para las redes; todas disputándose la audiencia de los televidentes. Comprar tiempo en las redes estaba prohibido.

Nos enteramos de que las redes de noticias por cable tienen su propia batalla de sondeos a diferentes horas. Así que cuando mi padre le escribió a Rupert Murdoch y le dijo lo que esperábamos hacer, él cortésmente respondió que trasmitiría el programa en su estación de cable y me pidió que me pusiera en contacto con Roger Ailes que gerenciaba el canal Fox News para él.

Cuando hablamos por teléfono, el señor Ailes dijo que Fox nos daría un buen tiempo. Él cumplió su palabra y confirmó que el programa se trasmitiría el 7 de noviembre a las 10:00 p.m., durante el nuevo horario para *Hannity*, presentado por Sean Hannity. Debido a esto, el programa se transmitió en todos los lugares del mundo que trasmiten la red por cable. Era más de lo que podíamos haber esperado, y Dios bendijo el deseo de mi padre de predicar una vez más.[3]

«Han habido ocasiones cuando he llorado al ir de ciudad en ciudad, y ver cuánto las personas se han alejado de Dios», dijo. «Hay solo un mensaje en cualquier generación y en todos los tiempos, y es Jesús. Jesús vino para salvarnos, y no hay otro mensaje en el mundo que ofrezca esperanza eterna». Entonces oró: «Necesitamos un despertamiento espiritual, Señor. De todo corazón quiero dejar a otros con tu verdad».

El Señor respondió esa oración. Ningún regalo podía haber entusiasmado más a mi padre evangelista que proclamar al mundo el evangelio, una vez más.

Billy Graham cumpliendo noventa y cinco años es noticia

La gobernadora Palin puso énfasis personal en esto cuando se dirigió a él y a los invitados reunidos esa noche. «Mi madre oyó sobre cómo tener una relación personal con Cristo [en una campaña de Billy Graham en la década de los 70]. Ella tomó la decisión de seguir a Cristo, y eso estremeció a su mundo y cambió su vida. Entonces condujo a su familia a Cristo, incluyéndome a mí. Necesitamos el mensaje de Billy Graham hoy más que nunca... y gracias a la tecnología de hoy, este mensaje se oirá en toda la nación».

Sus comentarios emocionaron el corazón de mi padre mientras él estaba sentado orando que muchos en ese mismo salón vinieran a Cristo. Y lo hicieron. Hallamos más tarde que más de 180 invitados indicaron su decisión de hacer con el Señor este compromiso que transforma la vida.

La gobernadora Palin hizo aflorar una sonrisa en las caras del público cuando miró a mi padre y le deseó noventa y cinco años más a fin de que pudiera continuar predicando el evangelio.

Pero conforme el reloj avanzaba hacia la décima hora, parecía dudoso que él pudiera durar noventa y cinco segundos más. Mi padre se sintió profundamente conmovido al verse rodeado por familia y amigos. También se sintió honrado al ver presente en la reunión a su amigo de largo tiempo Rupert Murdoch, y le expresó su aprecio por transmitir el programa. Esa misma mañana yo había estado en Nueva York y había visitado a Roger Ailes para expresarle gratitud por respaldarnos de esta manera tan estratégica. Me dijo que algunos habían cuestionados por qué Fox, una red de noticias, trasmitiría un programa como este. Me gustó su respuesta cuando dijo: «Billy Graham cumpliendo noventa y cinco años es noticia, y Fox está en el negocio de las noticias». Pensé en eso mientras volaba a Asheville esa tarde.

Más tarde esa noche, al conversar con el señor Murdoch y hablarle acerca de mi reunión, le agradecí por permitir que el mejor canal de noticias de Estados Unidos transmitiera las mejores noticias del mundo: que Dios ama a los pecadores.

El gobernador Pat McCrory había iniciado la reunión, deseándole a mi padre un feliz cumpleaños y dando la bienvenida a Carolina del Norte a los invitados. Para cerrar la noche, le pedí a Greta, que había entrevistado a mi padre por última vez pocos años antes, que dirigiera unas cuantas palabras. Ella se dirigió con entusiasmo al atril. Siendo profesional como es, acicateó a los bien conocidos músicos presentes en el salón que pasaran al frente. «Vengan Michael W. Smith, Ricky Skaggs... Lacrae, Lacey... Vengan. Cantémosle "Feliz cumpleaños" al señor Graham». Incluso persuadió a la copresentadora Kathie Lee Gifford, de NBC *Today*, que se les uniera mientras su esposo, Frank Gifford, miraba.

Yo nunca había visto a Greta ejecutar un número musical, así que cuando ella dirigió a estos artistas e invitados en una enérgica interpretación de esta canción icónica, ¡mi padre se conmovió cuando ella sugirió que a lo mejor todos podríamos reunirnos para celebrar sus cien años! El divertido momento llevó a mi padre a unirse en el canto y cuando terminó con «Feliz cumpleaños a ti», él se señaló a sí mismo y cantó: «Feliz cumpleaños a mí», con una risita contenida, cansada pero divertida.

En tanto que todos disfrutaron del momento, los invitados se agradaron más al oír sus comentarios improvisados.

Aunque él no había planeado hablar, su corazón desbordaba de gratitud al verse rodeado por aquellos que le habían animado, y que le hicieron alegrarse al estar presentes en ese momento especial. Greta pudo percibir su deseo de dirigirse a los invitados del salón. Dejó la plataforma llevando en la mano el micrófono inalámbrico y se dirigió a la mesa de mi padre: «¡Usted parece como que quiere decir algo, doctor Graham!». Y lo hizo.

No planeado, sin libreto, inolvidable

Sentado a su lado en la mesa estaba su amigo de largo tiempo y asociado Cliff Barrows. Típico de mi padre, él había estado escuchando a los que le rendían honores. Siempre se molestaba cuando no mencionaban a su equipo, porque sabía que su ministerio no hubiera sido posible sin el equipo consagrado que Dios había reunido alrededor de él en cada paso en el camino.

Cliff, y el finado George Beverly Shea, habían trabajado con él desde el comienzo. Yo conocía bien a mi padre, así que no fue sorpresa cuando Greta le entregó el micrófono. Él empezó a hablar, y el ruido de la conversación se apagó mientras los oídos se esforzaban por oír su voz débil: «Quiero agradecerte, Cliff, por todo lo que has significado para mí en todos estos años. Tú has viajado conmigo en cada paso en el camino. Que Dios te bendiga, y te amamos».

La emoción de sus palabras tocó los corazones de los invitados, que se quedaron absortos, observando la conexión entre estos dos amigos valientes. Era apropiado darle al tío Cliff una oportunidad para responder. Con la voz quebrándose por la emoción, le dijo a mi padre para que todos oyeran: «Luchamos en aquellos primeros días en cuanto a lo que debíamos hacer con nuestras vidas y... eso fue hace sesenta y ocho años, querido amigo. Alabo a Dios por la jornada que hemos tenido juntos. Te agradezco de todo corazón. Feliz cumpleaños, querido Bill. Pidamos en oración al Señor que nos mantenga juntos hasta que él nos llame al hogar, o hasta que él retorne. Doy gracias a Dios por cada recuerdo de ti».

La conversación fue más que unas palabras, como lo demostraron las lágrimas en sus ojos y en los de muchos otros en el salón. El amor fraternal entre estos dos paladines hablaba volúmenes de lo que habían pasado juntos observando toda una vida lo que Dios hacía por todo el mundo.

Muchos, aquella noche, sintieron como que estuvieran presenciando un momento personal en el tiempo que no se olvidaría pronto. Tuve que preguntarme lo que otros en el salón pensarían al observar una abrumadora demostración de lo que sucede cuando las personas participan en la obra de Cristo, llenos de amor y gracia. Muchos en el mundo no pueden comprender el fruto de tal lealtad y camaradería. Fue un momento no planeado, sin libreto e inolvidable, debido a que la fidelidad de Dios fue glorificada. Nunca me hubiera imaginado esa noche que Cliff Barrows sería llamado al cielo antes que mi padre, pero murió tres años después (15 de noviembre del 2016) a los noventa y tres años.

Ningún mejor regalo que almas ganadas para el reino

Los invitados se quedaron conversando entre sí después del programa mientras mi padre calladamente salió y se fue a casa. La salida había agotado su fuerza, pero la interacción con viejos amigos le había animado. Su cuerpo quería descansar, pero su mente quería revivir la noche, y lo hizo hasta que el reloj dio la medianoche cuando finalmente se quedó dormido en un pacífico descanso.

Al domingo siguiente fui a verlo. Todavía se sentía vigorizado por la reunión y se regocijó cuando le conté del número de personas que habían respondido a la invitación. Ningún regalo de cumpleaños podía haberle dado más alegría que las almas ganadas para el reino de los cielos. Le conté que dos y medio millones de televidentes por toda la nación habían visto la transmisión. En las semanas que siguieron nos enteraríamos de que el programa había sido visto en otras cadenas por más de diez millones de personas, y trasmitido en cincuenta y tres afiliadas a la red, y eso para no mencionar las siguientes transmisiones en el canal Fox News y los muchos miles que lo vieron por todo el mundo por YouTube y el sitio web de la BGEA.

Se sintió abrumado por la cobertura y le encantó oír que la BGEA iba a caracterizar su cumpleaños por lo menos en los siguientes cinco años estableciendo la Semana de Evangelización en Estados Unidos de América con nuevas iniciativas *Mi esperanza*.

Me agradeció por la visión y por la fiesta de cumpleaños, y comentó lo maravilloso que había sido ver a tantos allí. «Hubiera querido hablar con todos». Yo estaba seguro de que la emoción había sido un acicate. Él ya había empezado a trabajar en otro libro, y le animé a que hiciera de esto su nueva prioridad.

«Quién sabe», dijo con una sonrisa, «¡tal vez en realidad viva hasta cumplir los cien!». Estaba en buen espíritu cuando yo salí esa semana para China y Tailandia, y sonreí al pensar que a lo mejor él alcanzaría ese hito.

¿Estoy en el cielo?

Así que pareció como un golpe en la nuca cuando recibí una llamada de David Bruce, asistente ejecutivo de mi padre. Con una diferencia de quince horas en el huso horario, no me vino ningún sentimiento bueno en particular al oír su voz a las 10:00 de la noche, hora de Carolina del Norte.

«Franklin, tu papá tuvo que ser llevado al hospital», dijo David. «Está agotado por su lucha contra una infección bronquial. Los médicos piensan que no es serio, pero teniendo él noventa y cinco años piensan que van a monitorearlo por unos pocos días».

Yo sabía lo que la llamada significaba. Incluso un leve resfrío podía tener repercusiones mortales. Entre reuniones y vuelos, llamé a diario pidiendo los últimos informes. Para cuando volví a casa, él también había vuelto a la suya. Yo estaba cansado de mi viaje, pero no tan agotado como mi padre que luchaba con una persistente tos que le mantenía débil y frágil. Hizo poco progreso en los días que siguieron y permaneció en cama, hablando muy rara vez. Fue impresionante pensar que pocos días antes parecía estar lleno de vida, y esperaba pasar la Navidad con la familia.

Llegó el 25 de diciembre, y también la familia, pero no hubo compañerismo con papá. Era difícil ver que no podía salir de la cama.

Domingo tras domingo, y más frecuentemente cuando yo estaba en casa, iba a verlo. Entrar a su habitación me recordaba los días antes de que mi madre fuera al cielo. Su habitación estaba callada, y también él. Sus pensamientos parecían distantes. Debido a que su vista era mala y también su oído, yo hacía todo lo que podía para hacerle saber que yo estaba allí.

«Papito, soy Franklin. He venido a verte». Él extendía los brazos, como siempre lo había hecho, para abrazarme. Sus brazos flaqueaban, buscando tocar. Sosteniendo su mano, yo le daba palmaditas, asegurándole que no estaba solo. Pero él ya sabía eso.

Otros que venían a verlo le decían: «Billy... o, señor Graham... soy... Fulano». Sus ojos se abrían lentamente, y en un susurro preguntaba: «¿Estoy en el cielo?».

«No», era la respuesta. «Usted está aquí justo en Montreat», le aseguraban otros. Parecía desilusionarse. Muchos se preguntaban lo que él podría estar pensando. Pero al mirar por los ojos de mi padre, para mí era claro que su mente estaba en el cielo; el país de Dios.

Donde yo estoy

Para mi sorpresa, mi padre se recuperó otra vez, expresando su deseo de completar otro libro que ya había empezado. En conversaciones previas con Donna Lee Toney, que había estado trabajando con él en varios de sus últimos libros, le había dicho: «Tal vez las personas de hoy no entienden las verdades fundamentales en cuanto a los destinos eternos de la humanidad, y que cada persona tiene que tomar una decisión respecto a los asuntos más críticos de la vida; dónde pasarán la eternidad después de la muerte.

«Mientras más oigo las noticias de lo que pasa en el mundo, y en la iglesia, más puedo ver que hay una gran confusión en cuanto a los tiempos del fin. Algunos se preguntan cómo llegar al cielo, y parece que a otros no les importa acabar en el infierno. Dios tiene mucho que decir en cuanto a esto... Me gustaría arrojar alguna luz sobre lo que la Biblia tiene para decir sobre el tema de la eternidad para las generaciones de hoy».[4]

Así que mi padre dio instrucciones para que se completara el libro. «Háganlo rápido», dijo, «porque ya soy viejo».

«¡Tal vez simplemente viva hasta cumplir cien años!».[5]

Sin que importe cómo mi padre envejeciera con los años, su meta siempre fue llevar a otros a Jesucristo. Y escribió al respecto de nuevo en su último libro *Donde yo estoy*, publicado en el 2015, haciendo su libro número treinta y cinco y el final.[6]

En él plantea la pregunta: «¿Quién no quiere estar donde Jesús está?». El llamamiento de mi padre fue responder a esta pregunta partiendo de la Palabra de Dios, y es el mismo llamamiento en mi vida. Él siempre predicó la verdad del cielo y el infierno, y escribió: «El cielo es donde *está* Jesús. El infierno es donde Jesús *no está*. Pero los ciudadanos del infierno pasarán la eternidad recordando a Jesucristo, el Salvador que rechazaron».

Pero también escribió acerca de la esperanza del cielo para los que reciben a Jesucristo como Salvador y Señor. Cuando le preguntaban: «¿Dónde está el cielo?» sabiamente respondía: «El cielo es donde está Jesucristo, ¡y pronto voy a estar con él!».

Agradezco a mi Padre celestial por el ejemplo de mi padre terrenal que fielmente proclamó el mensaje de la cruz y las buenas noticias de la esperanza del cielo. Uno de estos días me uniré a mi padre allí. La muerte para el cristiano es el último hito en la tierra, y conduce al lugar que Jesús prometió: «Voy, pues, a preparar lugar para ustedes [...] para que donde yo estoy, ustedes también estén» (Juan 14.2, 3).

Mi padre decía con resolución: «Cuando muera, díganles a otros que he ido para estar con mi Señor y Salvador Jesucristo; allí es *donde yo estoy*».

12

Pleno mediodía: hora de decisión para Estados Unidos de América

Toma una decisión.
A plena luz del día

—Isaías 16.3, nvi

Mientras estamos en esta tierra, tenemos una ciudadanía doble.
Por un lado le debemos lealtad a nuestra nación y somos llamados
a ser buenos ciudadanos. Pero también somos ciudadanos del reino de Dios.
Nuestra lealtad suprema es a él.

BILLY GRAHAM

Pisar territorio no cartografiado nunca me ha molestado. Cuando estoy convencido de que mis pisadas siguen la senda de Dios, persisto en avanzar. Durante toda mi vida mi padre a menudo decía: «Iré a cualquier parte del mundo para predicar, siempre y cuando sea sin condiciones».[1]

Así que cuando me hallaba en las gradas de cualquier capitolio estatal en Estados Unidos, durante una altamente acalorada demostración política nacional, pensaba en los pasos sin precedentes de mi padre por todo el mundo.

Yo sabía que tal plan podía ser arriesgado. Sabía que recibiría algo de crítica. También sabía que Dios bendeciría el plan porque íbamos a llamar a la nación a la oración. Por consiguiente, me embarqué en la más agresiva gira de mi vida, invitando a las personas a acompañarme en los graderíos de todo capitolio de Estados Unidos durante las elecciones primarias y la campaña presidencial del 2016; fue un año que irá a la historia como el «año del fuereño», con un resultado que trastornó el *statu quo*.

Mi atención se centraba en el rápido deterioro de nuestra nación. El doctor Ross Rhoads, amigo y miembro de la junta por largo tiempo, y que falleció en 2017, me había animado a predicar por lo menos una noche en todos los cincuenta estados. La sociedad había perdido su equilibrio, y la iglesia estaba volviéndose más débil cada año conforme reinaba la impiedad. Nuestra nación se dirigía a la campaña política más divisiva de la historia. Los titulares en televisión y la Internet empezaron a relampaguear con ardiente retórica y puntos de vista combativos mientras las personas corrían a casa por la noche para ver la última escaramuza política.

Mis pensamientos se dirigieron a la idea de tener conciertos de oración en las capitales de Estados Unidos para predicar el evangelio del Señor Jesucristo y presentar a los cristianos un reto de orar por nuestra nación; de poner en práctica la fe en casa, en público, en las urnas electorales; y considerar postularse para algún cargo.

Fui a ver a mi padre para contarle el desarrollo del plan que yo estaba convencido de que venía de Dios. Era con certeza un esfuerzo evangelizador. Después de todo, el evangelista pide que las personas tomen la decisión de recibir la salvación que ofrece Jesucristo, lo que conduce a la ciudadanía eterna en el cielo. Muchos seguidores de Cristo se habían olvidado que Dios nos puso en una jornada de fe como peregrinos y ciudadanos terrenales en una tierra extraña. Nos ha llamado a ser la luz del mundo y a andar a diario con Jesucristo.

El derecho a que nuestras voces se oigan

A los noventa y seis años, simplemente levantarse en la mañana y desayunarse era gran esfuerzo para él. Este trotamundos por siete décadas con certeza tenía el paso más lento, pero escuchó cuando le expuse nuestra visión de reunir personas de iglesias y comunidades para orar por Estados Unidos de América, pidiendo que Dios detuviera el curso de colisión en que se encontraba. Él no entendía como yo tendría la fuerza de acometer un horario tan agresivo y dijo: «¡Demasiado!». Yo sonreí. Para ser franco, sin embargo, yo mismo no estaba seguro de que pudiera hacerlo. Pero cuando me aseguró de su respaldo y oraciones, resolví avanzar, y él se agradó al saber que la Asociación Evangelizadora Billy Graham encabezaría el llamado a las personas a la oración.

Algunos trataron de desanimarme, diciendo que yo me estaba metiendo en la arena política. Pero por los ojos de mi padre, y observando sus pasos décadas antes, había reconocido por algún tiempo la senda destructiva en que estaba nuestro país. Él lo había dicho en muchas ocasiones que no solo era responsabilidad de los ciudadanos participar en los asuntos de nuestra nación; era también el derecho de los ciudadanos hacer que sus voces cristianas se oigan. Años antes él había dicho:

Estoy convencido de que Estados Unidos de América ha estado en el camino errado por mucho tiempo. Si alguna vez necesitábamos la ayuda de Dios, es ahora. Espiritualmente nos hemos descarriado demasiado de la fe de nuestros padres […] ninguna nación que relega la Biblia a la trastienda, que desprecia el amor de Dios y hace abierto desacato de su verdad, puede sobrevivir por mucho tiempo. Hay tantas batallas que se libran hoy en nuestro país, que deberíamos ser pueblo de oración. Nuestro gobierno necesita oración. Nuestros dirigentes necesitan oración. Nuestras escuelas necesitan oración. Nuestros jóvenes necesitan nuestras oraciones. Nuestras familias necesitan nuestras oraciones. La fuerza secreta de una nación se halla en la fe que permanece en los corazones y hogares del país, y tal fe no se halla en ningún otro, sino solo en el Señor Jesucristo.

Mi deseo era presentarles a las personas el reto de orar con fervor y vivir con intrepidez por Jesucristo en medio de la temporada primaria y el año de elecciones más asquerosos de toda mi vida.

Simplemente el reunir el equipo apropiado para poner este plan en acción no era tarea pequeña. Llamé a mi amigo Jerry Falwell, hijo, presidente de la Universidad Liberty en Lynchburg, Virginia, y le conté lo que Dios había puesto de mi corazón. Su padre, el finado Jerry Falwell, padre, había hecho algo similar al viajar por todos los estados de Estados Unidos para despertar la conciencia al declive moral por toda la nación. A la larga esto le llevó a fundar la Mayoría Moral en 1979, que hizo un profundo impacto político en la campaña presidencial de 1980. La meta del doctor Falwell fue despertar la base conservadora y energizar al partido republicano, y funcionó.

Encender un fuego en los corazones del pueblo de Dios y exaltar al Señor Jesucristo y su verdad era mi objetivo. Jerry me animó y me dio los nombres de personas clave que ayudaron a su padre años antes con la Mayoría Moral. Les pedí consejo a muchos de ellos. Un hombre que demostró ser clave para poner las cosas en movimiento fue Lawrence Swicegood, un individuo de gran agudeza mental. Él había ayudado al padre de Jerry y tenía excelente reputación. Si alguien podría lograrlo, era Lawrence.

El reto era tratar de figurarme cómo podría lograr su ayuda. Él servía como director ejecutivo de medios en la iglesia Gateway de Dallas, Texas, una de las iglesias más grandes del país. Algo de la mejor música de alabanza y adoración brota de esa iglesia. Yo puse un vellón ante Dios: *Señor, si quieres que yo avance, dame a Lawrence Swicegood*. Así que le llamé. No me llevó mucho tiempo saber que el Señor ya había estado trabajando cuando Lawrence dijo: «Franklin, esto es en realidad algo. Nuestro pastor, Robert Morris, me preguntó apenas esta semana lo que nosotros como iglesia podíamos hacer para despertar a Estados Unidos de América. Esto pudiera ser la respuesta».

Lawrence llamó un par de semanas más tarde y dijo: «Franklin, la iglesia y el personal de ministros me han dado la luz verde para ayudarte». Le dije que nosotros reintegraríamos a la iglesia su salario por dos años. Lawrence de inmediato dijo: «No, Franklin, la iglesia quiere ser parte de esto». ¡Hablando de oración contestada!

Años antes yo había trabajado con Lawrence y siempre aprecié su perspectiva, ética de trabajo y amor por el Señor Jesucristo. Con sus increíbles capacidades, él dirigió al enérgico equipo de la BGEA que reunió más de doce mil voluntarios y capellanes.

Conseguir permiso de cada estado para realizar conciertos de oración en los graderíos de cada capitolio al mediodía —y no menos que en un día laboral— fue una petición audaz. Pero, después de todo, los capitolios estatales son «para el pueblo». En algunos casos enfrentamos oposición, pero el Señor fue delante de nosotros y alisó los caminos escabrosos. El observar que la logística se resolvía aumentó nuestra fe. El Señor dice en la Biblia: «Iré delante de ti, y enderezaré los lugares torcidos» (Isaías 45.2). Estábamos en camino para realizar, no una campaña política, sino una campaña para Dios desde los graderíos de los capitolios por toda la nación. Llamamos al esfuerzo *Decision America Tour 2016* [*Gira 2016 Decisión Estados Unidos de América*]. El propósito era llamar a las personas a la oración, pidiendo a Dios que trajera a nuestra nación de regreso a él.[2]

Atisbando por la ventana del autobús

Pronunciarse a favor de Cristo en todos los cincuenta estados fue recibido con protestas por unos pocos y celebración por muchos; de hecho, decenas de miles. Se prepararon y alistaron los autobuses para la gira, para que nuestro equipo recorriera toda la nación.

Yo volé a Des Moines en un gélido día de invierno en Iowa el 5 de enero de 2016. Hallie Jackson, reportera política de la cadena NBC estaba allí para entrevistarme y preguntó: «¿Cuántas personas vendrán?». El equipo había originalmente conseguido permiso para multitudes de quinientas personas. Atraer ese número de personas a mediodía, pensábamos, sería gigantesco; me figuré que tal vez tendríamos cien personas. Pero la pregunta de Jackson fue contestada cuando entramos a la capital cubierta de nieve y los cristianos se asomaron en grande, no cientos sino miles.

La frígida temperatura de 16 grados Farenheit y las ráfagas de viento no disuadieron a las más de veinticinco mil personas que se arroparon y estuvieron de pie por horas antes del *concierto de oración*. Al atisbar por la ventana del autobús, mi corazón se remontó al ver la oración contestada de una manera mucho mayor de lo que jamás podríamos habernos imaginado. Atragantándome por la emoción, observé con asombro como ancianos con caminadores, discapacitados en sillas de ruedas, y madres jóvenes con pequeños en coches de niños, todos estaban allí listos para orar.

Para mi sorpresa, conforme avanzábamos de capitolio a capitolio, tuvimos un promedio de como cinco mil personas en cada lugar. Era obvio que no habían venido a oírme hablar; habían venido para unirse en oración y pronunciarse a favor de nuestra nación. Cuando terminamos en el capitolio de mi estado de residencia en Carolina del Norte diez meses más tarde, más de catorce mil personas llenaron los predios que rodeaban el capitolio estatal en Raleigh.

En todos los lugares a donde fuimos, agradecimos a las crecidas multitudes por interesarse tanto por sus estados y nuestro país como para haber venido y orar.

«Nuestra nación está en problemas espiritual, racial, económica y políticamente», dije, y luego los dirigí en oración: «Padre, nuestra nación ha pecado contra ti. Necesitamos volver nuestro rostro a ti y a tu hijo Jesucristo».

Multitudes de estadounidenses estuvieron hombro a hombro en cada etapa de la gira por los cincuenta estados, arrepintiéndose de sus pecados y pidiendo al Señor que sanara a nuestra tierra. Me conmovió profundamente ver las caras de las personas y ver su interés por los Estados Unidos debido a su pecado, por la iglesia debido a su falta de obediencia a la Palabra de Dios, y por el derrumbe de la familia debido a la cultura impía que parece denigrar y erradicar la influencia espiritual en el hogar y en la sociedad en general. Era evidente que estaban allí por una razón: orar. Y en efecto oraron.

En cada uno de los *conciertos de oración* de una hora hicimos una pausa para tomarnos de las manos y elevar nuestros corazones y voces al Dios Todopoderoso, pidiendo que perdone nuestros pecados y que atraiga a los perdidos a su salvación. Los dirigí en una oración especial por aquellos que sirven a nuestro país a fin de que teman a Dios y no al hombre. En ocasiones las oraciones colectivas produjeron un murmullo sagrado.

En algunas ciudades, conforme se elevaban las oraciones, una voz solitaria se dejaba oír por sobre las demás voces, arrepintiéndose del pecado. Esto sucedió en Portland, Oregón. Mientras dirigía a la multitud en oración, esperé más de lo normal para concluir porque un hombre oraba desde detrás de la multitud. Su voz iba creciendo conforme él pronunciaba: «En el nombre de Jesús... en el nombre de Jesús... en el nombre de Jesús». Me recorrió la espalda un escalofrío al escuchar su voz solitaria levantándose por encima de los demás, y glorificando al Hijo de Dios. Yo no quería estorbar la obra del Señor en los corazones de las personas. Hasta hoy puedo oír la voz del hombre. Nunca olvidaré el impacto que ejerció en mí y en los que lo oyeron. El Espíritu del Señor estaba entre nosotros.

Fue conmovedor ver a pequeños plegar sus manos, a ancianos inclinar su cabeza, y a todos los demás clamar a Aquel que oye nuestras oraciones. Grupos de personas se reunían entre sí. Algunos se ponían de pie susurrando un ruego; otros doblaban la rodilla o extendían las manos al cielo conforme las oraciones irrumpían por las puertas del cielo. Independientemente de cómo se expresaban las oraciones, el Señor estaba escuchando. Las personas oraban en voz alta confesando los pecados de nuestra nación, y en silencio confesando pecados individuales, conforme Dios los traía a la mente. Estoy convencido de que el corazón de Dios se conmovió. Como mi padre siempre decía: «La oración persistente, prevaleciente, suplicante, puede detener la marejada creciente y la extensión del mal».

Grabado con las bendiciones de Dios

Con esto en mente, subí por los graderíos de los capitolios estatales de nuestra nación y le agradecí al Señor por nuestra Constitución que nos da el derecho y privilegio de proclamar su nombre, y que él honra este testimonio de fe.

La historia de nuestra nación está ricamente tallada con las bendiciones de Dios debido a que su pueblo lo miraba a él como su Creador, Gobernante, Legislador, Juez, Salvador y Dios Todopoderoso. Los peregrinos y los primeros padres pronunciaban su nombre, buscaban su dirección y estudiaban su palabra. Como en la nación de Israel, cuando el pueblo le obedeció, él los bendijo. Cuando desafiaron su verdad, él los castigó. La saga continúa hasta este día. La Palabra de Dios pregunta: «¿Quién no te temerá, oh Rey de las naciones?» (Jeremías 10.7). Hoy el mundo demuestra que ninguna nación reverencia al Rey de gloria.

Los Estados Unidos de América están en un tiempo de castigo debido a que la obediencia a Dios ha sido marginada a fin de exaltar la impiedad. Nos hemos olvidado de nuestras raíces. La mayoría de estadounidenses no saben que en las constituciones de todos los cincuenta estados se reconoce a Dios. Los primeros colonos entendieron que él es la fuente de la libertad, justicia y preservación. La ley de Dios refleja su juicio tanto como su amor, gracia y misericordia. Esta es la ley que está escrita en los corazones de la humanidad, y se puede hallar en nuestros monumentos nacionales y en nuestras casas estatales.

Nuestros primeros padres nunca tuvieron la intención de que los cristianos dejáramos nuestra fe atrás al pisar los graderíos de los capitolios. Cualquiera que fuera la ciudad, yo estuve de pie ante ciudadanos interesados que entendían los peligros de nuestra nación.

La Biblia dice: «Si se humillare mi pueblo, sobre el cual mi nombre es invocado, y oraren, y buscaren mi rostro, y se convirtieren de sus malos caminos; entonces yo oiré desde los cielos, y perdonaré sus pecados, y sanaré su tierra» (2 Crónicas 7.14).

El enemigo ha pasado por la puerta

Esto fue lo que el profeta Nehemías entendió en los antiguos días en su tierra, Israel. Nehemías era un esclavo de un rey pagano en una nación extranjera, pero su corazón se conmovió con compasión por su pueblo cuando se enteró de la destrucción que les había venido debido a sus pecados y desobediencia a Dios. La querida ciudad de Jerusalén, en un tiempo protegida por una fortaleza poderosa, había estado bajo asedio; su imponente muralla había caído en derrota, y las puertas habían sido quemadas. El enemigo de Dios había aterrorizado a su pueblo.

Nehemías da el relato:

> Llegó Jananí, uno de mis hermanos, junto con algunos hombres de Judá. Entonces les pregunté por el resto de los judíos que se habían librado del destierro, y por Jerusalén.
>
> Ellos me respondieron: «Los que se libraron del destierro y se quedaron en la provincia están enfrentando una gran calamidad y humillación. La muralla de Jerusalén sigue derribada, con sus puertas consumidas por el fuego».
>
> Al escuchar esto, me senté a llorar; hice duelo por algunos días, ayuné y oré al Dios del cielo. Le dije:
>
> «Señor, Dios del cielo, grande y temible, que cumples el pacto y eres fiel con los que te aman y obedecen tus mandamientos, te suplico que me prestes atención, que fijes tus ojos en este siervo tuyo que día y noche ora en favor de tu pueblo Israel. Confieso que los israelitas, entre los cuales estamos incluidos mi familia y yo, hemos pecado contra ti. Te hemos ofendido y nos hemos corrompido mucho; hemos desobedecido los mandamientos, preceptos y decretos que tú mismo diste a tu siervo Moisés» (Nehemías 1.2–7 NVI).

Nehemías resolvió volver a su nación y clamar al Señor para sanar su tierra. Su primer paso de acción fue acudir a Dios en ayuno y oraciones, arrepintiéndose de sus pecados, el pecado del pueblo y los pecados de la nación. Dios oyó a Nehemías y obró en el corazón del rey pagano para que le concediera favor a Nehemías y el permiso para volver a Jerusalén y reconstruir la muralla de la gran ciudad de Dios. El rey envió provisiones y un destacamento de soldados para protegerle en el camino. La tarea era peligrosa. A Nehemías lo confrontaron enemigos y quejosos. Pero sin que importara la oposición, Dios realizó un milagro, y la muralla fue reconstruida en apenas cincuenta y dos días, tarea imposible si no fuera por el Señor. La lección para nosotros es que nunca es demasiado tarde para acudir a Dios en oración.

Campaña para Dios

Para preparar mi mensaje para la gira estudié este impresionante pasaje del Antiguo Testamento. Las similitudes eran impresionantes. Las *murallas* de Estados Unidos habían estado arruinándose por décadas, conduciendo al cruento ataque del 11 de septiembre. Aviones se estrellaron contra los rascacielos, haciendo añicos nuestra coronada joya simbólica; la dinastía que ostentaba las esperanzas de un pueblo próspero cayó en escombros en el santificado sitio que llegó a conocerse como Zona Cero. El llamado a despertarse debía haber durado más que simplemente unos pocos días; pero no fue así. El desastre que estremeció la ciudad de Nueva York, Pensilvania, Washington D. C., y nuestra nación nos unió justo apenas lo suficiente para que el Congreso de Estados Unidos se reuniera en las gradas del Capitolio y en asombrosa unidad cantara: «Dios bendiga a los Estados Unidos de América... estando junto a ella, y la guíe, por la noche con la luz de arriba». La dramática presentación vivió poco tiempo, y los políticos volvieron de nuevo a la política como todos los días.

Amigos, el enemigo no está a la puerta; el enemigo ha entrado por la puerta. No les llevó mucho tiempo después del choque y asombro del 11 de septiembre a los ciudadanos establecerse en una apatía más profunda que antes, conduciendo a la feroz elección del 2016.

Mi mensaje resonó por la nación: «Amigos, es tiempo de la acción. No podemos darnos el lujo de quedarnos en casa el día de las elecciones como millones de estadounidenses lo han hecho en el pasado. Tenemos una responsabilidad dada por Dios para votar y animar a otros a hacer lo mismo. Hay un precio que se paga por la apatía. ¿Escogeremos dirigentes que temen y siguen a Dios, o permitiremos que candidatos impíos continúen dirigiendo nuestra nación a la anarquía moral y rebelión abierta contra Dios y sus caminos?».

Era tiempo para que el pueblo de Dios considerara lo que podemos hacer para invertir la marea. Ciudadanos fieles se levantaron firmes y vitorearon con sorpresa y alivio cuando yo declaré: «¡Yo no tengo esperanzas en el partido demócrata!». Todos los republicanos aplaudieron. Pero sonreí y dije: «Ahora, antes de que ustedes, los republicanos, empiecen a felicitarse unos a otros, ¡tampoco tengo ninguna esperanza en el partido republicano!». Entonces los demócratas aplaudieron más fuerte. Yo continué: «¡La única esperanza para nuestra nación es el Dios Todopoderoso!». La multitud respondió con aplauso atronador.

No estoy dispuesto a perder nuestra nación sin pelear, ¿y usted? Levantémonos por los principios santos y valores bíblicos. Luchar por almas para el reino de Dios y por el alma de Estados Unidos es mi fuerte convicción. La desgracia de Estados Unidos debido al pecado persistente, voluntario, rebelde, es vergonzosa. Esta rebelión no puede continuar mucho más tiempo si nuestros hijos y nietos van a vivir en un país que todavía reconoce y honra a Dios, como virtualmente lo ha hecho toda generación desde que los colonos pusieron pie por primera vez en Estados Unidos de América.

Reportaje especial de Fox News: El voto evangélico

Necesitamos más personas como Nehemías; hombres y mujeres que se se pronuncian a favor de Dios debido a que las murallas morales y espirituales de Estados Unidos están derruidas. Las murallas son para mantener el mal afuera, pero las puertas morales de la nación están derribadas. El secularismo impío lentamente se ha introducido subrepticiamente y se ha apoderado del control. Esto aflige el corazón de Dios. La iglesia se ha sentado en las líneas laterales y observado cómo nuestro país ha descendido a una oscuridad moral cada vez más espesa. La inmoralidad es flagrante. La unidad de la familia está en ruinas. Se celebra el pecado. La violencia es una plaga. La codicia y la idolatría son rampantes.

Educadores, grandes empresas, políticos y, triste es decirlo, muchas de nuestras iglesias se preocupan más por ganancias y lo políticamente correcto que por la verdad de Dios y su justicia. Mi padre dijo una vez: «El gran defecto del sistema económico estadounidense finalmente ha sido revelado: una fe nada realista en el poder de la prosperidad antes que en el poder y benevolencia últimos de Dios».

Los progresistas se han infiltrado en nuestras instituciones educativas, nuestro gobierno y nuestra nación. El progresismo no es otra cosa que secularismo impío, y ha irrumpido por las puertas de la fortaleza de Estados Unidos de América.

Este fue el tema que el principal moderador político Bret Baier del canal Fox News levantó en un programa especial que moderó: *The 2016 Election and Evangelical Christian Voters* [*Las elecciones del 2016 y los votantes cristianos evangélicos*]. Me alcanzó en nuestra cuarta etapa en Concord, Nueva Hampshire, y me preguntó por qué yo iba a todos los cincuenta estados. Le respondí: «Pienso que se da por sentado a los votantes de fe. El establecimiento republicano simplemente da por sentado que los votantes de fe van a votar por ellos. Es una presuposición errada. Por eso he acometido este esfuerzo de una gira de cincuenta estados. Quiero hacer que los cristianos evangélicos voten. No voy a decirles por quién deben votar. Los políticos dirán cualquier cosa. Dirán: "Ah, sí, soy cristiano, amo a Dios", y tan pronto como lleguen al cargo, muchos de ellos viven una vida diferente y votan de manera diferente de aquella para la cual prometieron. Así que yo les digo: "No den nuestro voto por sentado. No va a venir en su dirección; van a tener que ganárselo"».[3]

La temperatura en New Hampshire era gélida, pero el desbordamiento del respaldo de las personas y su resolución ese día abrigaron mi corazón. Yo esperaba una multitud reducida, pero Dios se mostró por su pueblo. Conocían sus derechos según se declara en la constitución de su estado: «Todo individuo tiene un derecho natural e inalienable de adorar a Dios... y ningún sujeto... será restringido...».[4] La presencia de Dios en nuestra nación está entretejida en la trama que ha envuelto a Estados Unidos en su cuidado desde sus comienzos humildes. No debemos ser pasivos. No podemos guardar silencio.

Solo manteniéndonos firmes en la verdad bíblica podemos derrocar la perversidad que ha abierto sus compuertas al corazón de la nación en protesta de Dios. No se equivoque; muchos políticos y jueces son abiertamente hostiles al cristianismo. Los cristianos están a punto de perder este país.

Es tiempo de dejar de retroceder. Es mejor que nos despertemos y nos levantemos con firme resolución. Nuestra nación se halla en una encrucijada, y es tiempo de tomar la decisión de seguir a Jesucristo y obedecer su Palabra. La Biblia dice: «Paraos en los caminos, y mirad, y preguntad [...] cuál sea el buen camino, y andad por él, y hallaréis descanso para vuestra alma» (Jeremías 6.16).

Todavía hay tiempo para que nuestra nación vuelva al Dios Todopoderoso por una renovación de nuestro cimiento dado por Dios. A veces levantarse por Dios y su verdad ofende a las personas, y eso está bien, porque hablamos la verdad por convicción y por el amor de Dios.

Personalidades o plataformas

Examinar las posiciones de los candidatos sobre asuntos críticos que enfrentan nuestra atormentada nación es vital. Después de todo, *nosotros el pueblo* les otorgamos poder a nuestros líderes mediante nuestro voto. ¿Continuarán ellos guiándonos por el camino del socialismo irresponsable en donde se ignora el mandamiento bíblico del trabajo arduo y honrado? ¿O habrá una resurgencia de carácter empresarial e industrial vigoroso que ha sido la característica de nuestra nación desde su fundación?

Estas fueron algunas de las preguntas que presenté a los que considerarían con cuidado las respuestas. No le dije a nadie por quién votar; pero conforme las personas batallaban con las personalidades y defectos de los candidatos —y todos los tenemos—, presenté a cada persona el reto de mirar por las plataformas del partido y votar por principios bíblicos.

No todos recibieron el mensaje de buen grado. Algunos que protestaban llevaban letreros que decían: «Billy Graham hablaba del amor». Sí, así era. Y también dijo muchas veces: «La cosa de mayor amor que un predicador puede hacer es proclamar la verdad de Dios». Escribió sus pensamientos en cuanto a Estados Unidos en todo su ministerio y escribió: «Nuestra nación creció fuerte en una era cuando los estándares morales se enfatizaban, y se debilitará cuando condonemos aquello que una vez condenábamos».[5] «La imagen de la nación se ha vuelto más como un camaleón: aceptando cualquier tendencia que a los promotores de mercado se les ocurre. Ya se han ido los días de reverenciar a un Dios santo en la iglesia o dentro de nosotros mismos».[6]

Hubo algunos cristianos que pensaban que yo me había dedicado a la política. Otros me criticaron señalando que mi padre se mantuvo fuera de la política. ¿En serio? Una de las muchas definiciones de política es: «Las actividades asociadas con el gobierno de un país... especialmente el debate o conflicto entre individuos o partidos que tienen o esperan alcanzar el poder».[7]

No vacilé para recordarles a las personas que el gobierno de Estados Unidos es «del pueblo, para el pueblo, y por el pueblo», y que nosotros somos partes de esa asamblea distintiva. Así que, ¿cómo podemos guardar silencio? Elegimos dirigentes del gobierno para que nos representen; ¿cómo pueden ellos hacer eso sin oír al pueblo, sus constituyentes? No, mi padre nunca fue un ciudadano pasivo o apático.

«¿Qué diría tú padre sobre esto si él todavía estuviera predicando?». Esta fue una pregunta repetitiva que muchos hicieron. «Si él pudiera hablar hoy», respondí, «pienso que él haría exactamente lo que nosotros estamos haciendo: animando a las personas a orar por nuestra nación y marcando una diferencia por Cristo en todo nivel». La pregunta estaba diseñada para ponerme a la defensiva, pero las palabras de mi padre tienen peso.

En 1952, el año en que nací, él dijo: «Pienso que es deber de cada cristiano durante las elecciones estudiar los asuntos y los candidatos y entonces ir a las urnas y votar. Si yo fuera pastor, explicaría a mi gente la posición de cada candidato en cuanto a su moralidad, espiritualidad y en relación a la iglesia. Siento que vamos a tener que cumplir nuestras obligaciones políticas como cristianos y hacer oír nuestra voz para que Estados Unidos de América sea preservado con el tipo de legado cristiano que nos ha dado las libertades de que ahora disfrutamos. A menos que Estados Unidos vuelva a Dios, se arrepientan de su pecado, y experimenten una renovación espiritual, fracasaremos como nación».

Y no terminó allí. «Estoy convencido de que Dios honra a los dirigentes en altos lugares que le honran. Hoy necesitamos dirigentes políticos, hombres y mujeres, que estén dispuestos a levantarse por Dios y sus principios. A Estados Unidos se les está despojando de su legado bíblico y cimientos inspirados por Dios». Sesenta y cuatro años más tarde su mensaje sigue resonando igual de verdadero.

En 1976, cuando se acercaba otra elección, mi padre animó a los creyentes a «intervenir en el proceso político». Él dijo: «Quisiera presentarle a todo estadounidense profundamente comprometido que está calificado el reto de considerar postularse para algún cargo político. No pienso que como cristianos debemos excluirnos».

«Pero, Franklin», tal vez usted pregunte, «¿qué, en cuanto a la separación de la iglesia y el estado?».

¿Y qué hay al respecto? Somos cristianos, y somos estadounidenses, y tenemos todo derecho de hacer oír nuestra voz. Las elecciones no son solo para elegir un presidente cada cuatro años. Tenemos elecciones en algún nivel cada año. Si estuviéramos más conscientes e interviniéramos en las elecciones locales y estatales, tal vez las elecciones presidenciales no serían tan traumáticas.

Imagínese la diferencia si los cristianos fueran alcaldes, consejeros o concejales municipales, y miembros de las juntas escolares. Necesitamos cristianos en todo nivel del gobierno. Estos son cargos primordiales que dan voz a la influencia santa. Como mi padre ha dicho: «Los cristianos pueden hacer que el impacto de Cristo se sienta en toda fase de la vida: religiosa, social, económica y política, pero no debemos hacerlo en nuestras propias fuerzas. No debemos hacerlo en nuestra propia sabiduría. Podemos hacerlo solo si nos rendimos por completo a Dios, permitiéndole que él obre por medio de nosotros».

Envíeme un mensaje de texto

Nuestra *Decision America Tour* [*Gira Decisión Estados Unidos*] recibió una respuesta abrumadora. De las 235.000 personas que asistieron, colectivamente en cincuenta estados, y los que vieron los eventos que se enviaron por descarga en vivo, más de nueve mil personas confirmaron que habían recibido a Jesucristo como Señor y Salvador.[8]

Debido a que estábamos en predios de capitolios con tiempo limitado y ninguna manera de repartir materiales, establecimos un programa de texteo que permitiría a los individuos responder allí mismo. Yo levantaba mi teléfono y decía: «Si usted quiere recibir de Dios el perdón del pecado e invitar a Jesucristo a su corazón, envíeme un texto al 21777 y escriba la palabra *decisión*. Antes de que nos vayamos hoy, recibirá materiales que le ayudarán a crecer en su nueva vida con Cristo». Con las personas todavía presentes en el *rally* concierto, la BGEA pudo registrar las decisiones y darles seguimiento, tal como siempre hemos hecho en nuestras cruzadas.

A los que asistieron a los concierto, y a los que nos veían por la Internet, también se les dio la oportunidad de firmar una promesa, usando el mismo método de texteo. Casi 115.000 firmaron la promesa de honrar a Dios en casa y en público. Nuestro lema era Ore, Vote e Intervenga, y los oyentes respondieron, prometiendo *orar* fielmente por Estados Unidos de América, *votar* en las elecciones federales, estatales y locales por candidatos que sostuvieran valores bíblicos; e *intervenir* en sus comunidades. También les pedí a las personas que oraran en cuanto a postularse para cargos públicos y hacer que se oigan sus voces cristianas. ¿Hará usted lo mismo?

Los concierto de oración no fueron simplemente eventos de una ocasión realizadas a *mediodía* un día helado o candente en el 2016. Los creyentes volvieron a sus casas y empezaron grupos de oración; y, sí, muchos se dedicaron de inmediato a intervenir en sus esferas de la vida.

Mientras estábamos en los confines del capitolio, oramos no solo por nuestra nación, sino que dirigí en oración por los gobernantes estatales, vicegobernadores, fiscales generales, muchas veces por nombre, y legisladores y empleados. También oramos por nuestras fuerzas armadas y nuestras fuerzas policiales, nuestros hombres y mujeres en azul a quienes se está atacando por todo el país. Debemos orar por aquellos que arriesgan su vida a diario para mantenernos seguros.

Dios nos dio un gobierno, no para que nos dicte nuestra fe, sino para que la proteja. Las Escrituras nos instruyen a orar por las autoridades del gobierno en todo nivel, para que ellos cumplan su gobierno divinamente asignado de recompensar el bien y castigar el mal, exhibiendo carácter consagrado y sabiduría pública y privadamente (1 Pedro 2.14). Debemos orar porque personas de carácter se postulen para los cargos y sean elegidos, porque representan al pueblo que defiende la más preciosa institución de Dios: la santidad del matrimonio entre un hombre y una mujer. Los funcionarios del gobierno son las personas que elegimos para redactar las leyes con el propósito de proteger la unidad de la familia y la sociedad en general.

La Biblia nos dice que toda autoridad en el cielo y en la tierra ha sido dada a Jesucristo, y que sus planes jamás los frustrarán las potencias terrenales.

Noticias fraudulentas y corrección política

Los detalles, minuto a minuto, que atiborraron los titulares durante la elección del 2016 dejaron al país agobiado y exhausto. Se escudriñaron las vidas de los candidatos y del personal de campañas; se cuestionaron los motivos, y los escépticos los ridiculizaron. Se exaltó las noticias falsificadas, y se atacó lo políticamente correcto. Los medios de comunicación nacionales aporrearon a los políticos, y los de afuera pusieron a la prensa en el banquillo candente.

En la secuela de tal año de elección tumultuosa, las personas tenían ansias en saber el resultado final. Estoy convencido de que vimos la mano de Dios moverse de una manera dramática. Al final, las cifras de encuestas se consideraron ineficaces, y la candidata que favorecían los medios de comunicación para ganar concedió la elección tarde en la noche.

La apasionada elección se redujo a dos personas muy diferentes. Más importante, se trataba de dos visiones muy diferentes. Muchos me han dicho que están convencidos de que Dios usó nuestra *Gira Decisión Estados Unidos* para encender fuego entre los estadounidenses que se habían resignado a un país que estaba destinado a caer más a un lugar de secularismo impío, socialista, sin retorno.

Dos visiones: Dos Estados Unidos de América

Para ayudar a las personas a examinar el diálogo de las elecciones, la edición de septiembre de 2016 de la revista *Decisión*, de la BGEA, resumió las plataformas de partido que distinguían las dos agendas muy diferentes.

Una agenda exaltaba el aborto, el matrimonio entre personas del mismo sexo, el pluralismo, el gasto militar reducido. La otra agenda tenía provisiones para proteger la vida, respaldar el matrimonio entre un hombre y una mujer, proteger los valores de la fe, y fortalecer nuestra defensa nacional. Si la elección se hubiera inclinado a la izquierda, el progresismo corrupto que ha plagado la fibra moral de nuestra nación hubiera reinado supremo, y la libertad de religión hubiera sido pisoteada con velocidad de relámpago.

Damos gracias a Dios por fortalecer a su pueblo para asomarse a las urnas y depositar votos por el partido que, por lo menos, promete la senda correcta. Amigos, no podemos dejar de hablar por la verdad, ni podemos dejar de orar.

Pienso que las oraciones del pueblo de Dios impulsaron al presidente Trump a nombrar para su gabinete hombres y mujeres capaces para que sirvan a este país y lo lleven a una nueva dirección. Reconozcamos la soberanía de Dios agradeciéndole por darles a los ciudadanos de Estados Unidos una oportunidad de cambiar el rumbo de esta aporreada nave.

Trump dice: «Gracias»

En los días que siguieron a la elección, Donald Trump hizo algo que ningún otro presidente electo ha hecho: hizo una gira de agradecimiento a ocho estados clave que habían tenido un impacto significativo en su victoria. Quería agradecer personalmente a los que los respaldaron por estar juntos para *Hacer a Estados Unidos de América grande de nuevo.*

Fue una jugada brillante y un final fuerte a un año de alta tensión. Su última parada fue en Mobile, Alabama, el 7 de diciembre de 2016. Me sorprendió y me sentí honrado cuando el presidente electo me invitó para que estuviera con él en el estadio Ladd-Peebles para dirigir a la multitud en oración. Las personas acudieron por decenas de miles para ver al que pronto sería presidente decir gracias. El ambiente era electrizante.[9]

Aunque yo no hice campaña ni le endosé ni a él ni a ningún otro candidato, como ciudadano estadounidense doy gracias a Dios porque Donald Trump ganó la elección. Aprecio la visión que él ha forjado para que Estados Unidos sea «un pueblo bajo un Dios saludando a una bandera estadounidense».[10] Ah, que nuestra nación experimentara tal bendición de nuevo.

Poco después de ese *rally*, se me pidió que participara en la inauguración del presidente Trump en el 2017. Mi conexión con las inauguraciones se remonta a 1965. Mi padre oró en más ceremonias de inauguraciones que cualquier otra persona en historia, incluyendo la inauguración de los presidentes Lyndon Johnson, Richard Nixon, Ronald Reagan, George H. W. Bush y Bill Clinton.

Lo invitaron a orar en la segunda inauguración del presidente Bill Clinton en 1997. Casi con ochenta años de edad, mi padre estaba debilitándose, y para él era difícil levantarse de la silla. Hasta ese tiempo le había ayudado T. W. Wilson, miembro del equipo por largo tiempo y amigo desde la infancia. Sin embargo, T. W. estaba envejeciendo también y no estaba en buena salud. Mi padre no quería que un viejo ayude a otro, así que me preguntó: «Franklin, irías conmigo a la inauguración, y cuando sea el momento para orar, tú podrías ayudarme sin hacer una escena».

Le dije que sería un honor estar a su lado, y fuimos juntos. Aunque mi padre estaba algo débil en el cuerpo, seguía fuerte, y su interacción con las personas fue tan buena como siempre lo había sido. Qué oportunidad fue para mí observarle estrechar manos de las personas y con gracia hablar con los dignatarios más poderosos y prestigiosos del gobierno. Sin que importe el escenario, fue una voz fuerte y consistente por el Señor Jesucristo. Aunque algunos no compartían su fe, su respeto por él era obvio.

Yo me quedé atrás y observé, sin jamás imaginarme que cuatro años más tarde estaría en el mismo lugar como mi padre para pronunciar la invocación en la primera inauguración de George W. Bush como el 43° presidente de Estados Unidos.

¡Y vaya que eso produjo una tempestad! Hacer algo que él había hecho toda su vida ya no era aceptable; orar en el nombre de Jesús. A Billy Graham nunca se le acusó de ofender a alguien cuando oraba en el nombre de Jesús. Esto no era asunto con los estadounidenses o personas del mundo occidental. Cómo habían cambiado los tiempos y tan rápidamente.

Orar en el nombre de Jesús en la primera inauguración del presidente George W. Bush en el 2001 desató las guerras de oración del día moderno, y a los medios de comunicación les encantó. Decir que me metió en problemas es una subestimación. Justo el día después de la ceremonia el notorio abogado Alan Dershowitz escribió un comentario de opinión en el periódico *Los Ángeles Times* diciendo que mi oración había «excluido a las decenas de millones de estadounidenses que son musulmanes, judíos, budistas, shintoístas, unitarios, agnósticos y ateos».[11]

Mi oración incluso le causó algún dolor de cabeza al nuevo presidente cuando el notorio ateo Michael Newdow (que una vez entabló juicio para eliminar las palabras «bajo Dios» del voto de lealtad[12]) entabló pleito contra el gobierno por permitir la oración y contra George W. Bush por invitarme.[13] La tormenta pasó cuando Newdow perdió el pleito. Pero las lluvias de controversia bautizaron las oraciones inaugurales, y la cólera aflora a la superficie cada cuatro años.

No fue diferente dieciséis años más tarde cuando se me pidió que participara en la inauguración del 45° presidente de Estados Unidos.

La lluvia es una señal de la bendición de Dios

Al estilo de Trump, el presidente electo Donald Trump desdeñó lo políticamente correcto cuando se le pidió que retirara la invitación que me había extendido para participar en la ceremonia ignorando el revuelo.

El 20 de enero del 2017, los Estados Unidos —y el mundo— observaron la profunda y pacífica transferencia de poder de un gobierno a otro, reflejando el protocolo honrado por siglos de nuestros antepasados. El Día de Inauguración gobierna el patriotismo; por lo menos, esa es nuestra esperanza cada cuatro años.

En tanto que había un sentido de expectativa por los eventos del día, el pronóstico del tiempo era amenazador; algunos sintieron que eso redujo la expectativa. La cobertura de noticias parecía enfocarse en la predicción de los meteorólogos: los cielos lloverían en el desfile de Trump. Los medios de comunicación y otros hostiles al presidente entrante murmuraban que la lluvia era señal de ruina.

Por razones de seguridad, no se permitió paraguas en las nutridas multitudes que llenaron la Explanada Nacional que está frente del Capitolio de Estados Unidos Aunque algunos charlatanes debaten la cifra de la multitud, fue el público más numeroso en la historia que presenciara una inauguración por televisión y descarga viva por la Internet. Pero cuando los ciudadanos se mantuvieron firmes para presenciar la toma del juramento de Donald J. Trump al mediodía por parte del juez de la Corte Suprema John Roberts, la lluvia empezó a caer. El nuevo presidente no prestó atención. Mientras los expresidentes sentados en la plataforma se cubrieron de plástico o limpiaban las gotas de su frente, Trump pronunció su discurso original sin amoscarse por la lluvia.

Se me ocurrió lo fácil que es exaltar lo negativo e ignora lo positivo. Cuando el presidente Trump concluyó su discurso inaugural al pueblo estadounidense, el rabino Marvin Hier, el obispo Wayne T. Jackson y yo pasamos al atril. Fue mi privilegio dirigirme al nuevo comandante en jefe y leer de la Palabra de Dios.

Señor presidente, en la Biblia la lluvia es una señal de la bendición de Dios, y empezó a llover, señor presidente, cuando usted subió a la plataforma. Es mi oración que Dios le bendiga a usted, su familia, su gobierno y que Dios bendiga a Estados Unidos. El pasaje de la Escritura viene de Primera a Timoteo:

«Exhorto ante todo, a que se hagan rogativas, oraciones, peticiones y acciones de gracias, por todos los hombres; por los reyes y por todos los que están en eminencia, para que vivamos quieta y reposadamente en toda piedad y honestidad. Porque esto es bueno y agradable delante de Dios nuestro Salvador, el cual quiere que todos los hombres sean salvos y vengan al conocimiento de la verdad. Porque hay un solo Dios, y un solo mediador entre Dios y los hombres, Jesucristo hombre, el cual se dio a sí mismo en rescate por todos».

«Por tanto, al Rey de los siglos, inmortal, invisible, al único y sabio Dios, sea honor y gloria por los siglos de los siglos. Amén». (1 Timoteo 2.1–6; 1.17)[14]

Cuando concluí y me alejaba de la plataforma, el presidente me agradeció con un firme apretón de manos. Al estar junto a él por el breve momento para las oraciones finales, elevé en silencio una oración por este hombre que acababa de heredar un caos colosal. Él tomó el timón de una nación que se ha vuelto cada vez más hostil e intolerante al mismo cimiento y principios sobre los cuales fue noblemente fundada: la fe cristiana y los valores bíblicos.

Mi oración es que el presidente Trump llegue a conocer al Señor Jesucristo de una manera muy personal, y se dé cuenta de que sin la fuerza del Dios Todopoderoso dirigiendo el camino, nuestra nación continuará en peligro. La clave para gobernar con fuerza y sabiduría se halla solo invocando el poderoso nombre del Dios que gobierna el universo. Esa es la llave maestra para tener libertad y justicia para todos.

Otros, sin embargo, acudieron a los medios sociales, sugiriendo que yo había usado mal las Escrituras en cuanto a la lluvia siendo una bendición. Pero la Palabra de Dios dice la verdad: «Te abrirá Jehová su buen tesoro, el cielo, para enviar la lluvia a tu tierra en su tiempo, y para bendecir toda obra de tus manos. Y prestarás a muchas naciones, y tú no pedirás prestado» (Deuteronomio 28.12).

Pero las nubes ominosas que cuelgan sobre nuestra nación y amenazan destrucción —nubes de terrorismo, incertidumbre, inmoralidad y desobediencia— pueden desvanecerse si los dirigentes de nuestro gobierno buscan la dirección de Dios. Tal vez nosotros estamos orando que salga el sol cuando Dios quiere enviar las lluvias de bendición que vienen por el arrepentimiento. Tal vez estamos excusando la conducta de pecado mientras que el Espíritu de Dios está trayendo convicción. A veces exageramos nuestra ansiedad por resultados mientras que Dios espera pacientemente para perdonar a aquellos que se ponen ante él y reconocen sus pecados, se arrepienten y reciben a Jesucristo como Señor y Salvador de sus vidas. Seamos siempre conscientes de exaltar sus caminos y silenciar nuestros propios propósitos egoístas.

Mi oración para todas las personas, especialmente los que buscan dirigir a otros, es que hagan a Dios la autoridad última y le sigan, porque un día todas las personas de todas las naciones del mundo se postrarán ante de Jesucristo y le adorarán como Rey de reyes.

Esta es una creencia fundamental cuando nuestra nación nació. Los primeros ciudadanos investieron en el futuro de Estados Unidos de América este testimonio e instilaron un legado santo para honrar al Señor, exaltar a Jesucristo y servirse unos a otros de modo que nuestra esperanza en él dirija a nuestros hijos, nietos y generaciones por venir.

Es mediodía en Estados Unidos de América. Es tiempo de tomar una decisión de volverse de los caminos paganos y empezar una nueva forma de vida viviendo por Jesucristo. Esta es ciertamente mi visión, y espero que sea también la suya: preservar el legado de nuestra nación y mostrarle al mundo que el legado de Estados Unidos América subsiste: «En Dios confiamos».

13

Legado

Me has dado la heredad de los que temen tu nombre.

—Salmos 61.5

El legado que dejamos no son simplemente nuestras posesiones,
sino la calidad de nuestras vidas.

BILLY GRAHAM

Todos quieren dejar un legado: filántropos, inventores, políticos, celebridades, activistas y familias. El mundo tiene cierto encanto, rebosando a más no poder para contar algo.

Están surgiendo empresas que cacarean: «Descubra su legado», «Produzca su propio legado», e incluso «Entable pleito a su legado». Y la gente en realidad lo hace.

¿Cuál es su legado? Pocos consideran la palabra mientras están en sus mejores años. La mayoría empieza a hablar del tema conforme se acercan al fin de la vida.

Si bien la Biblia no habla de personas dejando legados, habla mucho acerca de la herencia: una manera de vida que pasa de una generación a la siguiente y que habla de valores: carácter, reputación e integridad.

Mi padre escribió sobre el tema de la integridad en su libro *La jornada: cómo vivir por fe en un mundo incierto*.

Integridad significa que si nuestra vida privada se hiciera repentinamente pública, no tendríamos motivos para estar avergonzados o apenados. Integridad significa que nuestra vida externa concuerda con nuestras convicciones internas. Una persona íntegra es como Daniel en su vejez, cuyos enemigos se esforzaban por encontrarle debilidades, «mas no podían hallar ocasión alguna o falta, porque él era fiel, y ningún vicio ni falta fue hallado en él» (Daniel 6.4).[1]

Este es un legado digno.

En un sentido, un legado es un lado tangible de la herencia: lo que se pasa a la siguiente generación, expresado en forma de valor monetario o recuerdos, tesoros significativos pasados de una generación a la siguiente. A menudo su valor está en recuerdos sentimentales de un ser querido que tal vez se aferró a un antiguo diario, un uniforme militar o un rifle, una carta escrita hace muchos años, o tal vez la Biblia de la familia; algo que casi se ha extinguido.

La palabra *legado* ha evolucionado a significar cómo se recordará a un individuo después de su muerte. Otras palabras que usamos para hablar de legado son *primogenitura, herencia, recuerdos* y *tradiciones de familia*.

El legado de mi padre

En crónicas de primera plana y documentales, los medios de comunicación por todo el mundo se han preguntado por el legado de Billy Graham. Han preguntado, y tratado de responder, ¿cómo se le recordará? ¿Qué dejó?

Mi padre hubiera querido que se le recuerde por dos cosas: que vivió una vida obediente al Señor Jesucristo, y que predicó fielmente el evangelio de nuestro Señor Jesucristo.

Como su hijo y tocayo, yo quisiera añadir a ese legado lo que él le dejó a su familia: integridad y compasión. Billy Graham fue un padre cariñoso que les enseñó a sus hijos valores que halló en la Palabra de Dios y vivió en la práctica esos valores tanto privada como públicamente. Mis padres nos dejaron a nosotros los hijos un legado tangible, pero más valiosa fue la herencia que dejaron en la forma en que vivieron sus vidas.

Nuestros legados nacionales están contenidos en museos, más notablemente el «Museo de Estados Unidos de América», el Instituto Smithsoniano, en Washington D. C. Es la institución más grande que preserva nuestra herencia y se le ha descrito como «un espejo de la nación».[2] Allí es donde usted hallará el telégrafo de Morse, el teléfono de Bell, el modelo T de Ford, el tubo disector de televisión de Farnsworth, y muchos otros tesoros nacionales.

El Museo Henry Ford en Greenfield Village en Dearborn, Michigan, exhibe el desarrollo de lo que llama «Americana»: calles empedradas que bordean el laboratorio de Edison en Menlo Park y la casa y taller de bicicletas de los hermanos Wright.[3] Nos encanta nuestra historia de ideas brillantes e ingenuidad, pero por lo general no nos gusta la exhibición de nuestros fracasos.

Padres predicadores, hijos pilotos

Cuando estaba predicando en una cruzada en Ohio hace años, visité el museo aeronáutico en el campo Wright-Patterson, al que le pusieron el nombre por los hermanos Wright. Me encanta ver el progreso de la tecnología, y, en ocasiones, asistir a una exposición en donde se muestra la más reciente aeronave.

En esa ocasión el avión era el Embraer Legacy 600 hecho en Brasil. Este diseño ha recorrido largo trecho desde el volador de los hermanos Wright en 1903 que hizo su breve vuelo inaugural en Kitty Hawk, Carolina del Norte.[4]

El esposo de mi tía Rosa, el tío Tom Montgomery, era piloto. Recuerdo que él voló en una avioneta desde su casa en Nuevo México a Carolina del Norte para ver a la familia. Me encantaban todos los relatos y soñaba que un día yo mismo podría volar.

Mi padre tenía amigos que eran dueños de aviones, y yo crecí soñando con volar. Me fascinó oír cómo el finado R. G. LeTourneau convirtió un bombardero B-24 de la Segunda Guerra Mundial en un avión corporativo. Nunca olvidaré el primer viaje que hice en un jet privado a fines de los sesenta. Un amigo de mi padre tenía un pequeño jet Lear y nos llevó a dar una vuelta. No solo que se parecía a una bala, sino que parecía serlo mientras rugíamos por el cielo. Años más tarde, mi padre acordó pagar lecciones de pilotaje mientras yo estudiaba en la universidad LeTourneau. No tenía ni la menor idea de lo que se necesitaba para obtener una licencia de piloto, mucho menos para mantenerla al día.

Aprender a volar fue apenas el principio. Luego vino la certificación para multimotores, certificación para instrumentos, certificación comercial, certificación de piloto de transporte de aerolíneas (ATP), y numerosos tipos de certificaciones para volar aviones que pesan más de seis mil kilos. Pronto descubrí que a los pilotos se les exige educación continua.

Mi padre buscaba liberarse de las tensiones en el campo de golf. Yo buscaba la mía trepando a las nubes. Así que tengo un aprecio especial por la innovación de Wilbur y Orville Wright, también hijos de predicador, Milton Wright, predicador itinerante de fines del siglo xix. Como mi propio padre, él estaba fuera de casa mucho tiempo. Los «hijos del predicador» no consideraron las largas ausencias de su padre como algo perjudicial para su desarrollo, sino más bien una mejora, recogiendo importantes lecciones al vivir la vida por los ojos de su padre.

Yo no soy historiador; pero como piloto, y sobre todo como evangelista, la experiencia de los hijos del predicador me fascina. Fueron los primeros en sostener vuelo libre en una aeronave con un hombre que llegó a conocerse en ese tiempo como el «aeroplano».

Los hermanos Wright nunca perdieron de vista sus principios humildes. Su padre instiló en ellos una fe mayor que la fe que tenía en la inversión aeronáutica de ellos. No fue sino hasta 1910 cuando, a los ochenta y dos años de edad, se subió a un avión con su descendencia legendaria. Los hermanos no estaban seguros de cómo su padre respondería a la experiencia. Pero en ese día ellos disfrutaron observando el entusiasmo de su padre. Mientras los motores rugían cobrando vida y el viento azotaba sus caras en la cabina abierta, el predicador se inclinó hacia su hijo, y con proyección pastoral gritó: «Más alto, Orville, más alto».[5]

Me reí cuando leí el relato, recordando la primera vez en que mi padre se subió a un avión conmigo en los controles. Él estaba preocupado por cierto, pero después de un raudo despegue, se relajó… algo. Al observar las puntas de las alas perforar las nubes, se inquietó. Cuando aterrizamos dijo, con un suspiro de alivio: «Franklin, eres buen piloto. Pienso que me sentí seguro en el vuelo». Viniendo de mi padre, que siempre se inquietaba al volar, fue oír algo memorable.

Los hermanos Wright quedaron tan sorprendidos por el deleite de su padre como el mundo de la tecnología lo estaba con los logros de los hijos del predicador. La gente pareció aturdirse porque los hermanos no encajaban en los criterios de grandeza, de acuerdo a la sociedad. Ninguno de ellos se había graduado de la secundaria. No tenían ninguna educación en ciencia o ingeniería. No eran ricos, ni tenían amigos en lugares altos.

Lo que sí tenían era una rica herencia que les enseñó la importancia de una ética de trabajo fuerte y creativa. Milton y Susana Wright instilaron en sus hijos amor y respeto del uno para el otro. Wilbur y Orville aprendieron el arte de trabajar juntos apoyándose en la fuerza del uno para compensar las debilidades del otro. No competían sino que se complementaban.

Mediante el ejemplo, sus padres les enseñaron a vivir de acuerdo a un estándar de alto carácter moral. Los muchachos que aprendieron el arte del vuelo libre estaban cimentados en las creencias fundamentales que los sostendrían en tiempos de desilusión, mientras que los llevaban a alturas insospechadas.

Mi padre se pareció mucho al predicador Wright. A veces, a fin de ministrar efectivamente, tuvo que estar lejos de su familia por meses; pero los viajes de mi padre en avión ejercieron una gran influencia en mi deseo de volar.

Recuerdo que cuando niño, en ocasiones mi madre nos llevaba a la estación del tren para recibir a papá cuando volvía. Pero me sentía especialmente entusiasmado cuando podíamos ir al aeropuerto de Asheville para ver aterrizar los aviones. Observar al DC-3 de la aerolínea Piedmont tocar tierra era toda una emoción. Los motores rugían y echaban humo y aceite por el escape. Era el sueño de todo muchacho. Hasta hoy recuerdo el olor de la gasolina de aviación no consumida y el humo azul espeso.

Impacientemente, esperaba que se abriera la puerta trasera. Y cuando mi padre salía del avión y caminaba por la plataforma, saltábamos y gritábamos su nombre, con hambre de atención.

En esos días el viaje internacional era costoso y exigía que él estuviera fuera durante largos períodos. Una vez estuvo en Australia por seis meses. Mi madre siempre hacía de su vuelta a casa un gran acontecimiento.

Aunque yo también estuve lejos bastante tiempo cuando empecé mi ministerio, el viaje aéreo abrió para mí horizontes que cincuenta años antes no hubieran sido posibles. Aunque no vuelo un Legacy 600, tengo la dicha de pilotar un avión que me permite predicar en Toronto por la tarde, y dormir en mi propia cama tarde esa noche, o hacer una gira después de un huracán en el sur de Texas por la mañana y empezar reuniones en Honduras pocas horas más tarde.

Los hermanos Wright dejaron algo valioso al mundo, pero su testimonio y respeto por la familia hablan de su mayor tesoro.

Museos del corazón

Nuestro país fue construido en familias como los Wright. Aunque la mayoría de las personas no tienen edificios en los cuales guardar sus recuerdos, a menudo empacan sus posesiones en cajas o baúles de cedro.

La historia del baúl de cedro se remonta a los tiempos de los faraones egipcios, que usaban estos cofres para preservar tesoros antiguos de oro y escritos en papiro. Algunos especulan que su origen evolucionó del arca del pacto (o testimonio) que iba delante de los hijos de Israel, en tiempos de batalla como la de Jericó. En ella ellos guardaban la evidencia tangible de los milagros de Dios.

Con el paso del tiempo, el cofre evolucionó a una caja fuerte, a un baúl, y luego, cuando los peregrinos escogieron el contenedor más práctico para traer en su viaje al Nuevo Mundo.

Solo un artefacto tenía la capacidad para acumular las posiciones de una familia: un baúl de roble recubierto de cedro rojo. La madera fragante repelía los insectos y los hongos e impedía que se metiera el olor a humedad que llenaba el casco del barco.

Recuerdo los cofres de cedro de mi madre. Ella tenía más de uno; todos llenos a más no poder. En el mundo actual que todo lo desecha, preservar recuerdos es una idea anticuada. Pero hay todavía un remanente que prospera de este «mundo de ayer». Los tesoros que vienen de estos cofres son testimonios de sus dueños.

El corazón humano es de cierta manera como un cofre de cedro, almacenando lecciones valiosas, recuerdos especiales y piezas importantes de la vida de uno que seguirán por generaciones.

La humanidad comparte un legado: el pecado que ha pasado desde el principio del tiempo; sin embargo, los pecadores perdonados heredan la promesa del cielo.

¿Estamos edificando reservas de fe, esperanza y amor? ¿O simplemente acumulamos «cosas» que se enmohecen en el calor de la desesperanza? ¿Estamos amasando un tesoro eterno que vivirá para siempre en el cofre de esperanza del corazón? ¿O acaso guardamos escombros de sueños rotos?

Mi padre dijo una vez: «No somos cisternas hechas para acaparar; somos canales hechos para compartir. Dios nos ha dado dos manos, una para recibir y la otra para dar».

¿Vivimos nuestras vidas con el propósito de dejar un legado duradero como testimonio de lo que Cristo ha hecho en nosotros?

Deseos y esperanzas

En inglés a la palabra *esperanza* a menudo se la intercambia con la palabra *deseo*. Pero un *deseo* es solo un pensamiento pasajero; un capricho sin ancla.

Mi madre fue conservadora de cientos de libros antiguos, algunos hechos en China; otros, primer tiraje de la primera edición. Mi padre nunca entendió la fascinación de ella por esos libros. Ella los buscaba, los coleccionaba, los canjeaba, y a menudo los daba como regalos. Dentro de las cubiertas de un antiguo diario que le dio a un amigo mío estaba esta definición de *esperanza:* «Mirar hacia adelante a algo con expectativa de su cumplimiento».

La Biblia dice: «Es, pues, la fe la certeza de lo que se espera, la convicción de lo que no se ve» (Hebreos 11.1). Este maravilloso versículo es el preámbulo del gran capítulo de la fe que habla de los patriarcas; los ejemplos bíblicos de confianza en Dios con expectativa esperanzada.

Mi padre fue el patriarca de nuestra familia, y su ausencia se siente profundamente; pero estoy agradecido por el rico testimonio de su fe en Cristo. «Por heredad he tomado tus testimonios para siempre» (Salmos 119.111).

Un testimonio que sigue vivo

Todo esto vino a la mente cuando abrimos la Biblioteca Billy Graham. La gente empezó a preguntarme qué sería el legado de mi padre. Preferiría decirles el testimonio que sigue viviendo. Su testimonio no está enterrado. Él pasó su vida predicando el evangelio por todo el mundo; y sus mensajes siguen vivos. Todavía se oyen mediante el milagro de la tecnología moderna.

A mi padre no le gustaba mucho la idea de construir una biblioteca. Estaba familiarizado por cierto con las bibliotecas presidenciales diseñadas para preservar los logros de hombres que han servido a su país en el nivel más alto, pero, ¿una biblioteca para un predicador? Mi padre estaba renuente, por decir lo menos.

La junta de directores de la AEBG presentó la idea para preservar lo que Dios había hecho como testimonio a las generaciones venideras. Entonces le pidieron a mi padre que revisara una propuesta y planes preliminares.

«Papá», le aseguré, «la biblioteca documentará lo que Dios ha hecho por medio de ti; la obra de un evangelista. Este es el testimonio de Dios a un mundo que todavía busca paz con Dios. El Señor te ha usado a ti, a tu equipo, y a todos los que han sostenido el ministerio para proclamar su evangelio. Un día estarás en el cielo, pero el ministerio que Dios te dio seguirá. La gente continuará viniendo a Cristo por lo que ven y oyen en la biblioteca. Será una cruzada continua. Si seguimos adelante con planes de esta biblioteca, no será un memorial a un hombre ni un monumento a buenas obras, sino más que un testimonio para el Señor Jesucristo».

Los ojos que habían estado fijos en una resolución inconmovible se suavizaron. *¿Un testimonio de lo que Dios ha hecho?* Mi padre se quedó en silencio, con los ojos viajando por un túnel del tiempo. Con voz rasposa y débil dijo: «Demos un tiempo para orar y ver cómo el Señor dirige».

No era luz verde; más como una luz amarilla. Procedan con precaución, y oren, oren, y oren más.

Del Norte al Sur

Y así lo hicimos. El Señor movió el corazón de mi padre conforme se desdoblaba cada fase de un plan maestro. La AEBG ya se había mudado de Minneapolis, Minnesota, a Charlotte, Carolina del Norte. Eso era un milagro en sí mismo. Allí estaba una organización que había disfrutado de un hogar hospitalario en el Norte. Cortar el cordón después de cincuenta maravillosos años fue emotivo para muchos de los empleados de largo tiempo que habían servido al Señor tan fielmente. Pero Dios obró en sus corazones y muchos mudaron a sus familias al Sur. Mi hijo Roy, que trabaja con la AEBG, fue una ayuda tremenda para mí en esa transición.

El primer obstáculo en ese proceso había sido hallar el lugar apropiado en la «Ciudad Reina» de Carolina del Norte. Acudí buscando consejo a un miembro de la junta, Graeme Keith, que tenía su base en

Charlotte. Él había sido amigo de mi padre toda la vida y sirvió muchos años en la junta de directores de la AEBG. Nunca olvidaré cuando estuve sentado en mi oficina una noche hablando con Graeme por teléfono en cuanto al lugar apropiado en Charlotte.

Charlotte había desarrollado exitosamente su sector central en un centro financiero corporativo. Lo que en un tiempo fue una «gran pequeña ciudad» se había convertido en algo de alta escala. De hecho, así es exactamente como se le llama hoy. El área del centro se le llegó a conocer como Charlotte Alta, con su precioso horizonte exhibiendo su silueta reluciente contra el cielo de Carolina.

Mientras bregábamos en cuanto a «ubicación, ubicación, ubicación», parecía que chocábamos con las limitaciones de un sector central. Entonces hablamos acerca de un área en el Parque Sur, que se extendía a lo largo de arterias principales.

Un amigo mío estaba sentado en la oficina escuchando la conversación, y garrapateó algo en un pedazo de papel y me lo puso frente a los ojos: «La Billy Graham Parkway».

Pensé: *¡ni en sueños! El costo del terreno en uno de los sectores más transitados de una carretera que une dos interestatales principales y que conduce al Aeropuerto Internacional Douglas sería prohibitivo.*

Pero mientras hablábamos por las opciones, con cautela dije: «Graeme, ¿qué tal la Billy Graham Parkway? Piénsalo. Papá ha viajado por el mundo. La ciudad de Charlotte, en cierto sentido, siempre sintió que había compartido a mi padre con el mundo. Los viajeros llegan y salen del Aeropuerto Internacional Douglas de Charlotte, y tienen que pasar por la Billy Graham Parkway para entrar y salir del aeropuerto. Es un lugar ideal».

Graeme pensó al principio que había perdido la chaveta. Dijo: «¡No hay terreno disponible en ese sector!».

Le dije: «¿Cómo puede la AEBG ir a Charlotte e instalarse en cualquier otra carretera que no sea la Billy Graham Parkway?».

Graeme dijo: «Permíteme hacer algo de investigación y te llamo de nuevo, pero en realidad estamos extendiéndonos mucho allí».

Cuando la llamada terminó, pensé: *así es exactamente como Dios obra. Él se extiende más allá de los límites de los hombres y a menudo hace algo tan impresionante que no hay otra explicación aceptable aparte de:* «Y entiendan que esta es tu mano; que tú, Jehová, has hecho esto» (Salmos 109.27).

Charlotte había construido una autopista que conducía al aeropuerto y que enlazaba a la Interestatal 85 y a la Interestatal 77. Un agente de la aerolínea Piedmont, el finado David Rich, se había puesto en contacto con funcionarios del estado y de la ciudad pidiendo que a la carretera se la llamara la Billy Graham Parkway. La propuesta fue recibida con gran entusiasmo y la ciudad de Charlotte, junto con Jim Hunt, el gobernador de Carolina del Norte en aquel entonces, honraron a mi padre en la ceremonia de corte de la cinta en 1983.

Dios obró en los corazones de la élite de la ciudad, abriendo el camino para que pudiéramos comprar propiedad a lo largo de ese tramo de la carretera. Semana tras semana, mes tras mes, la mano del Señor metódicamente se movió en los corazones de los que tenían el poder para cerrarnos el camino o darnos la bienvenida.

Dios hizo crecer nuestra fe, estirándola todo el camino desde el centro de Minneapolis al corazón del sur: la autopista de la Ciudad Reina que llevaba el nombre de mi padre. Con tremenda cooperación y entusiasmo de parte de los funcionarios de la ciudad, una visión improbable se hizo realidad.

En el 2002, en la ceremonia de la puesta de la primera piedra, mi padre y yo nos sentimos honrados al estar con Patrick McCrory, el entonces alcalde de Charlotte, quien más tarde llegó a ser el gobernador de Carolina del Norte, y Mike Easley, el entonces gobernador, y roturar el terreno de barro rojo a pocos metros de la autopista. En su gracia, Dios nos ha confiado este pedazo milagroso de tierra repleto de pinos sureños.

Charlotte, con todo su calor y entusiasmo le abrió los brazos a Billy Graham, su hijo favorito, de vuelta a casa. En un lapso de dos años, después de la reestructuración organizacional y de establecernos en las instalaciones que Dios proveyó, pusimos la primera piedra de nuevo, apenas a pocos metros, en el lugar que acunaría la Biblioteca Billy Graham.

Al pie de la cruz

Había mucho escepticismo conforme la biblioteca empezaba a cobrar forma. Faltaría a la verdad si dijera que hubo unidad entre todos en cuanto a la estructura del edificio. Algunos querían un edificio de ladrillo, en tanto que otros querían un edificio de piedra caliza y vidrio más parecido a la arquitectura de Charlotte.

El corazón de mi padre y el mío se inclina más al campo. No hay ni un solo hueso urbano en nosotros. Pedí a los diseñadores varios conceptos que abrazaran un escenario rural, específicamente un dibujo de una estructura similar a un granero, muy parecido al que una vez se levantaba en la vieja granja lechera Graham. Cuando se lo mostré a mi padre, él dijo: «Franklin, allí es donde están mis raíces. Me gusta esa idea».

Su respuesta no me sorprendió. Mi padre atesoraba su herencia.

Pero hubo algunos que no estaban convencidos de que ese granero de estructura rústica fuera la senda a seguir. Mientras yo luchaba con puntos de vista opuestos, un amigo mío que escuchaba en silencio, recitó estas palabras:

En el monte Calvario se vio una cruz
emblema de afrenta y dolor
y yo quiero esa cruz do murió mi Jesús
por salvar al más vil pecador.
¡Oh! yo siempre amaré esa cruz
en sus triunfos mi gloria será;
y algún día en vez de una cruz
mi corona Jesús me dará.[6]

Medité en el significado de este poderoso mensaje. No me llevó mucho afirmar mi determinación.

Cuando me reuní con los arquitectos, sugerí que pusiéramos algo de cristal al frente del edificio de forma de granero para permitir que la luz entrara. Después de todo, esto es precisamente lo que sucede cuando las personas se rinden a Jesús. Él ilumina nuestras almas con su luz eterna.

El diseñador y yo empezamos a bosquejar cómo se veía. «¿Sería esto algo que se puede hacer?», pregunté empujando el papel por sobre la mesa; un boceto a mano alzada de una cruz frente al granero. El diseñador dijo: «Absolutamente. Podemos hacerlo».

Después de algunas modificaciones, les presenté a mi padre y a la junta de directores los varios diseños junto con el dibujo del granero con la entrada de vidrio en forma de una cruz. «Si procedemos con esta estructura», les dije, «todos los que visiten la biblioteca entrarán por el pie de la cruz. Esto refleja el trabajo de la AEBG, conduciendo a las personas a la cruz, que es el símbolo del amor de Cristo por la humanidad. Allí es donde los pecados son perdonados y las vidas transformadas, y ese es el propósito de la biblioteca».

Una vez que se respondió a las preguntas y se acabó el debate, mi padre, junto con la junta de directores, escogieron la estructura parecida a un granero. En pocas semanas las paredes estaban levantadas.

Nada de esto se pudiera haber logrado sin Bill Pauls, miembro de la junta de la AEBG que también sirvió como presidente de nuestro comité de construcción. Bill, urbanizador de Denver, Colorado, aportó enorme experiencia a este proyecto, habiendo urbanizado grandes propiedades en Estados Unidos y por todo el mundo. De todo corazón respaldó el diseño y dijo que representaba los humildes principios de mi padre.

«Demasiado Billy Graham»

Hubo mucho entusiasmo en Charlotte, pero unos pocos criticaron «el granero». En las primeras etapas del proyecto, el *Washington Post* publicó un artículo negativo citando a otros que lo compararon con un parque temático.[7] Pero las estaciones de televisión y radio de Charlotte fueron equitativas en sus crónicas y el *Charlotte Observer* publicó artículos positivos indicando que la biblioteca reflejaría el testimonio de mi padre de lo que Dios había realizado mediante su ministerio.

Con todo, cuando mi padre vio las primeras presentaciones en video de los planes para las exposiciones y galerías, se quedó muy serio.

Cuando la pantalla se apagó y las luces se encendieron, Bill Pauls miró a mi padre y le preguntó: «¿Qué piensa, señor Graham?».

«Demasiado Billy Graham», fue su única respuesta. Tomé el teléfono y llamé a un colega. «Papá no quiere todo este "Billy Graham" en la biblioteca. ¿Podríamos reconfigurar las cuatro galerías para exhibir más ministerio?».

La respuesta fue un entusiasta sí. Con investigación más profunda y apoyándonos fuertemente en las Escrituras, el contenido de las cuatro galerías se volvió a redactar y rediseñar para acentuar el mensaje del evangelio, destacando el corazón de mi padre: el glorioso evangelio. Como un reportero dijo: «Aunque la biblioteca lleva el nombre del hombre, el hombre proclama a Dios».

El tema ya estaba en su lugar: el peregrinaje de un hombre testificando del Hombre, su mensaje, su ministerio y su misión.

- No glorificaría al hombre Billy Graham, sino al Hombre, Jesucristo.
- No esparciría el mensaje del hombre, sino el mensaje de Dios.
- No haría énfasis en la AEBG, sino en el ministerio de Jesucristo.
- No destacaría la obra humanitaria, sino la Gran Comisión.

Esto llegó a ser el contenido atesorado de la biblioteca, una especie de cofre de esperanza por el cual caminar, porque su mensaje habla de la esperanza en Jesucristo.

Los hombres dejan legados. Los hijos de Dios depositan testimonios que nunca mueren. La Biblia dice: «Retén la forma de las sanas palabras que de mí oíste, en la fe y amor que es en Cristo Jesús. Guarda el buen depósito por el Espíritu Santo que mora en nosotros» (2 Timoteo 1.13, 14).

El testimonio de mi padre que vive más allá de su vida terrenal se edificó sobre la herencia que fue dada hace dos mil años. En tanto que su voz ahora está en silencio, y aunque él nunca volverá a pasar a un púlpito para predicar la Palabra de Dios, el testimonio que dejó se subraya en la biblioteca con estas inscripciones; tal como la Biblia dice...

Porque el Hijo del hombre vino a buscar y a salvar.
Porque Cristo me envió a predicar el evangelio.
Dediquémonos al ministerio de la oración.
Vayan por todo el mundo y prediquen las buenas noticias.

La Biblia tiene mucho que decir en cuanto a la herencia. «En él asimismo tuvimos herencia [...] y habiendo creído en él, fuisteis sellados con el Espíritu Santo de la promesa, que es las arras de nuestra herencia» (Efesios 1.11, 13, 14).

Si las paredes pudieran hablar

Todos hemos oído el dicho *Si las paredes pudieran hablar...* Pues bien, en la Biblioteca Billy Graham ellas hablan.

El testimonio de mi padre cuelga en pancartas que hablan de una herencia inmutable en Jesucristo, como se expresa en una pancarta:

Cuando tomé mi decisión por Cristo [...] la dirección de mi vida cambió debido a lo que Cristo hizo. Durante todos mis años como evangelista mi mensaje fue el evangelio de Cristo. La gente no venía para oír lo que yo iba a decir. Ellos querían saber lo que Dios tiene para decir. En ninguna parte en Marcos 16.15 —ni en ningún otro pasaje similar— nos ordenó Cristo que vayamos solo al mundo occidental o capitalista. «Porque de tal manera amó Dios al mundo» es lo que yo espero que la gente recuerde cuando piensan en mí; y que eso penetre en sus almas.

El Salvador del mundo a quien servimos, de quien Billy Graham pasó su vida predicando, Jesucristo, es el Hombre que se proclama mediante la biblioteca.

Jesucristo dejó su esplendor de gloria; dejó la adoración de su creación celestial; dejó la comunión y amor de su Padre, para venir a nosotros. Jesús vino como un bebé indefenso, nacido en la oscuridad, nacido de una madre humilde en un establo, un granero, por así decirlo, con animales que sin duda inclinaron su cabeza esa maravillosa noche de Navidad y adoraron al Niño Jesús en el pesebre.

El legado que mi padre deja abarca su servicio al Rey de reyes mientras anduvo en este mundo, en sus pasos.

Lorna Dueck, popular presentadora de televisión y escritora del *Globe and Mail*, el más grande periódico nacional de Canadá, visitó la Biblioteca Billy Graham antes de la apertura oficial. Halló perturbador algo de la controversia: preguntas como, si esta es una biblioteca, ¿dónde están los libros? ¿Dónde están las transcripciones y sermones?

Cuando terminó la gira, sus ojos brillaban con entusiasmo y determinación para responder a las críticas. «Franklin», dijo, «he oído la Palabra de Dios en los cantos que resuenan en los altoparlantes. He observado muchas Biblias gastadas en vitrinas, y mis oídos han recibido de buen grado la voz de tu padre brotando de la pantalla tamaño mural diciendo: "Para los que nos ven por televisión". Al recorrer la biblioteca he contado los versículos bíblicos en las vigas, en las galerías y los fragmentos de video, en las vitrinas y en la librería. Esta es una biblioteca con solo un libro: la Palabra de Dios».

Aprecié sus comentarios porque describen con precisión el cimiento sobre el cual se levantó la biblioteca: la Biblia.

Mi esperanza es continuar edificando sobre este testimonio para el Señor. La semilla del evangelio se siembra en el corazón humano, y la cosecha se pone en el hueco de la mano del Salvador.

Una visión de vitral

Mientras la biblioteca iba cobrando forma, yo iba a Charlotte varias veces al mes. La primera vez llegué al sitio de construcción y al ver la cruz de casi quince metros reluciendo bajo el sol de Carolina, me dije que eso significaba que Cristo era la pieza central de la biblioteca.

Los años de oración, planeamiento y preparación culminaron el 31 de mayo de 2007, cuando se dedicó la Biblioteca Billy Graham en presencia de un millar de invitados: personas que dan su sostenimiento, funcionarios de la ciudad, familia y personal. Entre los asistentes estaban el expresidente Jimmy Carter, el expresidente George H. W. Bush, la ex primera dama Bárbara Bush, y el expresidente Bill Clinton. Mi padre habló ante los distinguidos invitados. Volviéndose hacia la cruz en el trasfondo de la plataforma, dijo:

> Muchos me han preguntado por qué predico en cuanto a la cruz. Mi respuesta es que la cruz es el símbolo del cristianismo. La cruz es el punto focal de la vida y ministerio de Jesucristo. Representa el sacrificio de Dios por la sangre derramada de su amado Hijo por los pecados de la humanidad. Representa su perdón y redención de amor, que no podemos ganarnos por méritos.

La biblioteca quedaba enmarcada para la gloria de Dios y con un propósito celestial. Mi esperanza y mi oración es que la Biblioteca Billy Graham siempre siga sirviendo al Señor como testimonio de lo que el Señor ha hecho.

Desde que se abrieron las puertas al público hemos recibido visitantes de todo el mundo. Las cartas y testimonios inundan nuestra oficina contándonos cómo el mensaje en la gira autoguiada de noventa minutos habla de Cristo. Los visitantes se han sentido conmovidos hasta las lágrimas al oír música del evangelio por los altoparlantes externos mientras se acercan al pie de la cruz.

Nuestras oraciones han sido contestadas. Vidas han sido transformadas. Los corazones han sido conmovidos.

El silo prominente

La Biblia hace gran énfasis en el cultivo y la cosecha. La vida depende por completo de lo fundamental, de arar, sembrar la semilla, segar y cosechar; es el sostenimiento de la vida física. Nuestro Señor a menudo usó parábolas y metáforas para hablar de las semillas espirituales que resultan para vida eterna. La importancia de sembrar la semilla del evangelio no se debe minimizar.

Un silo es un lugar de almacenaje para cosechas y granos. Antes de que José llegara a ser el segundo al mando bajo el faraón, había pronosticado una gran hambruna. Cuando fue puesto a cargo de la tierra, puso en movimiento un almacenaje de comida y grano por siete años para que el reino subsistiera durante los siete años de hambruna.

Para enfatizar la provisión de Dios, se levantó cerca de la biblioteca un gran silo. Representa la gran cosecha de almas de los campos y caminos en la escabrosa carretera de la vida. Mi padre ha viajado por esos campos y por los caminos regando semilla espiritual. Lo que echa raíces en el terreno espiritual del corazón de uno solo Dios lo sabe. En la eternidad Dios separará el trigo y la cizaña, y recogerá una cosecha abundante para él. El silo se levanta como testimonio de lo que Dios ha hecho.

Nuestra gratitud se expresa para todos los que hacen posible la continuación del ministerio. Y debido a la fidelidad del pueblo de Dios, su palabra sigue saliendo, alcanzando los corazones hoy y al futuro, en preparación para una generación que todavía no ha nacido. Las riquezas celestiales se acumulan en la gran bodega de Dios.

La biblioteca está diseñada para continuar con el ministerio de Billy Graham en el nombre del Señor Jesucristo y multiplicar la semilla evangelizadora que ha sido esparcida por todas partes, testificando de su sacrificio y amor por la humanidad. Las Escrituras prometen que si somos fieles para vivir de acuerdo a la enseñanza de Jesucristo y somos fieles al testificar de él, él dará una gran cosecha de almas.

¿Es su corazón un sitio de almacenaje de tesoros eternos? ¿Está su mente llena del testimonio de lo que Dios ha hecho en usted? La Biblia dice: «Esto será contado de Jehová hasta la postrera generación. Vendrán, y anunciarán su justicia; a pueblo no nacido aún, anunciarán que él hizo esto» (Salmos 22.30, 31).

Legado de fe

Cuando mi padre se dio cuenta de que la biblioteca podía ser un faro de luz, le agradó saber que muchos vendrían y oirían lo que Dios ha hecho por medio de su pueblo.

«El principal fin del hombre es glorificar a Dios», proclamó mi padre, «y disfrutar de él para siempre. En el cielo Dios, y no el hombre, será el centro de todo; y su gloria será dominante».

Esto es la pieza central de la biblioteca Billy Graham.

En los primeros seis meses desde de la apertura de la biblioteca, más de cien mil visitantes de todos los estados de Estados Unidos y numerosos países pasaron por su entrada al pie de la cruz. Muchos han dicho: «Nadie puede recorrer la biblioteca y perderse el mensaje». Nuestro personal ha presenciado esto al orar con niños y adultos. Los corazones se han sentido conmovidos mientras el Espíritu Santo habla a los que escuchan el mensaje de Dios de perdón y amor.

A los seguidores de Jesucristo se nos ha dado un legado: una rica herencia al pie de esa vieja cruz. Nuestros testimonios hablan de lo que hemos hecho con esa herencia. ¿Miramos dentro de nuestro cofre de esperanza, la Biblia, y aspiramos la fragancia celestial en sus páginas?

Usted sabe que el papel se deriva de la madera. Justo como el cedro rojo preserva los tesoros preciosos del hombre, así también las páginas de las Escrituras preservan las verdades y promesas. Nuestras mentes, corazones y almas son posesión del Padre y del Hijo, preservados por el Espíritu Santo.

La palabra *testimonio* quiere decir evidencia, o demostración de algo que se afirma. Este testimonio está incorporado en nuestro Salvador y es el testimonio que deben llevar todos los que siguen sus pasos. ¿Reflejan nuestros testimonios sus pisadas? ¿Reflejan nuestros corazones su imagen? ¿Están nuestros corazones inflamados de los grandes tesoros de las promesas, amor y herencia eterna que él ha dejado?

El Espíritu Santo de Dios se mueve en nuestros corazones y Dios Hijo está con su mano extendida hacia las almas perdidas. No necesitamos un telégrafo o un teléfono para alcanzarle. Dios Padre ha preservado la obra de la cruz para asegurarnos nuestra herencia eterna.

¿Madera, heno o legado?

¿Están herrumbradas las llaves de los cofres de esperanza de nuestros corazones? Cuando se abren las tapas, ¿qué hallamos? ¿Prosperidad que coacciona, posesiones que se herrumbran, poder que corrompe o prestigio que colapsa?

¿O, están los cofres del tesoro de nuestros corazones llenos a rebosar con oraciones que conceden poder, propósito que da promesa, posición que da perspectiva, paz que da provecho? ¿Somos orgullosos o hemos sido purificados, somos permisivos o puros, pasivos o apasionados, pobres o perlas?

Cuando les abrimos a otros nuestros corazones, ¿rebosa la alegría con un dulce aroma que les dice a todos los que se cruzan en nuestro camino: «Cristo vive aquí»?

Todo lo demás palidece en su gloria.

Cuando Dios abra el libro de la vida, el cofre del tesoro celestial, no hallará cuadros de nuestros corazones ennegrecidos. No hallará evidencia de nuestros fracasos, nuestras aflicciones o derrotas. Él mirará a lo hondo del cofre y lo hallará lleno de almas redimidas con su sangre; y sonreirá.

¿Cuál es su legado espiritual? A mi generación se le ha dado un don inmensurable de tecnología, oportunidad y conocimiento. ¿Qué vamos a hacer con eso? Se nos ha dado la oportunidad de construir un cimiento de hombres y mujeres fieles que han luchado arando el terreno, abriendo nuevas fronteras, y conduciendo a nuevas generaciones a Cristo.

¿Estamos atesorando nuestra herencia a fin de que Cristo sea exaltado en las generaciones venideras? Mi padre decía: «Dios nos ha dado un mensaje de esperanza para el presente y el futuro».

La casa de mi padre

Billy Graham tuvo muchas oportunidades para invertir en empresas y negocios, pero él sabía que ellos solo servirían para distraerlo del llamamiento de su vida.

Cuando se despidió de este mundo, su cuerpo regresó a Charlotte según sus instrucciones. Está sepultado cerca de su casa, a la sombra de la cruz.

La casa de los Graham que una vez había estado a pocos kilómetros en la calle Park ha sido transportada a la biblioteca, gracias a mi primo Mel Graham. En su juventud mi padre nunca se hubiera imaginado que en la muerte volvería a sus raíces y que sería sepultado en el terreno de Carolina detrás de la casa de su niñez al pie de una cruz.

Cuando Jesús estaba en la tierra, la Biblia dice que no tenía un lugar propio donde poner su cabeza y, sin embargo, suplió las necesidades de todos los que se cruzaron en su camino.

Muchos hacen el largo recorrido a la Tierra Santa para sentirse más cerca de Jesús; pero allí no podrá visitar un museo que muestre la vieja cruz. No hay vitrinas exhibiendo los clavos que perforaron sus manos y sus pies, ni la túnica sin costura que uno de los soldados se ganó echando suerte. No hay corona de espinas. Un día, sin embargo, tocaremos las huellas de los clavos en sus manos y le contemplaremos vestido de gloria con muchas coronas de joyas en su frente que lleva las huellas de las espinas.

Cristo vino y dejó su legado: la herencia de sí mismo. Nos concedió un don que de buen grado les da a todos los que confían en él: la eternidad en el cielo. Nosotros nos separamos y llegamos a ser su posesión atesorada. La Biblia nos dice que guardemos esa herencia, que la conservemos en nuestros corazones, y que proclamemos a un mundo perdido que también le espera su herencia (1 Timoteo 6.20).

«En la casa de mi Padre muchas moradas hay; si así no fuera, yo os lo hubiera dicho; voy, pues, a preparar lugar para vosotros. Y si me fuere y os preparare lugar, vendré otra vez, y os tomaré a mí mismo, para que donde yo estoy, vosotros también estéis» (Juan 14.2, 3).

Estoy agradecido por el legado que heredé de mis padres, pero atesoro más sus testimonios que han llevado a tantos al pie de la cruz, dando a millones la rica herencia de salvación en Jesucristo. Quiero decirle a la próxima generación lo que Cristo ha hecho por todos. «Generación a generación celebrará tus obras, y anunciará tus poderosos hechos» (Salmos 145.4).

Algún día dejaré este mundo y me uniré a mi padre. No iré a bordo de un avión Legacy 600, sino que Cristo abrirá el camino en nubes de gloria. Hasta entonces, me dedicaré a los negocios de mi Padre.

Posdata

Si usted no conoce a Jesucristo como su Señor y Salvador personal, es mi oración que resuelva esto en su corazón antes de cerrar este libro. Pídale al Señor que perdone su pecado. Reciba su perdón. Deje sus viejos caminos e invítele a que more en usted y le haga una nueva criatura. Él está esperando que se decida por él. Usted no está viniendo a mí para la salvación. Solo Jesucristo puede sanarle. La Biblia dice que debemos hacer más que admitir nuestros pecados; debemos confesarlos; y él espera.

Eleve esta oración.

Amado Dios:

Soy un pecador. Por favor, perdóname. Ayúdame a dejar mis pecados. Creo que Jesucristo es el Hijo de Dios, que murió por mí y resucitó. Le invito a que venga a mi vida y asuma el control y sea el Señor y Dueño de mi vida. En el nombre de Jesús.

Amén.

Si ha hecho esta decisión por Cristo, simplemente escríbame a la dirección que sigue y hágame saber que Jesucristo le ha hecho una nueva persona.

Asociación Evangelística Billy Graham (AEBG)
1 Billy Graham Parkway
Charlotte, NC 28201

Sitio web: www.bgea.org y www.billygraham.org

Y en Facebook en Franklin Graham

Epílogo

Más allá del final

En una ocasión, mi padre dijo: «Algún día espero escribir un libro titulado *Más allá del final*». Él nunca escribió ese libro, pero cuando falleció el 21 de febrero de 2018 su deseo se puso en moción, y lo que siguió a su muerte es suficiente para llenar tal libro. Su trabajo aquí ha culminado y el capítulo final de su vida se ha escrito. Ha viajado más allá del final y ha sido recibido en la eternidad con Jesucristo. Esa vida después de la muerte, por la que mi padre murió para ver, es el cielo.

Me encontraba en Dallas, Texas, cuando recibí una llamada de teléfono. Mi padre acababa de fallecer. Pensé que estaba preparado para esto. En enero me reuní con mi equipo, el cual me había estado ayudando con los planes del funeral de mi padre. Habíamos trabajado en ello durante veinte años, haciendo ajustes y cambios mientras mi padre continuaba sobreviviendo a su equipo y círculo de amistades.

Sin embargo, esa llamada transformadora sacudió mi memoria. Había estado con mi padre tres días antes, el domingo por la tarde. Él estaba en silencio y parecía estar preocupado sentado en su silla. Su cuerpo estaba presente, pero creo que su mente estaba en el cielo y la lampara de aceite de su alma seguía flamante, aunque la llama estaba reducida y lista, como la Biblia lo describe en el Evangelio de Mateo. Pero ni se me ocurrió que tres días más tarde esa llama en su cuerpo terrenal se extinguiría y sería llamado a casa para vivir en la luz eterna del Hijo de Dios.

Mi padre a menudo mencionaba cuánto echaba de menos a su padre quien ya llevaba en el cielo cincuenta años. Ahora veo por sus ojos lo que quería decir. Lo echaré de menos hasta el día que muera: su consejo, su sabiduría, su instrucción y, mayormente, el ejemplo que daba a su familia y, sí, también al mundo entero.

Ese día de invierno en el que el cuerpo de mi padre llegó al Centro de Capacitación Billy Graham en The Cove en Asheville, Carolina del Norte, no hacía frio ni era sombrío, el aire era fresco y el cielo estaba despejado. La primavera había llegado al alma de mi padre. Los pájaros trinaban, y la brisa parecía susurrar paz y gozo.

La familia se congregó alrededor de su ataúd y recibió a sus amigos y colegas de toda la vida. Nos reconfortaba ver a los maravillosos y fieles colaboradores de mi padre cuando ponían sus manos sobre el ataúd para despedirse de él. Las enfermeras habían sido como familia para nosotros. Mis hermanos, hermanas y yo sabíamos que mi padre no hubiera vivido tanto si no fuera por su constante y cariñoso cuidado. Cuando pusieron el cuerpo de mi padre en el coche fúnebre, las campanas empezaron a resonar y las enfermeras comenzaron a cantar *Mi pequeña luz*. Nos pusimos a llorar al comenzar este último viaje de mi padre desde Carolina del Norte occidental.

La policía estatal de Carolina del Norte organizó una caravana para ir a través de Swannanoa y Black Mountain, los pueblos que rodean Montreat. Las calles estaban repletas de cientos, y a veces de miles, de personas que querían expresar su respeto y observar la procesión para despedirse de su vecino también procedente de Carolina del Norte.

Pasamos por intersecciones llenas de gente con pancartas con mensajes escritos, alzando Biblias y pasajes de las Escrituras y con señales de apreciación. «Gracias, predicador Graham». A lo largo de las calzadas, algunos oraban arrodillados. En ese recorrido de 210 kilómetros, nuestra familia se sorprendió por las enormes congregaciones de gente deseándonos lo mejor y la hipnótica música del gaitero a distancia.

Las personas estaban aglomeradas hombro a hombro mientras nos adentrábamos en la autopista interestatal I-40, una ruta que mi padre había seguido en incontables ocasiones. Entonces, viramos al sudeste para entrar en la carretera 321, nos sorprendió ver el tráfico en la dirección opuesta parado por kilómetros hasta Charlotte, en cada puente que pasábamos estaban los bomberos enarbolando banderas americanas, la policía saludaba y la gente se inclinaba en reverencia con las manos en sus corazones. Otras personas tomaban fotos y videos para recordar el acontecimiento.

Mi padre siempre había dicho: «Cuando fallezca, quiero que me entierren cerca de mis padres y mis antepasados; quiero regresar a casa en Charlotte». Se lo prometí a mi padre, y cumplí la promesa. La caravana de diez coches abandonaba la carretera estatal y nos llevó por el centro de Charlotte a través de Trade Street, el epicentro de la «Ciudad Reina». En esa ocasión no fueron los rascacielos que albergan las grandes corporaciones del estado los que tomaron nuestro aliento, fueron las multitudes de miles de personas que salieron para ver al «hijo predilecto de Carolina del Norte» pasar por la ciudad. Las campanas de las iglesias resonaban y nos reconfortaban.

Tras ese viaje de cuatro horas, entramos en el Billy Graham Parkway unos pocos kilómetros de donde mi padre nació, y donde descansaría su ataúd, en la casa de su niñez.

Hace muchos años en nuestro país cuando alguien amado fallecía, se ponía su cuerpo en su casa, en la sala de estar donde todos podían venir y presentar sus respetos y consolar a la familia. Pensamos que sería apropiado para mi padre que lo lleváramos a la casa de su infancia, donde se habría sentado con sus padres y hermanos, haciendo los deberes de la escuela, leyendo sus comics, aprendiendo a cerca de la vida y escuchando a su madre leer las Escrituras.

Fue aquí donde el expresidente George W. Bush, la ex primera dama Laura Bush y el expresidente Bill Clinton vinieron a despedirse por última vez de mi padre. Nos honraron al venir y compartir sus recuerdos del hombre con el que habían orado y pasado tiempo juntos.

Tampoco podemos olvidar a los miles de personas que vinieron y colocaron flores y notas en las puertas. Los autobuses se alineaban, y traían simpatizantes del resto de las Carolinas y de varios estados y naciones. Me enorgullecí de mi hijo Roy quien permaneció al lado del ataúd de su abuelo para saludar y agradecer a casi todos que habían parado todo en sus vidas para venir y ofrecer su pésame. Mi esposa, Jane Austin, acompañó a mi hijo durante largas horas, con la esperanza de mostrar su agradecimiento profundo por tal muestra de amor.

He recibido también llamadas del presidente Trump y del vicepresidente Pence. Además de llamar tras saber del fallecimiento de mi padre, el presidente Trump me dijo que estaba trabajando con el Congreso para solidificar una invitación formal para mi familia y para que mi padre fuera honrado en el Capitolio en Washington, DC. Cuando el Portavoz de la Cámara Ryan y el Líder de la Mayoría del Senado McConnell extendieron la invitación oficial, nuestra familia se conmovió por tal gesto y creímos que el evangelio de nuestro Señor Jesucristo que mi padre había predicado durante toda su vida sería ensalzado en nuestra nación y por todo el mundo, y así fue.

Antes del amanecer, el 28 de febrero, la familia se subió a un avión de carga del Samaritan´s Purse que normalmente transporta cargamento de socorro por todo el mundo. Esa mañana nos llevó a la familia y el cuerpo de mi padre a la capital del país. El coche fúnebre que transportaba a mi padre desplegaba dos banderas cristianas de principios del siglo xx que representaban los principios de la fe cristiana: el color rojo simbolizaba la sangre de Jesús en la cruz, el azul representaba el renacimiento del alma y el blanco denotaba la pureza de Cristo.

Fuimos escoltados a las escaleras del Capitolio donde una completa guardia de honor militar cargó con el féretro de mi padre por las escaleras hasta el pórtico, pasando por las puertas de broce de cinco metros de altura testimonio de la rica historia de Estados Unidos.

La procesión paró en la puerta interior, y el silencio reverente fue interrumpido por un golpe procesal que sigue haciendo eco en mi mente. Cuando la puerta se abrió, fuimos dirigidos al interior del trono de poder de la nación más grande del mundo. Cada rama del gobierno se encontraba presente para recibir al cuerpo de mi padre, el cual situaron bajo la majestuosa bóveda del Capitolio. Allí, para acogernos, se encontraban el presidente Donald J. Trump y la primera dama Melania Trump, el vicepresidente Mike Pence y la segunda dama Karen Pence, los miembros del gabinete, la Corte Suprema y el Congreso, los líderes de la Casa y del Senado, demócratas y republicanos, todos representando a los excelentes ciudadanos americanos.

Al trasladarse el presidente al lado del féretro, dijo: «Se nos recuerda en esta sala que los Estados Unidos es una nación que se sostiene por la oración». Fue conmovedor, irreal e inolvidable pensar que un predicador del evangelio fuera el cuarto ciudadano particular que fuera honrado de tal manera.

Algunos podrían pensar que simplemente estaban honrando al hombre Billy Graham, pero lo que resaltó era el mensaje mismo que predicaba, el hombre Jesucristo, que vino a buscar y salvar a un mundo perdido y moribundo. Qué momento histórico para Estados Unidos, que oportunidad para esparcir el evangelio. Me maravilla pensar que nuestra nación esté honrando a un predicador del evangelio. Entonces, el capítulo magnánimo de la fe me vino a la mente: «...a pesar de estar muerto, habla todavía» (Hebreos 11.4, NVI). En efecto, la voz de mi padre se ha silenciado con su muerte, pero la era de la tecnología hace posible la continuación de su predicación: Cristo está vivo, y Dios continúa hablando a este mundo enfermo por el pecado a través de mi padre y otros que le obedecen.

Esa misma tarde el presidente y la señora Trump nos recibieron amablemente en la Casa Blanca para disfrutar de una cena relajada con ellos. También nos acompañaron a la cena el vicepresidente y la señora Pence. Cuando nos despedimos sabíamos que los recibiríamos dos días más tarde en Charlotte para el funeral de mi padre.

El presidente Trump declaró que todas las banderas se izaran a media asta el día que Billy Graham comenzara su descanso, el 2 de marzo de 2018. Esa mañana, sin embargo, la tormenta de invierno que venía del noreste, Riley, con vientos de 113 kilómetros por hora pasó por los estados del este. Los edificios federales se cerraron en DC, y la fuerza aérea notificó al presidente que no podría volar a Charlotte. Él les dijo: «¡Tengo que ir!».

Se las arreglaron para trasladar Air Force One y Air Force Two al aeropuerto de Dulles, donde el presidente y vicepresidente con sus esposas se embarcaron en los aviones y se dirigieron a Charlotte. Personalmente aprecio enormemente el esfuerzo que realizaron para poder venir. Si se hubiera tratado de cualquiera de los otros presidentes anteriores dudo que hubieran ido esa extra milla.

Cuanta bondad del hombre más poderoso del mundo por venir y acompañar a la familia, la delegación del gobierno de Carolina del Norte, líderes de iglesia de todo el mundo y los fieles colaboradores de toda la vida de mi padre que estuvieron junto a él durante su ministerio. Mi padre ya no estaba con nosotros, pero como resultado de su muerte, su vuelta a casa culminó bajo una enorme catedral de lona, una reviviscencia de la campaña evangelística en Los Ángeles bajo una carpa en 1949. Su ministerio ha cerrado el círculo, podríamos decir que su propio funeral fue su última cruzada. Dos mil invitados asistieron al funeral televisado con más de quinientos reporteros documentando con esmero ese día crucial. Se nos recordó el pasaje de Apocalipsis 14.13: «Bienaventurados de aquí en adelante los muertos que mueren en el Señor... descansaran de sus trabajos, porque sus obras con ellos siguen». Su deseo era que, quizás, incluso muerto el mensaje de Dios llevaría a las personas al pie de la cruz.

La única hermana sobreviviente de mi padre, Jean Ford; mis hermanas, Gigi, Anne y Ruth; y mi hermano Ned se levantaron ante esa congregación de viejos amigos y expresaron sus recuerdos. A su vez, nuestra familia fue confortada por los colegas del ministerio que pronunciaron palabras de ánimo y reforzaron el mensaje de mi padre. Lo vientos cortantes helaban los huesos de los asistentes, pero la Palabra de Dios calentaba sus corazones.

«El señor Graham amaba la Biblia, y esta gobernó su manera de vivir y de morir», recordaba el pastor surafricano de mi padre, el doctor Don Wilton.

El gran estadista de Corea, el doctor Billy Kim, trajo saludos de parte de un millón de cristianos de todo el mundo y expresó su agradecimiento a mi padre por traer el mensaje de salvación a gran parte de Asia.

Mi querido amigo Rdo. Sami Dagher, un tremendo predicador de Beirut, Líbano, dio un homenaje: «El doctor Graham ha usado los mejores métodos de enseñanza. Nunca usó una computadora, ni Facebook, ni una pizarra, sino enseñó con su ejemplo. Ha causado un gran efecto en el Oriente Medio para todos los creyentes. [A los] americanos doy gracias en el nombre de Jesucristo por estar [al lado] de este gran hombre para que pueda cumplir la misión que Dios le otorgó».

Mientras me preparaba para ocupar mi lugar en el púlpito del que mi padre había predicado quizás miles de veces, nuestro querido amigo Rdo. Robert Cunville de India nos dirigió en una oración de acción de gracias. Sus palabras me dieron paz antes de que presentara el mensaje del evangelio una vez más antes de que mi padre fuera enterrado: «Permite, oh Dios, que este día sea el amanecer de una nueva era en la proclamación del evangelio de Jesucristo», oró.

Cuando me acerqué al micrófono, dirigí la atención al telón de fondo en la plataforma, la biblioteca Billy Graham. Este lugar nos habla del *peregrinaje de fe* que mi padre realizó su vida entera. Con un nudo en la garganta, me conmoví por la inminente cruz que reflejaba la luz del sol. Me recordaba cuántas almas todavía a distancia de darse cuenta del impacto transformador que la cruz de Cristo podía producir en las vidas de las personas que buscan respuestas y paz.

Dirigir a las personas a Jesús era la pasión de mi padre. Predicó sobre el cielo, dijo a millones cómo hallarlo, escribió un libro sobre este, y hoy se encuentra en él. Predicó el arrepentimiento de pecados, al recibir la gracia de Dios y seguir a Jesús. Y unos días antes mi padre siguió a Jesús hasta el cielo. La semana pasada se embarcó en un viaje que había anhelado toda su vida y fue escoltado por los ángeles al trono de Dios.

Cuando vi a los nietos de mi padre juntarse para cargar con el ataúd al final del día, la conclusión comenzó a hacerse una realidad y ese sería el último adiós aquí en la tierra. Nuestra familia lo siguió, bajamos las escaleras al jardín de oración donde reposaría al lado de su esposa amada, nuestra querida madre, al pie del cruce enladrillado. Terminó su travesía y finalmente estaba en casa.

La imagen de mi padre quedará grabada en mi mente, y su voz resonará en mis oídos. Las lecciones que he aprendido por los ojos de mi padre me han afianzado y me han hecho darme cuenta de que lo que me ha enseñado fue lo que a su vez aprendió por los ojos de su padre desde el cielo, una verdad que nos insta a mantenernos a la par con el Salvador.

Porque Él vive, sé que veré a mi padre de nuevo. Pero, **Sobre todo,** esperamos con expectación la venida de Jesucristo, cuando reunirá a la familia de Dios para siempre, y entonces los seguidores de Cristo experimentarán la vida eterna por los ojos de nuestro Padre. **¡A Dios sea la gloria!** Pero **Hasta ese día**, seremos fieles en el servicio de la proclamación de la Palabra vida de Dios que atrae a las personas a la cruz y nos prepara para una vida *más allá del final*.

Notas

Prólogo

1. Billy Graham, *World Aflame* (Nueva York: Doubleday, 1965), p. xvi.
2. Billy Graham, *Aviso de tormenta* (Nashville: Grupo Nelson, 2010).
3. Billy Graham, *Hope for the Troubled Heart* (Dallas: Word, 1991), p. 207.
4. Graham, *World Aflame*, p. 89.
5. Billy Graham, *La jornada* (Nashville: Grupo Nelson, 2006), pp. 3, 5, 9.
6. Billy Graham, *Aviso de tormenta* (Nashville: Grupo Nelson, 2010), p. 17.
7. Graham, *Aviso de tormenta*, p. 18.
8. Graham, *World Aflame*, p. 218.
9. Graham, *Aviso de tormenta*, p. 18.
10. Graham, *World Aflame*, p. xvii.
11. Billy Graham, *Facing Death—And the Life After* (Minneapolis: Grason, 1987), p. 11 [*Enfrentando la muerte: y la vida en el más allá* (Miami: Unilit, 1989)].
12. Billy Graham, *How to Be Born Again* (Dallas: Word, 1977), p. 22 [*Nacer a una nueva vida* (Nashville: Grupo Nelson, 1991)].
13. Billy Graham, *The Jesus Generation* (Grand Rapids: Zondervan, 1971), p. 31.
14. Billy Graham, *The Secret of Happiness* (Minneapolis: Grason, 1955), p. 19.
15. Graham, *Aviso de tormenta*, pp. 22–23.
16. Billy Graham, *The Journey* (Nashville: Thomas Nelson, 2006), texto de la portada.
17. Billy Graham, *Answers to Life's Problems* (Waco, TX: Word, 1960), p. 236.
18. Graham, *The Secret of Happiness*, p. 22.
19. Graham, *How to Be Born Again*, p. 10.
20. Billy Graham, *The Holy Spirit* (Nashville: Thomas Nelson, 1978), p. xi.
21. Graham, *Aviso de tormenta*, p. 81.
22. Ibíd., p. 25.
23. Graham, *World Aflame*, p. xvi.
24. Billy Graham, *Unto the Hills* (Dallas: Word, 1986), p. 289.
25. Graham, *The Jesus Generation*, pp. 136–37.
26. Graham, *World Aflame*, pp. 152, 156.
27. Billy Graham, *Calling Youth to Christ* (Grand Rapids: Zondervan, 1947), pp. 120, 117, 127–28.

28. Graham, *La jornada*, p. viii.
29. Billy Graham, *The Heaven Answer Book* (Nashville: Thomas Nelson, 2012), p. 157.
30. Graham, *Answers to Life's Problems*, pp. 9–10.
31. Billy Graham, *Approaching Hoofbeats* (Waco, TX: Word, 1983), p. 19.
32. Billy Graham, *Just as I Am* (Nueva York: Harper Collins, 1997), p. xiii.
33. Graham, *Calling Youth to Christ*, p. 21.
34. Billy Graham, *La razón de mi esperanza* (Nashville: Grupo Nelson, 2013), p. 174.
35. Billy Graham, *Casi en casa* (Nashville: Grupo Nelson, 2011), p. 157.
36. Graham, *World Aflame*, p. 257.
37. Billy Graham, recordando una declaración similar hecha por el evangelista norteamericano del siglo XIX Dwight L. Moody, en Russ Busby, *Billy Graham: God's Ambassador* (Alexandria, VA: Time-Life Books, 1999), hoja de textos finales.
38. Graham, *The Secret of Happiness*; Billy Graham, *Till Armageddon* (Waco, TX: Word, 1981); Graham, *Just as I Am*.

Prefacio

1. Billy Graham (discurso en embajada británica, Washington D. C., 6 diciembre 2001), documentos personales de Billy Graham.
2. Billy Graham, *Just as I Am* (Nueva York: Harper Collins, 1997), p. 727 [*Tal como soy* (Miami: Vida, 1997)].

Introducción

1. *Diccionario de la lengua española*, 22.ª ed., s.v. «sombra», http://lema.rae.es/drae/?val=sombra.
2. Billy Graham, *Just as I Am* (Nueva York: Harper Collins, 1997), p. 160.
3. Morrow Coffey Graham, *They Call Me Mother Graham* (Nueva York: Revell, 1977), pp. 21–22.
4. Edward E. Ham, *When Billy Graham Found Christ* (Murfreesboro, TN: Sword of the Lord, 1955), p. 15.
5. Billy Graham, *Billy Graham Talks to Teen-Agers* (n.l.: Miracle Books, 1958), pp. 10–11.

Capítulo 1: Mi padre en el cielo

1. Billy Graham, *Hope for the Troubled Heart* (Dallas: Word, 1991), p. 207 [*Esperanza para el corazón afligido* (Miami: Unilit, 1992)].
2. Andraé Crouch, «Through It All», énfasis añadido, © 1971, renovado 1999 por Manna Music, Inc. 35225 Brooten Road, Pacific City, OR 97135. Todos los derechos reservados. Usado con permiso (ASCAP).
3. John MacArthur. Usado con permiso, 21 noviembre 2008.
4. Billy Graham, citado en Jon Meacham, «Pilgrim's Progress», *Newsweek*, 14 agosto 2006, http://www.newsweek.com/pilgrims-progress-109171.

5. Tom Flannery, «Billy Graham's Apostasy», *WorldNetDaily*, 10 agosto 2006, http://www.wnd.com/2006/08/37410/.
6. Billy Graham, *Facing Death—And the Life After* (Minneapolis: Grason, 1987), pp. 216–217, 219–220 [*Enfrentando la muerte y la vida en el más allá* (Miami: Unilit, 1989)].
7. Graham, *Hope for the Troubled Heart*, p. 198.
8. Roy Gustafson, *What Is the Gospel?* (Minneapolis: AEBG, 1960).
9. Billy Graham, *Facing Death*, p. 221.
10. Ibíd., p. 267.
11. Herbert Lockyer, *The Life Beyond* (Grand Rapids: Fleming H. Revell, 1995), p. 110.

Capítulo 2: Hecha en China

1. Ruth Bell Graham, *Sitting by My Laughing Fire* (Waco, TX: Word, 1977), p. 238. Usado con permiso.
2. «Pearl History in China», Shecy Pearls, www.shecypearljewelry.com/pearl-guide/china-pearls.html.
3. Richard Bewes, *In Celebration of the Life of Ruth Bell Graham* (Charlotte, NC: AEBG, 2007), DVD.
4. Ruth Bell Graham, «Prayer for the Murderer», *Prodigals and Those Who Love Them* (Colorado Springs: Focus on the Family, 1991), p. 143.
5. Mark Twain, citado en Milton Meltzer, *Mark Twain Himself: A Pictorial Biography* (Columbia, MO: University of Missouri Press, 2002), p. 22.

Capítulo 3: La Biblia dice…

1. Billy Graham, citado en Lewis Drummond, *The Evangelist* (Nashville: Thomas Nelson, 2001), p. 110.
2. «Encore Presentation: Billy Graham, America's Pastor», *CNN Presents*, 10 septiembre 2006, http://transcripts.cnn.com/transcripts/0609/10/cp.01.html.
3. *Merriam Webster's Collegiate Dictionary*, 10a ed., s.v. «Bible» (traducción del inglés).
4. Billy Graham, *Just as I Am* (Nueva York: Harper Collins, 1997), p. 139.
5. Billy Graham, entrevista de Woody Allen, *The Woody Allen Special*, 21 septiembre 1969, CBS, disponible en «Woody Allen interviews Billy Graham pt.1», video subido 8 abril 2010, http://www.youtube.com/watch?v=K_poGsbBgpE.
6. Autor desconocido.
7. «The Religious Affiliation of Influential Philosopher Voltaire», Adherents.com, última modificación 12 julio 2005, http://www.adherents.com/people/pv/Voltaire.html.
8. *Merriam Webster's Collegiate Dictionary*, 10a ed., s.v. «in» (traducción del inglés).
9. Voltaire, citado en «Sharing the Truth of God's Word: II Thessalonians 3:1», archivos de sermones de Don Robinson, http://www.brandonweb.com/sermons/sermonpages/2thessalonians1.htm.
10. Ibíd.

11. Robert Ingersoll, citado en «Bible Quotes», Tentmaker, http://www.tentmaker.org/Quotes/biblequotes.htm.

12. «All-Time Bestselling Books and Authors», Internet Public Library, accedido 28 enero 2008, www.ipl.org/div/farq/bestsellerFARQ.html.

Capítulo 4: Para los que nos ven por televisión

1. Tim Goodman, «Milton Berle 1908–2002: "Mr. Television" Dies at 93», SFGate, 28 marzo 2002, http://www.sfgate.com/news/article/MILTON-BERLE-1908-2002-Mr-Television-dies-at-2861231.php.

2. Philo T. Farnsworth, citado en «Big Dreams, Small Screen», *The American Experience*, PBS, transcripción, 10 febrero 1997.

3. Mary Bellis, «Learn When the First TV Was Invented», ThoughtCo., actualizado 7 agosto 2017, http://www.thoughtco.com/the-invention-of-television-1992531.

4. «Average Home Has More TVs Than People», *USA Today*, 21 septiembre 2006, http://usatoday30.usatoday.com/life/television/news/2006-09-21-homes-tv_x.htm.

5. Billy Graham, *Just as I Am* (Nueva York: Harper Collins, 1997), p. 318.

6. Daniel Stashower, *The Boy Genius and the Mogul* (Nueva York: Broadway Books, 2002), p. 44.

7. Billy Graham, *Just as I Am*, p. 322.

8. Donald Wilhite, entrevista personal con el autor, 13 noviembre 2007. Usado con permiso.

9. Billy Graham, *The Secret of Happiness* (Minneapolis: Grason, 1955), p. 64 [*El secreto de la felicidad* (Barcelona: Alturas, 1966)].

10. Philo T. Farnsworth y Kent Farnswoth, citado (Philo) y entrevistado (Kent) en «Big Dream, Small Screen», *The American Experience*.

11. Academy of Television Arts and Sciences, «TV Curses Up a Blue Streak», 24 septiembre 2003, Emmys, http://www.emmys.com/news/tv-curses-blue-streak-0.

12. Billy Graham, *Hope for the Troubled Heart* (Dallas: Word, 1991), p. 9.

13. Time, http://content.time.com/time/magazine/0,9263,7601900507,00.html; «Filth Decade», *Time*, 7 mayo 1990, p. 92. Ver también Donald P. Myers, «Dirty Words Washing Over Everything», *Newsday*, sección Life & Leisure, 30 mayo 1993, p. 61.

14. Encuesta de Enfoque a la Familia, 1 ocubre 2003, citado en «Statistics on Pornography, Sexual Addiction, and Online Perpetrators», TechMission, www.safefamilies.org/sfStats.php.

15. Billy Graham, *The Jesus Generation* (Grand Rapids: Zondervan, 1971), p. 169 [*La generación de Jesús* (Miami: Vida, 1972)].

16. «Statistics on Pornography», TechMission.

17. *Diccionario de la lengua española*, 22ª ed., s.v. «pornografía», http://lema.rae.es/drae/?val=pornograf%C3%ADa+.

18. «William Wilson Quinn, Lieutenant General, United States Army», sitio web de Arlington National Cemetery, última modificación 26 noviembre 2005, http://www.arlingtoncemetery.net/wwquinn.htm.

19. Henry Stansbury, «A Collector's Story», Henry Stansbury Decoys, sept/oct 2003, https://www.asionline.com/decoys/Quinn%20Article%2010-03.htm.

20. James Warren, «Nixon, Billy Graham Make Derogatory Comments about Jews on Tapes», *Chicago Tribune*, 28 febrero 2002, www.fpp.co.uk/online/02/02/Graham_Nixon.html.

21. Ibíd.

22. Lewis Drummond, entrevista de Alan Keyes, MSNBC host, "Alan Keyes Is Making Sense," 26 marzo 2002, 2.ª mitad de la transmisión, transcripción, https://web.archive.org/web/20031222201216/http://www.renewamerica.us:80/show/transcripts/02_03_26akims.htm.

23. GeoCities, accedido 7 febrero 2008, www.geocities.com/mplaut2/ujafed.html?20087.

Capítulo 5: Ora, ora, ora

1. Billy Graham, *The Secret of Happiness* (Minneapolis: Grason, 1955), p. 36.

2. Billy Graham, *Unto the Hills* (Dallas: Word, 1986), p. 6.

3. Hudson Taylor, *The Life and Ministry of Hudson Taylor* (publicación propia).

4. Martin Luther, sermón sobre Mateo 8.1–13, citado en «Intercessory Prayer», Spirithome.com, http://www.spirithome.com/intercessory-prayer.html.

5. Douglas MacArthur, «MacArthur's Prayer for His Son», en Jerry Shackle, «Where Is Arthur MacArthur?», Canadian Senior Years, 2003, http://archive.is/bZaD4

6. *General Douglas MacArthur: Wisdom and Visions*, compilado por Edward T. Imparato, Col. USAF (Ret.) (Nashville: Turner Publishing Company, 2001), p. 81.

7. Walter A. Mueller, citado en «Quotations About Prayer», The Quote Garden, www.quotegarden.com/prayer.html.

8. Carlos Spurgeon, «Intercessory Prayer», sermón no. 404, 11 agosto 1861, The Spurgeon Archive, http://archive.spurgeon.org/sermons/0404.php.

9. Edward Gloeggler, citado en Ruth Bell Graham, *Legacy of a Pack Rat* (Nashville: Oliver Nelson, 1989), p. 203.

10. Billy Graham, *Hope for the Troubled Heart* (Dallas: Word, 1991), p. 148.

11. *Merriam Webster's Collegiate Dictionary*, 10a ed., s.v. «pray» (traducción del inglés, énfasis añadido).

12. Billy Graham, citado en Lewis Drummond, *The Evangelist* (Nashville: Word, 2001), pp. 132–33.

Capítulo 6: Predica la palabra

1. Billy Graham, *The Holy Spirit* (Nashville: Thomas Nelson, 1978), pp. 182–83 [*El Espíritu Santo* (El Paso: Casa Bautista, 1986)].

2. Morrow Coffey Graham, *They Call Me Mother Graham* (Nueva York: Revell, 1977), p. 45.
3. Ibíd., p. 35.
4. Roy Gustafson, libreta *What Is the Gospel?* (Minneapolis: AEBG, 1960).
5. Morrow Coffey Graham, *They Call Me Mother Graham*, p. 54.
6. Harry Moorehouse, citad en Rev. J. Wilbur Chapman, D.D., *The Life and Work of Dwight Lyman Moody*, capítulo 20, BibleBelievers.com, www.biblebelievers.com/moody/20.html.
7. Ibíd.
8. Ibíd.
9. Billy Graham, *Hope for the Troubled Heart* (Dallas: Word, 1991), p. 36.
10. Bill Fitzgerrel, «Readers Write», *Christianity Today*, agosto 2007, p. 10.
11. L. Nelson Bell, *While Men Slept* (Nueva York: Doubleday, 1966), pp. vii–viii, x–xi, 2, 3.
12. Billy Graham, *How to Be Born Again* (Dallas: Word, 1977), p. 88 [*Nacer a una nueva vida* (Nashville: Grupo Nelson, 1991)].
13. Ibíd., pp. 58–64.

Capítulo 7: Simplemente escríbame… Esa es toda la dirección que necesita

1. Kathryn Burke, «Letter Writing in America», National Postal Museum, primavera 2005, http://www.postalmuseum.si.edu/LetterWriting/index.html.
2. «Fascinating Facts», Library of Congress, accedido 25 septiembre 2007, http://www.loc.gov/about/facts.html.
3. United States Postal Service, 30 enero 2018.
4. Erin Roach, «Graham's Bonds with Presidents Examined», Baptist Press, 9 agosto 2007, http://www.bpnews.net/26215/grahams-bonds-with-presidents-examined.
5. Lindsay Terry, «Ronald Reagan, a Man of Kindness» (Wheaton, IL: Crossway, 2004), www.crossway.org/product/663575729419.
6. Nancy Gibbs y Michael Duffy, *The Preacher and the Presidents* (Nashville: Center Street, 2007), p. 331.
7. Billy Graham, *La jornada* (Nashville: Grupo Nelson, 2006), p. 113.
8. Billy Graham, recordando una declaración similar hecha por el evangelista norteamericano del siglo XIX Dwight L. Moody, en Russ Busby, *Billy Graham: God's Ambassador* (Alexandria, VA: Time-Life Books, 1999), hoja de textos finales.

Capítulo 8: En los negocios de mi padre

1. «Letter from President Thomas Jefferson» de 20 junio 1803, Montana Rojomo, http://rojomoexpedition.com/lewis-and-clark/jeffersons-letter/.
2. Billy Graham, *Hope for the Troubled Heart* (Dallas: Word, 1991), p. 139.
3. Charles Stanley. Usado con permiso.

4. CBS, «The "Millennials" Are Coming», *60 Minutes*, 11 noviembre 2007, http://www.cbsnews.com/news/the-millennials-are-coming/.
5. Billy Graham, *Aviso de tormenta* (Nashville: Grupo Nelson, 2010), pp. 17–18.
6. Graham, *Hope for the Troubled Heart*, p. 177.

Capítulo 9: Usted no está viniendo a mí...

1. «What Hath God Wrought?», Today in History: 24 mayo, American Memory U.S. Historical Collections, The Library of Congress, http://memory.loc.gov/ammem/today/may24.html.
2. Lewis Coe, *The Telegraph—A History of Morse's Invention and Its Predecessors in the United States* (Nueva York: McFarland, 1993), pp. 26–27.
3. Ibíd., pp. 14, 27.
4. Kenneth W. Dobyns, «What Hath God Wrought», capítulo 19 en *The Patent Office Pony: A History of the Early Patent Office* (Newville PA: Sergeant Kirkland's Press, 1997), versión digital, http://www.myoutbox.net/popch19.htm.
5. Ibíd.
6. Samuel Morse, citado en *The Cincinnatus*, vol. 3, ed. por F. G. Cary (College Hill, OH: Farmer's College, 1858), p. 417.
7. Library of Congress, «Mr. Watson, Come Here», The LOC.gov Wise Guide, www.loc.gov/wiseguide/mar04/bell.html.
8. Beatrice Companies, Inc., «Bell System Advertisements», The Porticus Centre, http://www.beatriceco.com/bti/porticus/bell/bellsystem_ads-1.html.
9. Billy Graham, *The Jesus Generation* (Grand Rapids: Zondervan, 1971), p. 117.
10. Billy Graham, *La jornada* (Nashville: Grupo Nelson, 2006), p. 288.
11. «The Way to the Cross», letra por Darrell K. Toney y Mike Hix. © 2004 por la Asociación Evangelística Billy Graham. Usado con permiso.
12. «Tal como soy», letra original en inglés de Charlotte Elliott (1789–1871), traducción por Thomas Westrup, dominio público. Disponible en http://www.himnosevangelicos.com/showhymn.php?hymnid=148.
13. Billy Graham, *World Aflame* (Nueva York: Doubleday, 1965), p. 96.

Capítulo 10: En sus pasos

1. Johann Wolfgang von Goethe, citado en «Challenges», Proverbia, en.proverbia.net/citastema.asp?tematica=172.
2. Richard Proenneke, *One Man's Wilderness* (Portland, OR: Graphics Arts Center, 1973).
3. Daniel Nelson, «DNA Is Called the Blueprint of Life: Here's Why», 26 octubre 2017, https://sciencetrends.com/dna-called-blueprint-life-heres/.
4. William Janz, «Son Retraces Father's Steps on Deadly Iwo Jima», *Milwaukee Journal*, 7 abril 1995.
5. Ibíd.

7. Billy Graham, *Hope for the Troubled Heart* (Dallas: Word, 1991), p. 187.
8. Ver John Foxe, *El libro de los mártires* (España: CLIE, 2008).

Capítulo 11: De adoquines a hitos

1. C. H. Spurgeon, «A Memorable Milestone», Metropolitan Tabernacle Pulpit, http://www.spurgeongems.org/vols49-51/chs2916.pdf.
2. Billy Graham, *La razón de mi esperanza: Salvación* (Nashville: Grupo Nelson, 2013).
3. *«My Hope America» with Billy Graham*, Fox News, http://video.foxnews.com/v/2817785481001/?#sp=watch-live.
4. Donna Lee Toney, «Billy Graham's Thoughts on the Promise of Heaven», *Decision Magazine*, 28 septiembre 2015, Billy Graham Evangelistic Association.
5. Ibíd.
6. Billy Graham, *Where I Am* (Nashville: Grupo Nelson, 2015).

Capítulo 12: Pleno mediodía: hora de decisión para Estados Unidos de América

1. Las citas de Billy Graham en este capítulo se han tomado de transcripciones y archivos de video de la Asociación Evangelizadora Billy Graham a menos que se indique conversaciones personales con el autor o se indique lo contrario.
2. Todo el material que se cita en este capítulo de la *Gira Decisión Estados Unidos 2016* se toma de transcripciones y archivos de video de la Asociación Evangelizadora Billy Graham.
3. «Franklin Graham: The 2016 Election and Evangelical Christian Voters,», Fox News, 12 febrero 2016, 2:50:00, https://www.youtube.com/watch?v=k7MjmwJUxZg.
4. «New Hampshire Bill of Rights, Article V, Natural Law, Natural Rights, and American Constitutionalism», http://www.nlnrac.org/american/founding-era-constitution-making/documents/new-hampshire-bill.
5. Billy Graham, *Answers to Life's Problems* (Waco, TX: Word, 1960), p. 26.
6. Billy Graham, *Storm Warning* (Nashville: Thomas Nelson, 2010), p. 173.
7. Google «definición de política».
8. Todas las cifras asociadas con la *Gira Decisión Estados Unidos 2016* se toman del *Informe Anual del 2016 de la Asociación Evangelizadora Billy Graham*.
9. «President-Elect Donald Trump LAST Thank You Rally», CDN, https://www.conservativedailynews.com/2016/12/live-stream-president-elect-donald-trump-last-thank-you-rally-mobile-al-121716-3pm-ct/
10. «Trump Holds Final Rally in Grand Rapids», actualizado 8 noviembre 2016, WoodTV, http://woodtv.com/2016/11/07/donald-trump-at-devos-place-in-grand-rapids/.
11. Alan M. Dershowitz, «Bush Starts Off by Defying the Constitution», *Los Angeles Times*, 24 enero 2001, http://articles.latimes.com/2001/jan/24/local/me-16180.

12. Jessica Reaves, «Person of the Week: Michael Newdow», *Time*, 28 junio 2002, http://content.time.com/time/nation/article/0,8599,266658,00.html.

13. Associated Press, «Warren's Inauguration Prayer Could Draw Ire», NBCNews.com, actualizada 30 diciembre 2008, www.nbcnews.com/id/28439786/ns/ . . . /warrens-inauguration-prayer-could-draw-ire/.

14. «Franklin Graham Reads Scripture at 2017 Presidential Inauguration», Billy Graham Evangelistic Association, 20 enero 2017, https://billygraham.org/video/franklin-graham-reads-scripture-2017-presidential-inauguration/.

Capítulo 13: Legado

1. Billy Graham, *La jornada* (Nashville: Grupo Nelson, 2006), p. 191.

2. Steven Lubar y Kathleen M. Kendrick, *Legacies: Collecting America's History at the Smithsonian* (Washington, DC: Smithsonian Institution Scholarly Press, 2001).

3. National Park Service, «Greenfield Village & Henry Ford Museum», www.nps.gov/nr/travel/detroit/d37.htm.

4. «The Wright Brothers—First Flight, 1903», EyeWitness to History, http://www.eyewitnesstohistory.com/wright.htm.

5. Tom D. Crouch, *The Bishop's Boys: A Life of Wilbur and Orville Wright* (Nueva York: W. W. Norton & Company, 2003), p. 12.

6. «The Old Rugged Cross», letra del inglés de George Bennard, © 1913 George Bennard. © Copyright renovado 1941 por The Rodeheaver Co. Dominio público. Tr., S. D. Athans.

7. Laura Sessions Stepp, «Graham: Wife to Be Buried in Charlotte», 14 junio 2007, *Washington Post*, http://www.washingtonpost.com/wp-dyn/content/article/2007/06/13/AR2007061301447.html.

FRANKLIN GRAHAM es presidente y CEO de Samaritan's Purse, es también presidente y CEO de la Asociación Evangelística Billy Graham. Franklin es el cuarto de los cinco hijos de Billy y Ruth Bell Graham. Franklin es autor de varios libros, incluyendo la autobiografía *best seller Rebel with a Cause* y, en 2013, *Operation Christmas Child: A Story of Simple Gifts*. Él y su esposa, Jane Austin, viven en Boone en Carolina del Norte, y tienen cuatro hijos y doce nietos.

_____

DONNA LEE TONEY es una colega de Franklin Graham de más de treinta y siete años, ha estado involucrada en ministerios del Samaritan´s Purse y de la Asociación Evangelística Billy Graham, y ha estado colaborando literariamente con estos desde 1982, recientemente en la publicación del *best seller* del *New York Times Donde yo estoy* y *La razón de mi esperanza: Salvación con Billy Graham*.

_____

JOHN HOWARD SANDEN es un artista norteamericano que ha retratado a cientos de personalidades distinguidas del mundo, inclusive los retratos del presidente George W. Bush y de la primera dama Laura Bush que se encuentran en la Casa Blanca. También pintó el retrato de Billy Graham usado en el libro *Por los ojos de mi padre*.